百家姓新读

【第二版】

中小学国学经典

主编
编委

杜文秋 李丽 罗臻 姚荣 杨忠

高红敏 卢建华 孟庆国 张萍萍

金显波 罗路晗 孙海鹰 赵喆

金跃军 罗帅 杨亚平 邹媛

科学技术文献出版社
SCIENTIFIC AND TECHNICAL DOCUMENTATION PRESS
·北京·

图书在版编目(CIP)数据

《百家姓》新读 / 杨忠主编. —2版. —北京：科学技术文献出版社，2012.1（2019. 4重印）

ISBN 978-7-5023-7107-4

Ⅰ. ①百…　Ⅱ. ①杨…　Ⅲ. ①汉语—古代—启蒙读物　Ⅳ. ①H194.1

中国版本图书馆 CIP 数据核字（2011）第 237065号

《百家姓》新读

策划编辑：周　玲　责任编辑：周　玲　责任校对：赵文珍　责任出版：张志平

出 版 者　科学技术文献出版社
地　　址　北京市复兴路15号　邮编 100038
编 务 部　（010）58882938，58882087（传真）
发 行 部　（010）58882868，58882870（传真）
邮 购 部　（010）58882873
官方网址　www.stdp.com.cn
发 行 者　科学技术文献出版社发行　全国各地新华书店经销
印 刷 者　山东润声印务有限公司
版　　次　2012 年 1 月第 2 版　2019 年 4 月第 2 次印刷
开　　本　650 × 950　1/16
字　　数　270千
印　　张　18.5
书　　号　ISBN 978-7-5023-7107-4
定　　价　40.00元

前言

你了解自己的姓吗？你知道姓与氏有什么关系吗？在现代汉语中，大家都知道“姓氏”是一个词，但在秦汉以前，姓和氏有着明显的区别。姓的起源可追溯到人类原始社会的母系氏族社会。同一个姓表示同一个母系的血缘关系。此时的姓，多从“女”旁，如姚、姜、姒、妫、嬴等，表示这是一些不同的老祖母传下的氏族人群。

与姓相比，氏的出现比较晚，它是姓所衍生的产物，即姓的支族。氏约起源于父系氏族社会，盛行于周代的分封制度。传说中父系氏族社会中英雄人物的称号，均加“氏”以尊称，如黄帝称轩辕氏，炎帝称神农氏（也称列山氏），太昊称伏羲氏，少昊称金天氏等。

《国语·晋语》中有这样的描述：“黄帝轩辕氏，姬姓”，“炎帝列山氏，姜姓”，从中我们可以看出，中华民族共同始祖炎黄二帝原分属两个按母系血缘关系组织起来的部落或部落联盟，一姓姜，一姓姬，而他们又分别拥有表示自己父权家长制首领的氏称——列山和轩辕。姓和氏有严格区别又同时使用的局面表明：母权制已让位于父权制，但母系社会的影响还存在，这种影响一直到春秋战国以后才逐渐消亡。

此后，随着姓氏的不断发展扩大，姓氏文化也变得越来越丰富，而在记录姓氏的典籍中，《百家姓》则是我国流行最长、流传最广的一种蒙学教材。

据南宋学者王明清考证，《百家姓》“似是两浙钱氏有国时小民所著”。所谓“有国”据史书记载，吴越在宋太祖开国后，还存在一段时间，至宋太宗兴国二年才率土归降。从中可知，《百家姓》一书是北宋初年问世的。相传，北宋初年钱塘（杭州）有一个书生编撰了一本蒙学读物，他将常见的姓氏编成四字一句的韵文，像一首四言诗，便于诵读和记忆，这便是《百家姓》。

《百家姓》采用四言体例，句句押韵，读来顺口，易学好记，与《三字经》《千字文》《弟子规》相配合，成为我国古代蒙学中的固定教材。

为了能够让人们更充分地了解自己的姓氏以及家世，我们特编撰了《〈百家姓〉新读》一书。书中特别节选了121个常用姓氏，分别从“姓氏来历”“姓氏分布”“姓氏名人”“国学小百科”“相关链接”几个方面加以介绍。

在《〈百家姓〉新读》中，我们可以看到各个时期、各个不同人物的不同方面。从皇帝到平民，从名人到凡人，在他们的身上我们能够了解到朝代的更替、历史的变迁、文化的积淀，从而能够启迪我们的心灵，开发我们的智慧，使我们懂得应该珍惜什么，追求什么，把握什么。

全书涵盖内容广泛，文字通俗易懂，具有很强的可读性和趣味性。

目录

目录

目录

目录

赵

【姓氏来历】

赵姓最初源于嬴姓，形成于西周，祖先是伯益。伯益为颛顼帝裔孙，被舜赐姓为嬴。伯益的十三世孙造父，由于善于驾车，后来成为周穆王的车御。传说造父曾选了 8 匹千里马献给周穆王。

周穆王是个特别爱玩的君王，时常坐着造父驾驶的马车四处打猎、游玩。有一次，穆王西行至昆仑山，西王母在瑶池设宴招待他。这时在江淮一带的徐君偃乘机率众造反，穆王闻讯，坐着造父驾驶的由 8 匹千里马牵引的马车，一天一夜就从千里之外赶了回来，打乱了徐君偃的步骤，平息了叛乱。周穆王论功行赏，以造父有首功，就把赵城（今山西赵城县西南）封给造父做食邑（封地）。造父的后代即以封地为姓，就是赵氏，奉造父为赵姓始祖。

【姓氏分布】

战国时期赵姓主要在山西及河北等一些地区发展。秦朝后，逐渐发展到了甘肃、河南、陕西、山东等地区；汉以后，赵姓人向福建、四川、江苏、江西等地迁移；赵姓南迁始于三国之时，由涿郡赵匡胤建立的北宋，使赵姓人口得到了空前的发展；由赵构建立的南宋，使得赵氏在江南地区得到了大举发展繁衍；与此同时，北方的赵姓也在东北地区得到了播迁；到了清代，福建、广东地区的赵姓陆续有人迁居到台湾，后来有很多人移居到了欧美及东南亚一些国家和地区。

【姓氏名人】

赵武灵王：名雍，战国时赵国的第六位国君，改革赵军传统装束，实行“胡服骑射”，这样大大提高了赵军战斗力，使赵国成为战国后期一度能与秦国抗衡的军事强国。

赵云：字子龙，三国时常山（今河北正定）人，三国时蜀名将，勇武果敢，刘备曾赞誉他一身是胆。封永昌亭侯，累迁镇军将军，卒谥顺平。

赵匡胤：宋朝第一位皇帝，即宋太祖。948 年，他投后汉枢密使郭威幕下，屡立战功。951 年郭威称帝，赵匡胤任禁军军官。郭威死后，周世宗即位，奉赵匡胤为殿前都点检。周世宗死后，周恭帝即位，这时赵匡胤发动了“陈桥兵变”，到了 960 年称帝，建立了宋朝。

赵之谦：字益甫，号悲盦，会稽（今浙江绍兴）人，清代杰出书画家、篆刻家，其书、画、篆刻对后世都产生了一定的影响，他与任伯年、吴昌硕并称为清末三大画家。著有《悲盦居士文集》《勇庐闲诘》《六朝别字记》等。

赵树理：原名赵树礼，山西省沁水县人，现代著名作家。著有《三里湾》《李有才板话》《小二黑结婚》等，其语言朴实生动，多反映当时新农村的生活。

【国学小百科】

《赵氏谱牒》

《赵氏谱牒》是一份以南宋名相赵鼎为始祖的家谱。这份谱牒是赵鼎第十八世孙河南涉县知县赵万里，在清乾隆甲戌年编修而成。

该家谱共分两册，手工书写，其字体端正，保存比较完整，把赵鼎作为始祖，记载了赵氏祠堂、坟茔、像赞、祭文、墓志、敕命、世系表、言行实录、诗赋表记等很多个门类内容；记述了赵鼎抗金，起用岳飞、张浚等将领，秦桧陷害赵鼎等一些重大历史事件，以及赵鼎的后人尚书赵蕴、亚中大夫赵媪翁等人生平事迹，是研究赵鼎家族史的重要资料。

《赵氏谱牒》还收有当时很多名人给赵鼎及其后人的赠签诗、跋、赋、贴、碑记、墓志等。这些名人包括与赵鼎同朝为官刑部尚书、资政殿学士范冲，著名教育家朱熹，元代史学家欧阳玄，明代文化殿大学士吴伯宗等人。因此说，《赵氏谱牒》具有重要的文献价值。

【相关链接】

赵匡胤 “杯酒释兵权”

赵匡胤陈桥兵变后，黄袍加身，如愿以偿地当上了皇帝，始称“宋太祖”。但是他也有一块心病，就是担心他的部下会造反，于是他想解除手下一些大将的兵权。

有一天，宋太祖在自己的花园中摆上了一桌酒宴，并将刚出征归来的石守信、高怀德等高级将领请到了宫中，要与他们饮酒叙旧。

酒过三巡，菜过五味后，宋太祖忽然沉默不语，长吁短叹起来。石守信等几位将领感到奇怪，忙问其原因。赵匡胤说自己从当上了皇帝之后，就没过上几天好日子，就怕有人造反。

赵匡胤

众将领纷纷表自己的忠心，宋太祖说：“你们的忠心我相信，但我担心的是如果有一天你们部下贪图富贵，给你们黄袍加身，到时候恐不想当皇帝也不行了。”石守信等人听后吓得跪在地上，请求宋太祖指条明路。宋太祖说：“现在你们的年纪大了，何不交出兵权，多购良田美宅，为子孙创下永久的家业，每日饮酒取乐，快活地度个晚年。如果能这样的话，君臣之间互不猜疑这样不是更好吗?”

石守信等人听后大悟，第二天上朝，每人都递上一份奏章假称有病，要求辞职。太祖欣然同意，罢免了他们的兵权，赏给他们一大笔财物，打发他们到各地去做节度使。这就是历史上著名的“杯酒释兵权”的故事。

宋太祖收回地方将领的兵权后，建立了新的军事制度，从地方军队挑选出精兵，编成禁军，由皇帝直接控制；各地行政长官也由朝廷委派。通过这些措施，新建立的北宋王朝渐渐稳定下来。

钱

【姓氏来历】

钱姓主要以官名为姓氏，源于彭姓。据《史记·楚世家》记载，颛顼帝高阳氏的曾孙彭祖，自尧时举用，因经常吃桂芝，善引导之术，历经夏、商朝，活了800多岁，是传说中有名的大寿星。到西周时，彭祖有一个孙子叫彭孚，担任周王朝金库的主管，专门管理朝廷的钱币，称“钱府上士”。后来彭孚就以自己的官职为姓氏，为钱氏，其子孙奉其为钱姓始祖。这就是钱姓的由来，也说明了姓钱的人之所以姓钱，的确是跟“钱”有不解之缘。

【姓氏分布】

早期钱氏除部分分布于今山东、河南等省外，主要是在江南地区发展繁衍。唐初，光州固始人陈政、陈元光父子入闽开辟漳州，中原钱姓将佐随往，在福建安家落户；宋元时期，钱氏发展到今广东、四川、安徽、湖南等省；到了明清时期，在今上海、湖北、云南等省市也有很多钱氏的聚居点；从清代开始，居住在福建、广东及沿海城市的钱氏陆续有人迁至台湾地区及海外一些国家。

【姓氏名人】

钱乐之：我国古代律历学家，曾任南朝宋的太史令。元嘉中奉诏铸造原为东汉张衡创制的浑天仪，后又作“小浑天仪”。

钱一本：字国瑞，号启新，江苏省常州人，明朝学者。官至征御史，因触怒明神宗，被斥革为民。他研究河洛书、六经，尤精于“易”，曾和顾宪成在东林学院讲学。

钱学森：世界著名火箭专家，有“导弹之父”之称，我国著名的科学家，是我国近代力学事业的奠基人之一。

钱其琛：上海嘉定人，原中华人民共和国国务院副总理、外交部部长，是中华人民共和国成立以来最称职的外交部部长之一。他通晓俄语、英语，略通法语。

钱锺书：字默存，号槐聚，江苏省无锡人，我国现代著名的作家、教授。著有《谈艺录》《管锥编》《旧文四篇》《人兽鬼》《围城》《宋诗选注》等。

【国学小百科】

吴越国——中国历史上唯一的钱氏政权

唐末杭州临安人钱镠，在后唐时只是一位无名小将。但是他深通兵法，很会打仗，打败了当时的起义军王郢，消灭了农民起义军黄巢，剿平了唐末义胜军节度使刘汉宏。由于钱镠多次获得战功，皇帝任命他为镇海节度使。896 年，唐末义胜军节度使董昌造反，钱镠又带兵击败了董昌，皇帝就封他为越王，后来又封他为吴王。907 年到了梁太祖的时候，被后梁封为吴越王，钱镠也自称吴越国王。

钱镠在位期间，曾下令组织老百姓，对钱塘江及太湖水利进行了大规模整修，这对当地农业经济的发展起到了很大的作用。钱镠在位时，保境安民、奖惩无私，是一位开国君王，因此备受世人称颂。

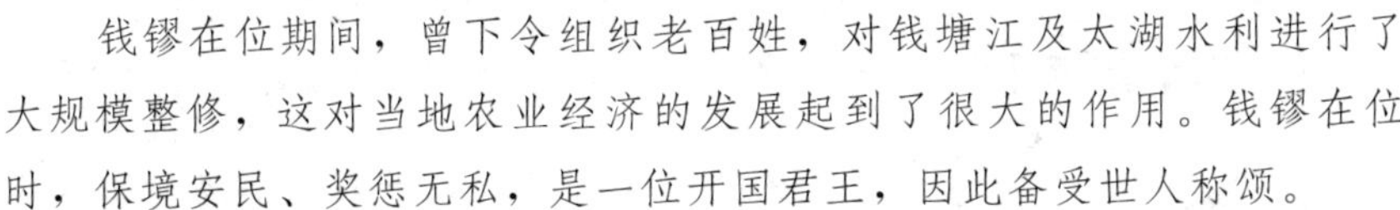

吴越国末代国君为钱镠的孙子钱弘俶，于 978 年献所据之地归北宋，被封为邓王。

【相关链接】

连中三元的钱棨

科举考试最为荣耀的是“连中三元”。三元，指乡试第一名解元、会试第一名会元、殿试第一名状元。三试都考第一，是非常不容易的。能获此殊荣者，凤毛麟角。其中，苏州府长洲县（今江苏苏州）人钱棨便是其中之一。

钱棨出身于清朝一个世代书香的门第，他自幼饱读诗书，学习极为刻苦，以才华过人而远近闻名。乾隆四十四年，他以乡试第一的成绩中解元。乾隆四十六年，钱棨进京参加会考，得中第一名会元。同年殿试中，钱棨又摘得状元桂冠，从而成为清代第一位“连中三元”

的状元。

钱棨“连中三元”的消息传出之后，举朝震动。乾隆皇帝认为这是清朝开国以来的大喜事，是为“太平盛世”的瑞兆。乾隆皇帝亲自作《三元诗》以示庆贺：“龙虎传胪唱，太和晓日暾，国朝经百载，春榜得三元。文运风云壮，清时礼乐藩。载资咨申四义，敷奏近千言……”此诗曾刻碑树立于苏州文庙内，至今拓片犹存。

乾隆不仅赞赏钱棨的殿试对策好，文章内容切实，表述完整，且书法端正，清秀有力。在京的士大夫及四方诗人纷纷赋诗祝贺，“和者数百家”，后来主考官翁方纲还将数百人的赞颂诗收集起来，汇编成《三元诗集》。

孙

【姓氏来历】

孙姓是一个历史悠久、姓源较多的姓氏，其中有两个最重要的来源。据《新唐书·宰相世系》记载，孙姓一支出自姬姓，是周文王姬昌的后代。西周初年，周文王之子康叔受封于卫，建立了卫国。春秋时，康叔的世孙姬和因为辅佐周朝讨伐西戎有功，被周平王赐为公爵，史称卫武公。卫武公有个儿子叫惠孙，惠孙有个孙子乙，字武仲，他以祖父的字命氏，就是孙氏。因此武仲又称孙仲，他的后代便以孙为姓。

另一支出于春秋时齐景公的大夫田桓子。田桓子本是陈厉公的后代，流入齐国任大夫之职，后来其子田书在征伐莒国的战争中立了大功，齐桓公就赐他姓孙，改叫孙田书，封在乐安（今山东省惠民县），后因乱，孙田书又到达吴国，他的孙子叫武，就是我国历史上著名的军事家孙武，孙田书就成为孙姓的另一支的始祖。

【姓氏分布】

出自姬姓的孙氏，世居吴郡。出自安乐的孙氏，至孙武时逃至吴国，并发展到了顶峰，其后裔一支留居太原，一支徙居清河和汝州郏城。在魏晋南北朝时，北方、中原和江南的孙氏都得到了迅速发展，出现一批孙氏名家大族；在唐宋时期孙氏曾先后世居河南陈留和于江西宁郡；明末清初，又有很多人迁至台湾；据资料记载，迁居台湾的孙氏来自福建泉州。今日孙姓以山东、江苏、安徽、河南、河北、辽宁、黑龙江和吉林等省分布最多。

【姓氏名人】

孙武：字长卿，即孙子，齐国人，春秋末期著名的军事家。他运用五行相生相克的原理，编撰成《孙子兵法》，此书历来受到兵家的重视，据说拿破仑战败后还曾为没有早日得到此书而后悔。

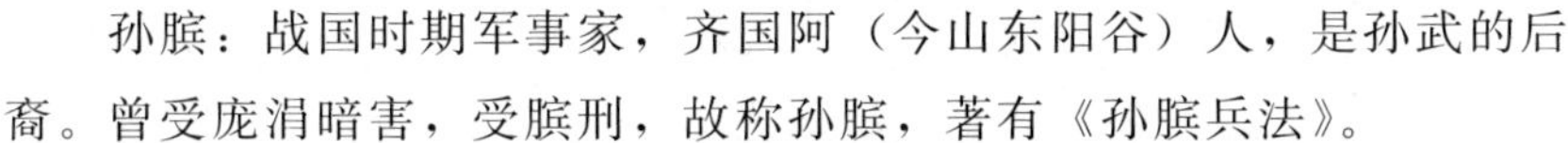

孙膑：战国时期军事家，齐国阿（今山东阳谷）人，是孙武的后裔。曾受庞涓暗害，受膑刑，故称孙膑，著有《孙膑兵法》。

孙权：字仲谋，是三国时期吴国的建立者，具有雄才大略，骁勇无比，后人有“生子当如孙仲谋”之说。

孙思邈：京兆华原（今陕西耀州）人，唐初著名的医学家。著有《千金药方》《千金翼方》，后人尊其为“药王”。

孙中山：广东香山人，号逸仙，人称中山，尊称中山先生。他是伟大的民主主义先行者，曾学医和行医，并留日。后组织同盟会，领导资产阶级民主革命，即辛亥革命，推翻清朝专制统治，建立中华民国。著有《孙中山全集》。

【国学小百科】

孙悟空为何姓“孙”

四大名著之一《西游记》，是人们喜爱的作品。可是有没有人想过，在《西游记》中悟空为什么偏偏姓“孙”呢？关于悟空的姓名，在元代已经有了一折杂剧叫《齐天大圣》，此时早有了“齐天大圣”之称。元末明初说书人的话本中，这猴子被称为“孙行者”。

原来这“孙”字源于“猢狲”，猢狲本是北方猕猴的一种，身有密毛，生活在我国的北部山林中，能耐寒。这猴子取其“狲”，去反犬旁，成为“孙”。“孙”作为姓，对猴子再恰当不过的了，这就更像是中国的了。到了明朝，《西游记》的作者吴承恩给这猴子起了正式的名字“孙悟空”。

顺便我们再提一下猪八戒名字的由来。传说，吴承恩的家乡江苏淮安有个小混混叫朱八，此人又懒又馋，又爱偷偷摸摸。吴承恩觉得朱八这种人只有经过磨炼才能变成好人，世人应以朱八为戒，不要做朱八这样的人。这才结合野猪精的故事，取名猪八戒。

【相关链接】

兵学圣典——《孙子兵法》

公元前 535 年，孙武生于齐国乐安（今山东惠民）。因其祖父、父亲都是善于带兵作战的将领，孙武从小也耳闻目睹了一些战争轶事，这对少年孙武为日后编撰《孙子兵法》奠定了重要的作用。

当时的齐国，内部矛盾重重，危机四伏。齐景公初年，左相庆封消灭了右相崔杼。接着田、鲍、栾、高四大家族又联合起来，打跑了庆封。后来，齐国公室同四大家族又起了矛盾，他们之间争权夺利的斗争愈演愈烈，历史上称为“四姓之乱”。孙武对这种内部斗争极其反感，于是萌发了远奔他乡去施展自己才能的念头。

当时南方吴国在军事和农业方面都有很大的发展，因此孙武认为吴国很适合自己的事业发展。大约在齐景公三十一年，18 岁的孙武逃到南方的吴国。

一次偶然的机会，孙武结识了从楚国而来的伍子胥。伍子胥原是楚国的名臣，后来因为自己的父亲和兄长被楚平王所害，为了报仇，潜逃到吴国。孙武和伍子胥认识后，两人十分投缘，后结为密友，避隐深居。

孙武

公元前 515 年，因王位继承问

题，公子光在伍子胥的帮助下以庆贺吴王僚伐楚班师设宴招待。勇士专诸将剑藏在鱼腹中，趁上菜之机刺杀了吴王僚，这就是历史上著名的“专诸刺王僚”的故事，公子光夺得吴国王位，史称“吴王阖闾”。

阖闾即位后，礼贤下士，先后任用了伍子胥等一批贤臣；他又体恤民情，注意发展生产，积蓄粮食，训练军队，使吴国呈现出繁荣的景象，因而阖闾也深受人民爱戴。

这时，隐居在郊外的孙武一边灌园耕种，一边写作兵法。经过自己的努力，孙武终于写好了13篇兵法——《孙子兵法》。全书讲的是克敌制胜的战略战术原则。

《孙子兵法》是我国优秀传统文化的杰出代表作之一，被尊为“兵学圣典”“百世兵家之师”，荣膺“世界古代第一兵书”的雅誉。《孙子兵法》不仅对中国古代战争产生过重要影响，而且随着人类的不断交融与合作，它也成为世界各国人民的共同财富。

李

【姓氏来历】

据《元和姓纂》记载，李姓为颛顼帝高阳氏的直系后裔。颛顼生大业，大业生女华，到了女华之子皋陶之时，他做了尧帝专管司法的士师（相当于现在的法官）。据说他是中国刑律的创始人，是他制订了中国第一部刑律。其后子孙历三代世袭士师职务，士师后改称大理，所以人称理氏。

到商纣王时，理氏后人理征因执法公正不阿，触怒了商纣王，被纣王处死。理征的妻子契和氏带着幼小的儿子利贞逃往古伊国避难。就在母子俩面临饿死的困境时，在一处山谷中发现了几棵李子树，理利贞母子俩便以李子充饥，才保住了性命。后来，理利贞在周朝为官时，为了感谢果树的救命之恩，又借“理”字的谐音，把这种果树命名为“李树”，并以此为姓，李利贞也成为李姓的始祖。

【姓氏分布】

李氏自商末至东周200年间一直居住在豫东。西汉时，李氏有一支迁往今山东境内；大约自东汉开始，有李氏族人陆续徙居西南，分布于川、滇一带；唐代李氏南迁主要有三次：第一次是在唐朝初期，李氏部分人南迁，其中河南的李氏有的于唐高宗时随陈政、陈元光父子入闽开辟漳州。第二次是“安史之乱”时，有不少李氏子孙迁往南方。第三次是五代时，因动乱，李氏有迁往福建、莆田、晋江等地定居的；明末清初，广东及福建李氏陆续有人移居台湾及海外地区。如今，李姓在全国形成了渤海湾、四川、东北三大块李姓高密度聚居区。

【姓氏名人】

李冰：战国时期的水利家，对天文地理也有研究，曾被后世奉为“川神”。他依法治水，修建了驰名中外的水利工程都江堰，为中国农业的生产、水利工程做出了很大的贡献。

李世民：唐朝的第二位皇帝，史称唐太宗，他是中国最有作为的皇帝之一，并开创了中国历史上经济最繁荣、国力最强大的大唐帝国。后人称他在贞观年间的统治为“贞观之治”。

李白：字太白，号青莲居士，陇西成纪（今甘肃省秦安县）人，唐代伟大的浪漫主义诗人，有“诗仙”之称。他在中国文学史上占着极其重要的地位。其代表作有《蜀道难》《梦游天姥吟留别》《静夜思》等。其诗想象丰富，构思奇特，气势雄浑瑰丽，风格豪迈潇洒。

李世民

李清照：南宋著名女词人。她所作的词，前期多写悠闲生活，后期多悲叹身世，情调忧伤，有的也流露出对中原的怀念。她的词强调音律，崇尚典雅、情致，提出词“别是一家”之说。

李时珍：字东璧，号濒湖，湖北

蕲州（今湖北省蕲春县蕲州镇）人，明代杰出医药学家。著有《本草纲目》，闻名于世。另著有《濒湖脉学》《奇经八脉考》等书。

李鸿章：字少荃，安徽合肥人，清代著名政治家。平定捻匪及太平天国有功，历任直隶、湖广、两广总督。尤善外交，曾多次代表清廷与外国签订条约。后因积劳呕血而死，晋封一等侯，卒谥文忠。

【国学小百科】

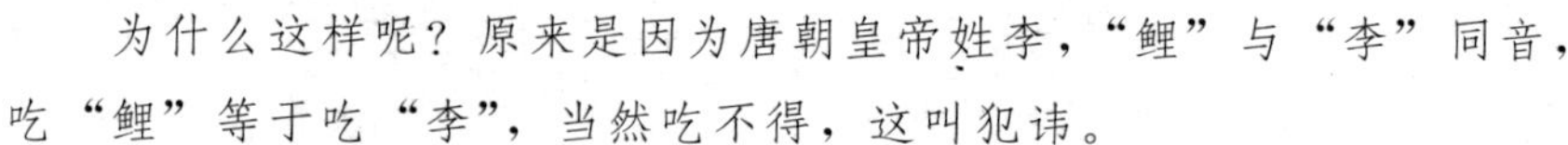

唐朝人为了避讳不敢吃鲤鱼

鲤鱼味道鲜美，可是在唐朝却没有人敢吃。段成式的《酉阳杂俎》上有记载：唐朝法律规定，鲤鱼不能叫鲤鱼，不许吃，捕获后必须放回水中；出售鲤鱼者要挨60板子。

为什么这样呢？原来是因为唐朝皇帝姓李，“鲤”与“李”同音，吃“鲤”等于吃“李”，当然吃不得，这叫犯讳。

所谓的避讳就是臣民不能直呼皇帝的名字。避讳是中国封建社会特有的现象，大约起于周，成于秦，盛于唐宋，至清代更趋完善。那时，人们若犯了讳就会有坐牢甚至丢脑袋的危险。避讳常见的方法是用意义相同或相近的别的字来代替要避讳的字。

在唐朝，不但不能吃鲤鱼，还不能提“虎”字。江南人有一种大便器叫马子、马桶，其实这种东西早在古代就有了，汉朝人管它叫“虎子”。到了唐朝就不行了，避“虎”字，没办法，改为“马子”，因为唐太祖李渊的爹叫李虎。

那时候，对违反避讳的处罚是很严厉的。《唐律疏仪》规定，故意直呼皇帝名字的就是犯了“大不敬”之罪，是要杀头的。

避讳制度是中国文化的一个痘痈，给当时人们造成了很大的不便，而且给中国文化也造成了极大的混乱。但如果能掌握它，却可以用来审定古书及文物的时代和识别其真伪，因为造假者图一时之快往往很少顾及避讳问题，前代避了后代的讳，或该避的讳没有避，都可以成为确定其伪品的依据。

【相关链接】

以身作则的李世民

唐太宗李世民在执政时期，国家出现了历史上少有的政清民安的局面，史称“贞观之治”。这除了唐太宗善于听取大臣们的建议，批评和任用贤能之外，还与他注意加强法制建设有很大的关系。

在当时来说，制定的法律能否贯彻执行，关键还在于皇帝的态度。也就是说，皇帝自己要以身作则，不做违法乱纪的事。

有一年，唐太宗准备到洛阳巡游，为了体现皇上的尊严，李世民下了道诏书，要洛阳官员为他的出访建造一座大殿。这时有一个名叫张玄素的大臣知道了这件事，就上书反对。

张玄素在奏书中写道：“当年皇上平定王世充的时候，把洛阳城里许多宏大奢侈的宫殿都拆了，受到了百姓的欢迎和拥护。现在还不到十年，皇上又要在洛阳重建豪华的宫殿。这样做是在学隋炀帝干坏事，而造成的危害，恐怕比隋炀帝所带来的还要大。”

看了张玄素言辞尖锐的奏书，唐太宗大为不悦。第二天上朝的时候，唐太宗质问张玄素：“你说我还不如隋炀帝，那么与夏桀、商纣比又怎么样呢？”张玄素随即答道：“皇上如果不停止这项工程，将来的命运与商纣同样可悲。”

此时的唐太宗被张玄素的话惊醒了。他想了想，觉得自己这样做确实不好，就取消了建造宫殿的命令。这件事既反映出唐太宗善于纳谏的优点，也体现了他约束自己的守法精神。

周

【姓氏来历】

相传周姓人的一支是由周朝来的，但周朝的天子姓姬，周天子的后代怎么又姓周了呢？原来这里面还有一段故事。传说周族人的女祖先姜嫄在一次外出游玩时踩到了熊的足印上，回来后便有了身孕，经过十月怀胎还生了个儿子。姜嫄觉得儿子来得古怪，便决定把他遗弃。说也奇怪，孩子被抛在草原上，牛羊都来保护他。姜嫄又把孩子丢到山林里，结果被打柴人救了起来。最后姜嫄把孩子丢到结了冰的河上，又有大鸟飞来保护他。

这时姜嫄发现孩子身上有某种神异之处，认为是上天有意让她养育的，这才把他抱回家。因为有过一再把他抛弃的经历，就给他起名“弃”。弃从小喜爱农业，后来成为周族的农神，被称为后稷，也是周族的一位重要祖先。后来，后稷的后代以“姬”为姓，因为长期居住在岐山下的周原，于是又以周为号。到了周武王时，周部落灭掉了商朝，建立了一个新的王朝，名称也是周，这就是周朝的来源。东周末年，周王朝被秦国灭掉，王室的后代为了不忘故国，便改姬姓为周姓。

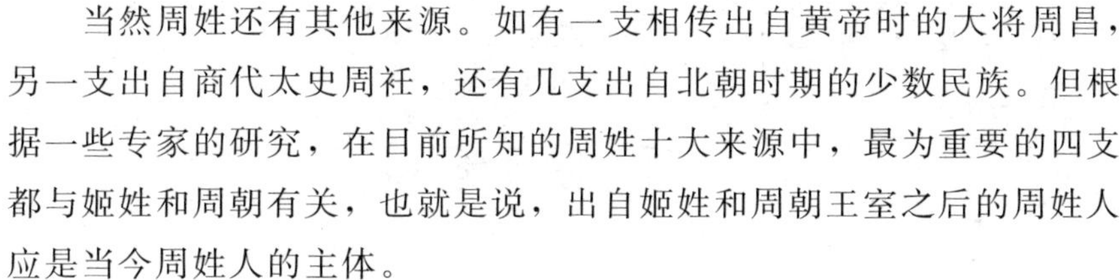

当然周姓还有其他来源。如有一支相传出自黄帝时的大将周昌，另一支出自商代太史周祍，还有几支出自北朝时期的少数民族。但根据一些专家的研究，在目前所知的周姓十大来源中，最为重要的四支都与姬姓和周朝有关，也就是说，出自姬姓和周朝王室之后的周姓人应是当今周姓人的主体。

【姓氏分布】

周姓早期主要在河南、陕西两地繁衍发展。据史料记载从东汉末年到晋代，都有中原周氏南迁；西汉时，有河南叶县周姓人迁往河南平舆县；魏晋南北朝时期，由于战乱频繁，大部分周姓人迁到了湖北、江西、江苏等地；唐初，随着陈政、陈元光父子俩入闽开辟福建漳州，周姓族人有加入者，此为周姓最初入闽者；宋元时期，大部分周姓人仍是南迁；明清时期，周姓发展到了福建、广东及台湾等地。如今，周姓主要分布在北京、河北、山东、江西、贵州、云南等省。

【姓氏名人】

周勃：江苏沛县人，西汉时开国武侯，被刘邦赐列侯的爵位，时称“绛侯”。

周瑜：字公瑾，庐江舒县（今安徽庐江西南）人，三国时吴国名将。曾联合刘备共同抵抗曹操数十万大军，火烧赤壁，大败曹军。

周璇：上海人，一代影后，有“金嗓子”雅号，曾拍摄过《喜盈门》《歌女之歌》《忆江南》等影片。

周树人：原名周樟寿，笔名鲁迅，字豫才，浙江绍兴人，中国现代小说家，中国现代文学的奠基人之一。他的作品思想深刻，具体反映了中国 20 世纪 30 年代的社会状况。小说集有《呐喊》《彷徨》《狂人日记》《阿 Q 正传》，散文集《朝花夕拾》。

周恩来：祖籍浙江绍兴，生于江苏省淮安，中国共产党早期党员，中国人民解放军的创建者之一，杰出的革命家、政治家、军事家、外交家，中华人民共和国第一任总理。他为了党和人民的事业，鞠躬尽瘁，无私地献出自己的一切，建立了丰功伟绩，赢得了中国人民和世界人民的爱戴和尊敬。

【国学小百科】

濂溪堂

“濂溪堂”是周姓的一个著名堂号，它的来源与宋代哲学家周敦颐有关。周敦颐是宋明理学的奠基人，出生在道州濂溪，就在今天的湖南省道县境内。后来周敦颐定居在庐山莲花峰下，这里有一条溪水，注入湓江，很像他道州老家的濂溪，于是就用“濂溪”来命名这片所居之地。

在这里，周敦颐筑“濂溪书堂”，读书讲学，怡养性情。宋朝以后，为了纪念这位哲学大师，全国许多地方都建立了“濂溪书院”。“濂溪”演化成周姓的别号，“濂溪堂”也成为周姓的一个著名堂号。至于周姓的其他堂号，如“景濂”“绍濂”“爱莲”“植莲”“景莲”等，也都与周敦颐有关。在今天江西九江市东南郊还有一座周敦颐墓，就在当年的濂溪旁边，墓前建有廉溪祠。

【相关链接】

周成王桐叶封弟

大约在 3000 多年前，周王朝刚刚建立不久，周武王因病去世了，他的儿子周成王继承了王位。这时的周成王还是一个十几岁的小孩。

周成王的叔叔周公旦为周朝的开国功臣，因周成王年幼便继成王位，很多事情还不清楚，所以由周公代理朝政。周公充分发挥了自己的聪明才干，为周王朝制定了一整套典章制度，把周朝治理得井井有条。

有一天，周成王和弟弟叔虞在宫中玩耍，周成王随手捡起了地上的一片梧桐树叶，送给了弟弟叔虞，并开玩笑说道："我把这片梧桐叶送给你，封你到唐国去做诸侯。"叔虞接过树叶后，心里非常高兴，随后把这件事告诉给周公。

周公听后认为如果这件事是真的，那可非同小可了，于是前去询问周成王。周成王说他只不过是跟弟弟说着玩的。周公听后严肃地说："天子无戏言，哪能随便说说。"周成王听后觉得周公所说的有理，只好把叔虞封于唐国的诸侯。唐叔虞死后，他的儿子燮继位，燮把都城迁到晋水的岸边，改国号为"晋"。这就是桐叶封弟的故事。

吴

【姓氏来历】

吴姓源出于姬姓，以国号为姓，是黄帝轩辕氏的直系后裔。商朝时，黄帝的十二世孙古公亶父（周太王）建立了周部落。古公亶父有3个儿子，老大叫太伯，老二叫仲雍，老三叫季历。季历有个儿子叫姬昌。

姬昌不但聪明有智，而且为人正直又有远见。所以太王很想让姬昌接位。太王的大儿子和二儿子知道了父王的意思是先传位给季历，再传位给姬昌，就决定自动引退，便一起南下到江南生活。当时的江南尚未开发，太伯和仲雍带来了中原先进的文化，被当地人推为君长，在今江苏苏州一带建立了吴国。

春秋后期，吴王阖闾任用伍子胥为相，孙武为将，使吴成为强大的国家。后来，吴王夫差骄傲了，不听伍子胥的忠言，结果被越王勾践打败，国灭身亡。夫差的子孙以国为氏，称为吴氏。

【姓氏分布】

吴氏发源于江南，成长于江南，历史上吴氏是我国一个比较典型的江南大姓。秦汉及魏晋隋唐时期，吴姓族人在南北方得到了巨大的发展；魏晋以后，由于北方常年战乱，吴氏族人在北方繁衍减缓，在南方繁衍发展迅速；明代以后，吴姓还有人移民南洋，迁至马来西亚、菲律宾、印尼、泰国、缅甸等国。如今，吴姓主要分布在安徽、山东等地。

【姓氏名人】

吴起：战国时卫国著名军事家。初为鲁将，继为魏将，后奔楚国，任令尹，主持变法，后被杀。

吴道子：唐代著名画家，被后世尊称为“画圣”，被民间画工尊为祖师。其画线条遒劲雄放，变化丰富，一变古来沿袭的高古游丝描的细笔，发展了线描的艺术方法，故表现出来的物象富有运动感、节奏感，被人们称为“吴带当风”。

吴承恩：字汝忠，号射阳山人，淮安府山阳县（今江苏省淮安市楚州区）人，明代著名小说家，四大名著之一《西游记》便是其传世之作。

吴敬梓：字敏轩，一字文木，安徽省全椒人，清代著名小说家。受博学鸿词荐，不赴。从此不应科举。著有长篇小说《儒林外史》。

吴其浚：字瀹斋，号吉兰，别号雩娄农，河南省固始县城关镇人，清代著名政治家、科学家。著有被誉为“19 世纪中国重要的植物学著作”《植物名实图考长编》22 卷及《植物名实图考》38 卷。

【国学小百科】

三 让 堂

三让堂是吴姓中最有影响力的堂号，其来源与吴姓远祖太伯和仲雍的辞让王位有关。相传，周太王古公亶父有意让太伯和仲雍的三弟季历之子姬昌做继承人，而姬昌又因为不是长子所生的长孙而没有这个资格，周太王为此而整天忧心忡忡。

这时候，孝顺的太伯和仲雍明白了父亲的意图，便相继向父亲表示无意做继承人，这便是后来所说的“一让”；继而，两个人又故意以采药为名外出避让，为姬昌被立为皇太孙提供了机会，这样便有了“二让”；周太王只好立季历为太子，姬昌为太孙。谁知在周太王去世，太伯和仲雍回来奔丧的时候，季历又以王位相让，太伯和仲雍推辞不掉，又一次外出相避，并发誓再不回去，这便是后来所说的“三让”。

由于“三让”是高尚品德的表现，被孔子誉为“可谓至德也已矣”，特别是“三让”的结果造成了吴姓人从周部族中分衍而出，因此一直被后来的吴姓人传为佳话。

【相关链接】

不惧贪泉的吴隐之

东晋时期，光禄大夫吴隐之以清廉而著称。他在广州任刺史时，距广州二十里的地方，有一处泉水名叫贪泉。据说饮了贪泉的人就会变得贪婪。前几任广州刺史东窗事发后，便假借饮贪泉为借口为自己开脱罪责。吴隐之听了后不信，便来到贪泉处，喝了很多这里的泉水，并赋诗一首说：“古人云此水，一饮怀千金；试使夷齐饮，终当不易心。”

吴隐之在职期间，一直严格要求自己，生活过得也很简朴。开始的时候，人们认为刺史不过是在装模作样罢了。可是很多年过去了，吴隐之仍一如既往，时常以贪泉的事来告诫自己。

有一天，一个随从给他送来一包鲜鱼，他当时就拒绝了这份礼物，并严厉警告说：“一定要以身作则，不吃请，不受贿。如果以后再有这样的事，必定要严加惩罚。”在吴隐之的感召下，当地的风气发生了根本性的变化，各级官吏都奉公守法，百姓们也安居乐业，民风也淳朴了。

郑

【姓氏来历】

郑姓源出于姬姓，以国名为氏。据《通志》记载，周宣王姬静即位以后，把幼弟友封在郑地即郑桓公。郑桓公之后，其子郑武公迁都于新郑，为春秋时的郑国。公元前 375 年郑国被韩国灭掉之后，其遗族散居到淮阳及商丘一带，以原国名郑为姓，称郑氏，从此就开始有了郑姓。

【姓氏分布】

郑姓最早发源于今河南的新郑。战国时被韩灭后，便散迁到河南东部及山东、安徽等地；秦汉时期，郑姓已迁入邻近地区，主要分布在安徽、陕西、山东、山西等地；西晋永嘉年郑姓大部分南迁；唐初，河南郑氏又有随陈政、陈元光父子移居福建者；唐末，又有河南故始郑氏随王潮、王审知入闽；明清之际郑氏播迁至台湾及海外一些地区。如今，郑姓在全国的分布主要集中于福建、河南、浙江三省。

【姓氏名人】

郑旦：春秋晚期吴越时的巾帼人物。郑旦即西施，经过训练，送到吴国做内应，越王勾践卧薪尝胆，得以“十年生聚，十年教训”，终于灭吴。

郑道昭：字僖伯，荥阳开封（今属河南）人，北朝魏诗人、书法家。曾任国子祭酒，工文词书法，其书法笔力雄健，兼有隶意，被后人推崇为“魏碑之宗”。

郑光祖：字德辉，平阳襄陵（今山西襄汾县）人，元朝著名剧作家，他和关汉卿、马致远、白朴被誉为“元曲四大家”。其主要代表作为《倩女离魂》。

郑成功：字明俨，号大木，福建省南安市石井镇人，明清之际民族英雄。后来，唐王为其赐姓朱名成功，授总统使、诏讨大将军。时人称“国姓爷”。

郑板桥：字克柔，号板桥，江苏兴化人，清朝著名书画家。善画兰竹，其作品秀丽苍劲，此外他还善于书法，所创“板桥体”独具风格，是“扬州八怪”之一。

【国学小百科】

郑樵与《通志·氏族略》

《通志·氏族略》的作者郑樵是南宋兴化军莆田（今福建莆田）人，是我国南宋时期著名的史学家、目录学家，世称夹漈先生。郑樵一生不应科举，刻苦努力学习了30年，他立志读遍古今书，毕生从事学术研究，在经学、语言学、自然科学，尤其是在史学等方面都取得了一定的成就。

他所编纂的《通志·氏族略》在中国姓氏学研究中具有极高的学术价值。此书成书于宋高宗绍兴三十一年。《通志》为通史性的志书，共200卷，其中《氏族略》为考辨、论述姓氏的专著，一共收录了2255个姓氏。该书参阅《元和姓纂》，将姓氏以其起源分为32类，缀以总论，附以四声，并列举姓氏混淆实例13种，旁征博引，考释十分详细。尤其是总论13篇，对姓氏作了系统的研究，对中国姓氏源流、氏族分合及世系衍派均有详细的论述。流传甚广的《百家姓》一书中，所收504姓，其姓氏源流的分类，都是在《氏族略》所列32类之中。

【相关链接】

郑和七次下西洋

郑和，原本姓马，小名三保，出生在云南一个回族家庭。他家世代信仰伊斯兰教，祖父和父亲都到过伊斯兰圣地麦加去朝过圣。他的童年是在祖父和父亲身边度过的，常听他们讲述自己惊险的朝圣经历。先辈跋山涉水的艰苦历程，勇敢、顽强的意志，麦加圣地的雄伟建筑，阿拉伯人民对中国人民的友好情谊，都给小三保留下了深刻的印象，使他从小就立下了远航朝圣的誓愿。

明朝统一云南后，郑和被带到了南京，受阉做了宦官，后被分到北平，在燕王府服役。由于他聪明能干，为人又努力好学，得到燕王的信任，并赐其郑姓，从此马三保就叫郑和了。

郑和

作为燕王的亲信与随从，郑和有机会广泛接触统治阶级上层人物，开阔视野，增长见识；又由于他为人正直，能与燕王共同商量国家大事，并随时向燕王学习政治、军事及处理各类事物的谋略。这一切都促使明成祖朱棣在寻找下西洋的最佳人选时，最先想到了郑和。

从明永乐三年到宣德八年的28年间，郑和先后率领庞大船队七下西洋。第一次从永乐三年六月到永乐五年九月，自苏州刘家港出发，途经爪哇、苏门答腊、锡兰、印度西海岸的柯钦及古里（今科泽科德)。第二次是从永乐五年十一月到永乐七年七月，沿同样的路径至古里。第三次是从永乐七年九月到永乐九年六月，以东印度洋为中心，从爪哇、苏门答腊往锡兰，又北上印度东海岸，抵孟加拉国湾，然后折回马六甲海峡，在马六甲修筑城塞后返国。第四次从永乐十一年十月到永乐十三年七月，又途经东印度海岸折往波斯湾，到达霍尔木兹。

郑和第五次下西洋，是从永乐十五年秋到永乐十七年七月，与前次航线相同，抵达波斯湾，又另分一支船队经由阿拉伯南岸远航到东非沿海的摩加迪沙、布腊瓦、马林迪等地。第六次下西洋是从永乐十九年春到永乐二十年八月，除驶入波斯湾外，另有分队绕东非沿海诸港口航行。郑和第六次下西洋的主要使命就是护送忽鲁漠斯等十六国使臣返回各自的国家。

郑和第七次下西洋，是从宣德六年元月到宣德八年七月，进行了经由印度西海岸入波斯湾的最后一次航行。此次航行，郑和的部下到达了阿拉伯的麦加。

郑和的这七次航行规模之大，人数之多，组织之严密，航海技术之先进，航程之长，不仅显示了明朝实力的强大，也充分证明了郑和统领千军的才能。

郑和七下西洋证明了当时中国在世界航海事业中居于领先地位，同时也反映了当时中国作为一个封建大一统的国家在政治经济文化上所取得的成就。这是一次世界航海史上的伟大壮举，也代表了当时世界航海事业的最高峰。

王

【姓氏来历】

王姓是中国各大姓中来源较为复杂的一个姓氏。《通志·氏族略》记载，周文王的第十五子毕公高的后代子孙因故散居京兆、河间一带，以本为王族之故，自称为王姓。又如商代的王子比干、周朝的王子晋、战国时魏国信陵君王子无忌，他们都有子孙称为王氏。后世沿袭未改，渐成大姓。还有战国末年西周桓公揭之后人，为纪念被秦灭后的原居住地王城，分别改姓王。

还有其他改姓为王氏的。汉代燕王丹的玄孙嘉，王莽时因献符命，被赐姓王；隋代有个王世充，本为西域胡支姓，入中原后也改为王姓；明朝都御史王一鹗原本姓杨、大理评事王大崇原本姓孙，他们都改王姓。

这些都说明了王姓的来源的确很复杂，后来还有一些外族，如契丹族、女真族、匈奴族等也有很多人改为王姓。这么一来，姓王的人想要从姓氏上去追溯自己的血统，真是难上加难了。

【姓氏分布】

王姓最初主要以今山西和山东、河南省境为其繁衍的地区。此后，王姓发展迅速，在西晋末年后逐渐迁往江南。唐朝时王姓主要迁往福建，也有迁往四川、安徽、江西的；北宋时期，中原人多次大规模南流，其中不少王氏族人迁往江苏、浙江一带；宋末元初，居住在福建的王姓迁往福建、广东等地；明末开始，王姓陆续有人迁往台湾。如今，王姓主要分布在湖南、四川、广西、江西等省。

【姓氏名人】

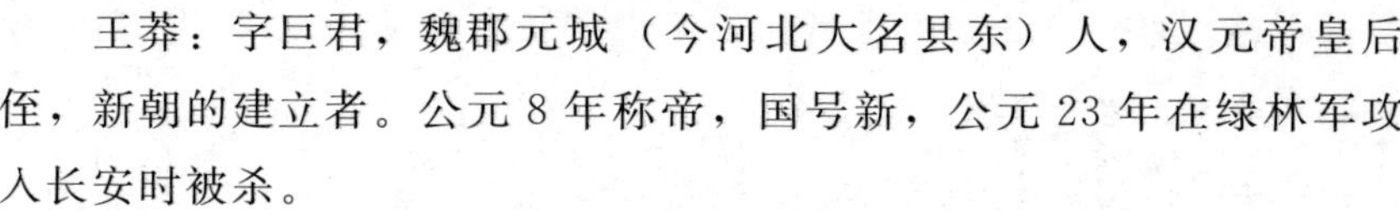

王莽：字巨君，魏郡元城（今河北大名县东）人，汉元帝皇后侄，新朝的建立者。公元 8 年称帝，国号新，公元 23 年在绿林军攻入长安时被杀。

王羲之：字逸少，号澹斋，原籍琅琊临沂（今属山东）人，东晋著名的书法家，独创圆转流利的书法风格，被后人奉为“书圣”。代表作品有行楷《兰亭序》、楷书《乐毅论》、草书《十七帖》、行书《姨母帖》等。

王昭君：名嫱，南郡秭归（今湖北省兴山县）人，与西施、貂蝉、杨玉环并称为中国古代四大美女。她为人正直贤惠，因不愿贿赂画工毛延寿，入宫数年不见帝，竟宁元年请嫁出塞，与匈奴和亲。

王勃：字子安，绛州龙门（今山西河津）人，唐代诗人，为“初唐四杰”之一。其成就最高以一篇《滕王阁序》露绝世才华。

王安石：字介甫，晚号半山，江西抚州人，北宋著名政治家、思想家、文学家，“唐宋八大家”之一。他主张“变风俗，立法度”实行变法。其散文以雄健峭拔著称。

王实甫：名德信，元代著名戏剧家，其最杰出的作品《西厢记》在中国戏曲史上占有极其重要的地位。

【国学小百科】

三国人物单字的由来

《三国演义》是很多人熟知的四大名著之一，有人看过后可能会问，为什么三国时绝大多数人都是单字名？纵观历史来看，整个东汉和三国几乎全是单字名，双字名很少。问题出在哪儿？这还要从王莽身上说起。

西汉末年，王莽篡夺了政权。为了巩固统治，他利用董仲舒的“神学目的论”，大搞迷信，大搞复古。王莽一上台首先把中央各级官名改了，然后是大改地名。后来王莽在姓名上也下了功夫。他对自家的“王”看得特别重，对许多刘姓皇族和有功部下赐姓“王”，以示恩宠。

《汉书·王莽传》记载：王莽的长孙叫宗，他与其舅合谋，准备抢夺权位。可事情暴露了，王宗一看不好，就自杀了。虽然人死了，但“政治权力”也要剥夺，王莽命令：“宗本名会宗，以制作去一名，今复名会宗。”“制作”就是法令，王宗本来名是两个字，叫“王会宗”，是依法令后改成的“王宗”，现在犯了法，得再改回去，还叫原来的“王会宗”。

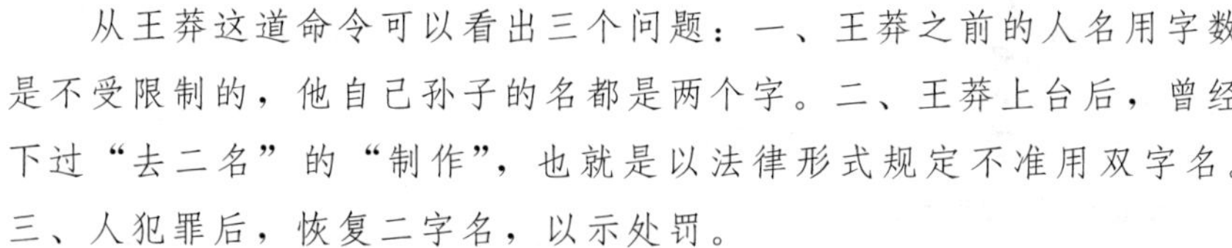

从王莽这道命令可以看出三个问题：一、王莽之前的人名用字数是不受限制的，他自己孙子的名都是两个字。二、王莽上台后，曾经下过“去二名”的“制作”，也就是以法律形式规定不准用双字名。三、人犯罪后，恢复二字名，以示处罚。

由于王莽的法令，从那时起，人们渐渐养成了使用单字名的习惯，后来也成了一种风气，这种风气一直影响到三国时代。三国时的人名告诉我们：人名有极强的阶段性，每一个时代，有每一个时代的命名特点。

【相关链接】

王羲之装醉

王羲之在小时候就已经是一位书法高手了，当时朝廷中有一位名叫王敦的大将军，常带王羲之到军营中表演书法。有时天色晚了就让王羲之在自己的屋中休息。

有一天晚上，心腹谋士钱凤来到王敦的住处商量谋反之事，当时王羲之就睡在隔壁。两人也忘了王羲之还睡在隔壁。王羲之醒来，听到了两人谈话非常吃惊，心想如果他们发现自己醒了，一定会杀人灭口的！

怎么办？王羲之思来想去。恰好昨天他喝了点酒，于是，他就假装酩酊大醉，吐了满床都是饭菜，接着，他还假装发出轻轻的鼾声，好像睡熟了似的。

王敦和钱凤密谈了多时，忽然想起王羲之还在隔壁，不由得大吃一惊。钱凤一狠心说道："一定要杀了他，否则我们会遭殃的。"

两人手握尖刀，来到隔壁，正要下手，忽听王羲之在那里说梦话，再一看，崭新的被褥上吐满了饭菜，散发出难闻的气味。王敦和钱凤被眼前的一切迷惑了，在床前站了片刻，当他们确认王羲之仍处于酒后熟睡中后，便放弃了原来打算。王羲之用伪装术躲过了一场杀身之祸。

冯

【姓氏来历】

冯姓在中国是一个大姓。冯姓最早曾在东周时期就已经出现。据《元和姓纂》记载，冯姓是周文王之后，他们的祖先，可追溯到周文王的第十五子毕公高，他的后代毕万封在魏地，毕万有个孙子食采冯城，其后子孙以邑为姓氏，称冯姓。

记载姓氏的最早典籍《世本·氏姓篇》说，春秋时郑国有一个大夫叫冯简子，因封地在冯城（今河南省荥阳东部）而得氏。后来，冯简子的后人就以封地为姓。

【姓氏分布】

冯姓族人自得姓以来，历经繁衍发展而不断壮大。到先秦时代，冯氏已有徙居今山东者；三国以前，冯氏还有迁至今四川及湖北等地；东晋末，冯氏又有徙居和龙（今辽宁朝阳）等地；到了汉唐时期，冯氏从原来的发源地陕西，发展到了今天的河南、河北、山西、福建等地；宋代冯氏有的又南迁至广东；明末清初，广东、福建地区的冯氏有数支移居台湾及海外地区。如今，冯姓主要分布于广东、河南、河北、江苏、山东和云南等地。

【姓氏名人】

冯道：字可道，自号“长乐老”，五代瀛洲景城（今河北交河东北）人，五代时历任四朝宰相，在位20多年。他在后唐任宰相期间，倡议由田敏等人在国子监校定《九经》文字，并组织刻工雕印，至后周完成，后世称“五代监本”。

冯子材：字南干，号萃亭，广东钦州（今属广西）人，清末著名的大将军。在年近70岁时，他曾在广西镇南关、谅山等地大败法国军队，取得镇南关大捷，其威名显赫。

冯嫽：中国第一位女政治家、女外交家。公元前101年，随汉朝解忧公主远嫁和亲到了乌孙国。她在协助公主加强汉朝同西域诸国之间的友好关系，做出了很大贡献，深得西域各国的敬佩。

冯玉祥：原名基善，字焕章，安徽巢县（今巢湖市）人，近代爱国将领。任抗日同盟军总司令，多次击败日寇，收复许多失地。抗日战争胜利后，在由苏俄回国时，在黑海上轮船发生火灾遇难。

【国学小百科】

《醒世恒言》

《醒世恒言》是由明末著名小说家冯梦龙所纂辑，与《喻世名言》《警世通言》合称“三言”。“三言”之中此集问世最晚，出版于天启七年。此书属于白话短篇小说集，全书共有40篇，其主要题材都来自民间传说，史传和唐、宋小说。

在当时那个年代，《醒世恒言》表现出了成熟的艺术水平。其中反映爱情生活最精彩的是《卖油郎独占花魁》一篇；表现明代中后期城乡工商业繁荣的《施润泽滩阙遇友》是最著名的一篇。这两篇内容精细，形象十分鲜明，结构巧妙完整，描写细腻，不同程度反映了当时的社会面貌和市民思想感情。

作者冯梦龙也以其对小说、戏曲、民歌、笑话等通俗文学的创作、搜集、整理、编辑，为我国文学做出了独特的贡献。

【相关链接】

冯玉祥将军题联

1927年北伐时期，在郑州的武汉国民政府要员，邀请时任国民革命军联军总司令的冯玉祥将军在陇海铁路花园议事。

当时，冯玉祥将军由于事务在身，所以下午2点才到达会场。可是到会场后冯玉祥发现一个人也没有，只看见桌子上摆满了点心、水果、香烟之类。直到下午4点，才见汪精卫等人到来。看到几人的到来，冯玉祥很是不高兴，即席题了这样一副对联：一桌子点心，半桌子水果，哪知民间疾苦；两点钟开会，四点钟到齐，岂是革命精神！

冯玉祥

冯玉祥将军一生都强调纪律是军队的命脉，致力整饬军纪，并身体力行，赏罚严明。在他看来，不注重纪律的人是缺乏革命精神的。

陈

【姓氏来历】

据《通志·氏族略》记载，陈姓最早出自妫姓，其始祖为妫满，也是虞舜的后裔。周武王灭掉商朝以后，追封前代圣王的后人妫满于陈（今河南淮阳），妫满为陈侯，称胡公满。胡公满传至十世孙妫完，因陈国内乱，于是就逃到了齐国，改姓田氏。后来妫完的世孙田和建立了田氏齐国。战国末年，秦国灭掉了齐国。齐王的子孙纷纷改姓，三子田轸逃至河南颍川地方封为颍川侯，恢复陈姓。

陈姓还有一支是少数民族改姓，也出自河南。陈姓的大发展是在公元 557 年，陈霸先在江苏南京称帝，国号陈，此时，陈国封了许多陈姓王，使陈姓子孙遍及长江和珠江之间。

【姓氏分布】

陈姓的繁衍大体上分为两大时期，秦汉之际，主要集中于我国北方广大地区；魏晋南北朝之时，陈姓便开始大举向南推进；唐时，中原陈氏有两次南迁福建；南宋时期，陈氏迁到广东；明朝末期，福建同安人陈永华于明末随郑成功入台湾；明清以后，居住在福建、广东等沿海地区的陈氏，迁居到马来西亚、泰国、菲律宾、澳大利亚等国家。如今，陈姓主要分布在福建、广东、浙江、江西、云南等省。

【姓氏名人】

陈胜：字涉，阳城（今河南商水西南）人，秦末农民起义领袖。陈胜早年为人佣耕。秦二世元年七月，与吴广在大泽乡（今安徽宿县东南）发动戍卒起义，后自立为楚王，势力庞大，最终起义失败，为其部下庄贾所杀。

陈寿：字承祚，西晋巴西安汉（今四川南充）人，西晋著名史学家。著有《三国志》65 卷。同时还著有《古国志》《益部耆旧传》，编辑整理了《蜀相诸葛亮集》等。

陈子昂：字伯玉，四川人，唐代文学家，初唐诗文革新人物之一。其文学理论对当时影响很大，著有《陈伯玉集》。

陈抟：字图南，号扶摇子，河南鹿邑县人，宋初著名道士。他是中国思想史上的重要人物，著有《无极图》《指玄篇》《钓潭集》《易龙图》等。

陈毅：字仲弘，四川乐至人。中国无产阶级革命家、军事家、政治家，中国人民解放军创建人和领导人之一，中华人民共和国元帅。

【国学小百科】

江州义门陈氏

“四世同堂”是中国传统家族的重要形式，也是被视为美德的传统伦理。“四世同堂”者多为大家族，通常会成为左右地方政权的强宗大姓，也常常受到当局的猜忌，强令析居迁徙，其中江州义门陈氏最为典型。

据有关资料载称，江州陈氏为陈武帝陈霸先后裔。陈朝被隋文帝所灭后，其后裔隐居江西德安县太平乡常乐里永清村，以孝治家，聚族而居，历隋、唐、五代。到宋仁宗时，历时 230 多年，19 代同炊共居，人口达 3700 余口，田庄 300 多处，实是人间奇迹，被誉为义门陈氏。

然而这样一个过于庞大的家族势力，也引起了当局的猜忌。宋仁宗嘉祐七年，江南西路转运使谢景初奉旨临门，强行监护义门陈氏析居迁徙，依其字辈排行，分房支系，分为大小 290 庄，分迁各府州县。其中江南 110 庄，两直隶州及闽、浙、湖广 90 庄，楚地 90 庄。元末明初，陈友谅兵败之后，又被当局第二次强令析居迁徙，致使义门陈氏后裔遍布各地。中国近现代历史上很多著名人物，如陈独秀、陈立夫、陈果夫、陈云、陈毅、陈赓、陈诚等，都属于江州义门陈氏析居迁移到各地支派的后裔。

【相关链接】

平勃灭吕

“平勃”本是一个典故，出自于《史记·陈丞查世家》。人们用这个典故表示同心协力，共谋国事之意。《晋书·王敦传》曾引用此典故：“臣备位宰辅，与国存亡，庆管平勃济之略。”

那“平勃”究竟是什么意思呢？其实它是指两个人——陈平和周勃，这两个人都是西汉著名的大臣。陈平是文臣，周勃是一位武将。他们二人追随刘邦征战多年，在楚汉之争中为灭楚兴汉立下了赫赫战功。

刘邦去世后，他的妻子吕后专权，企图封诸吕为王。她的这一举动遭到丞相陈平和太尉周勃等大臣的极力反对。对此，吕后很是气愤，她又借机杀害少帝，立刘弘为帝，剥夺了太尉周勃的兵权，免除右丞相王陵的职务，大封诸吕亲信，想要一举篡夺刘氏政权。

吕后死后，诸吕想篡以夺位，准备谋反，但又害怕周勃和陈平，一时不敢轻举妄动。没过多久，齐王刘襄带头发兵，陈平和周勃看到消灭诸吕的时机已经成熟，于是采用计谋使吕禄交出兵权并杀了吕禄。后来，他们在朝中大臣们的合作下，铲除了吕氏势力，维护了刘氏政权。

卫

【姓氏来历】

卫姓始祖是周文王的第九个儿子康叔。据《元和姓纂》的考证，上古时代康叔被封于卫，接管了上古时代的旧殷都朝歌。商朝已为周朝代替，原商朝的遗民，有七族归康叔管理，于是康叔建立了卫国（今河南省淇县），并在卫地繁衍了40余代。直到春秋战国末期，卫国被秦国兼并。周灭亡后，卫国公族子孙就以故国的名字为姓，子孙都姓卫，称为卫氏。卫姓不仅仅是康叔的后代，在中国古代少数民族鲜卑族也有姓卫的人出现。据《后燕录》载：昌黎（今河北省昌黎县）鲜卑为卫姓。

【姓氏分布】

卫姓主要发源地为河南，后来逐渐从河南向外地发展，有一支逐步迁移到望居河东郡（秦代初置，今天山西省黄河以东、夏县一带），发展成为一个很大的姓氏家族。另一支迁移到了陈留郡（秦始皇置陈留县，汉代改置陈留郡，在今天河南省开封地区）。

【姓氏名人】

卫青：字仲卿，另曰仲青，河东平阳（今山西省临汾市西南）人，西汉时期重臣、军事家。他曾先后七征匈奴，多次立战功，威震沙漠，封长平侯，是历史上出身最低，功劳最大，官位最高的代表人物。

卫夫人：名铄，字茂猗，河东安邑（今山西夏县）人，东晋女书法家，汝阴太守李矩之妻，世称卫夫人。其书法入妙，师从钟繇，擅隶书及正书。有《名姬帖》《卫氏和南帖》传世。

卫恒：字巨山，河东安邑（今山西夏县）人，西晋著名书法家。他出身于书法世家，祖父卫觊、父亲卫瓘都是书法名家，他擅长草书、章草、隶及散隶等书体。代表作品有《书断》《晋书本传》《梦英十八体书》等。

卫富益：自号耕读居士，崇德（今浙江余杭东北）人，南宋著名学者。代表作品有《易说》《四书考证》《性理集义》《读史纂要》《耕读怡情录》等。

【国学小百科】

堂 联

堂联就是挂在堂号两面的楹联。这种堂联有时候也反映了血统来源，这是跟郡望堂号有关系的一种对联。有一些堂联非常有意思，有一个邓姓的堂联，邓姓有个郡望是南阳，其堂联是“新野家声，望出南阳”。“新野家声”，就反映了一种来源的情况。

堂联究竟有什么意义呢？

一是寻根追祖，崇拜故土祖根。寻根溯源是我们人类的天性，几乎所有的姓氏堂联都有这方面的“寻根联”。

二是表彰先贤，显扬光荣历史。此内容在姓氏堂联中占大多数。通过记述本姓历史名人的文治武功、道德文章，弘扬祖先的丰功伟绩，反映宗族赫赫有望，借以振奋家族正气，继承中华民族的优秀历史文化遗产。

三是训勉后人，激励家族前进。此类堂联的立足点是从训勉后人的角度出发，告诫子孙珍惜家族声望，努力进取，不要辱没了列祖列宗。

四是心系华夏，不忘本土文化。此类堂联多为海外华人创作，内容中寄寓着海外华人深深的木本水源之思，故国祖根之情，以身为炎黄子孙而自豪，心中念念不忘中华本土文化对自己的恩泽。

【相关链接】

看杀卫玠

卫玠是西晋书法家卫瓘的孙子、卫恒的儿子，表字叔宝。他很有才华，且相貌堂堂，眉清目秀，是一个美男子。关于卫玠的美，《晋书》里用词有“明珠”“玉润”等，他为人喜怒不表于形，是个面无表情的玉人。可这玉人不但爱说，而且还特别会说。爹妈怕他磨牙磨得太累影响身体健康，限制儿子说话。

八王之乱的前期，卫瓘一家遭到楚王司马玮的屠戮。幸好卫玠跟他的兄弟因病住在医生家，才得以保住性命。没多久，楚王玮垮台了，卫家平了反。经过此事之后，卫玠和家人投奔到东晋都城建业。建业的官员们久闻其名，立即答应予以重任。江东人士听说来了个大帅哥，人山人海地围观，挤得卫玠举步艰难。这么一来，居然把这位美男子给累死了。

蒋

【姓氏来历】

“天下无二蒋”，蒋姓来源比较单一和纯正。据《左传》记载，西周初期，周公姬旦的第三个儿子叫伯龄，因功被封在蒋为君，建立蒋国（今河南省固始县西北的蒋乡），那时的蒋国只是周朝的一个小国。春秋后期，蒋国被楚国灭掉，伯龄的后代子孙就以国名为姓，就是蒋氏。

【姓氏分布】

蒋姓最初主要在其发源地河南发展。秦汉之际，有蒋姓西迁陕西，东迁山东，其中在山东博兴、寿光的蒋姓繁衍最为旺盛；唐初，固始陈政、陈元光父子入闽开辟漳州，蒋姓将佐随从前往，在福建安家落户；五代辽宋夏金时期，由于乱世及宋室南迁，大部分在朝为官的蒋姓人迁到了江苏、浙江地区；元明时期，蒋姓人仍持续辉煌在江苏、浙江一带；清时，有广东、福建地区的蒋姓移居海外。如今，蒋姓已分布天下，尤以江苏、四川、浙江、湖南等省居多。

【姓氏名人】

蒋琬：字公琰，东汉末年零陵郡（今属湖南永州零陵）人，三国时蜀汉著名大将军。初随刘备入蜀，后为诸葛亮所重用，任丞相长史。曾代诸葛亮执政，任大将军、录尚书事等职。

蒋防：字子徵，一作子微，义兴（今江苏省宜兴）人，唐代文学家、翰林学士。其代表作有传奇小说《霍小玉传》。

蒋仁：别号吉罗居士、女状山民，浙江仁和（今浙江杭州）人，清代著名篆刻家、书法家。被誉为“西泠八篆”之一的蒋仁，其篆刻以丁敬为宗而能自出新意，别具情趣，因性情耿介，不轻易为人奏刀，流传作品不多。

蒋介石：名中正，浙江奉化人，中国国民党当政时期的党、政、军主要领导人。早年入保定军校学习，后留学日本，加入同盟会。辛亥革命时，依附沪军都督陈其美。后在上海经营交易所失败，投靠孙中山。后任大本营参谋长、黄埔军官学校校长。1928 年被推为国民政府主席；1948 年，被推选为总统；1949 年败退台湾，后建设台湾；1975 年在台北病逝。

蒋筑英：浙江省杭州人，我国著名光学科学家，全国劳动模范，毕业于北大物理系。他为“四化”建设鞠躬尽瘁，死而后已，被奉为新时期知识分子的楷模。

【国学小百科】

蒋氏祠堂

蒋氏祠堂坐落于浙江省奉化溪口城建中心地段，是溪口街上蒋姓宗氏在春节、清明等节日祭祖、演戏、聚众及举办其他红白喜事的主要场所。该祠堂建立年代久远，在清朝康熙五十五年，曾进行一次较大的修缮。

1930年，蒋介石扩建故居丰镐房的同时，又将老祠堂进行了翻修、扩建，并亲自题写了“忠孝传家”牌匾。此次经过修建后的祠堂面积超过他的故居丰镐房，气势宏伟、壮观，很是气派。族里人祭祖、看戏等活动都很方便；两边还有厢房，可供十多户族人居住。

蒋氏祠堂

1937年4月，蒋介石的长兄蒋介卿染病身亡，灵柩停放在“蒋氏祠堂”，在此举办丧事。当时的溪口蒋姓族人都聚在蒋氏宗祠参加葬礼。两年后，蒋介石原配夫人毛福梅被日军侵略飞机炸死，也在“蒋氏祠堂”举办丧事。

如今，“蒋氏祠堂”里除了摆设着蒋氏家族的历史陈迹外，还展出了国务院台办、新闻办联合制作的台湾问题图片以及解说文字，形象地展示了台湾问题及历史、现状和发展趋势。这里也成为人们了解蒋氏历史的一大景点。

【相关链接】

蒋干中计

三国时期，赤壁大战前夕，曹操亲自率领百万大军，驻扎在长江北岸，想要横渡长江，直取东吴。东吴都督周瑜也带兵与曹军隔江对峙，双方准备大战一场。

曹操手下有一个谋士，名叫蒋干。他因自幼和周瑜同窗读书，便向曹操毛遂自荐，要过江到东吴去做说客，劝周瑜投降，免得大动干戈。曹操闻知大喜，亲自置酒为蒋干送行。

当时，周瑜正在议事，部下传报“故人蒋干相访”。周瑜闻讯，已经猜出蒋干来意，他眉头一皱，计上心来，将蒋干迎入大寨。

晚上周瑜设宴招待蒋干，席间周瑜喝得酩酊大醉。当夜，周瑜大吐了一场，就睡下了。到了二更，蒋干便悄悄下床，去看桌上文书，见一封信上写着“蔡瑁、张允找机会一定要杀了曹操，将首级献给周瑜”几个字，大吃一惊，便偷偷跑回去报告曹操。曹操听后大怒，立即处死了督办水军的蔡瑁和张允。可是等蒋干见了二人头颅才猛然醒悟，心中暗暗后悔自己中了周瑜之计。

沈

【姓氏来历】

沈姓是由国名和封邑（领地）得来的姓氏。西周初期，周武王分封的姬姓诸侯国中，有一个沈国，称为沈子国。公元前 506 年，沈子国被当时的蔡国所灭，他们的后代就以原国名为姓氏，也就是沈氏。周朝时还有另一个沈国，其地在安徽省，春秋时被晋国灭掉，子孙以国名为姓氏，也姓沈。春秋末期，楚庄王之子公子贞被封在沈邑，其后人有的以封邑名为姓，称为沈氏。

【姓氏分布】

沈姓起源于今河南、安徽两省间地。春秋战国时期，沈氏主要是在今天河南南部和湖北北部发展繁衍；唐初，沈姓已散居今江苏、浙江、湖北、四川等地；宋初大部分人散居到了长汀、延平、上杭等地，其后又有人徙居广东的大埔、梅州等地；明末清初，福建漳州、泉州及广东沈氏，又有多支迁往台湾地区，进而移居到海外。沈姓历代也是一个比较典型的南方姓氏，如今主要分布在福建、广东、浙江、湖南等省。

【姓氏名人】

沈括：字存中，杭州钱塘（今浙江杭州）人，北宋著名科学家、政治家，仁宗嘉祐八年进士。他博学多才，兼通天文、律历、音乐、医药、算数等。著有《梦溪笔谈》《长兴集》等书。

沈仕：字懋学，又字子登，号青门山人，浙江省仁和人，明代著名散曲家、画家。一生爱好诗书，多蓄法帖名画。著有《明画录》

《无声诗史》《图绘宝鉴续纂》《唾窗绒》等。

沈周：字启南，号石田，又号白石翁等，明长洲人，明代杰出画家。他博综典籍，诗文俱佳，尤工于画。其代表作品有《卒夷图》《仿董巨山水图》《烟江叠嶂图》《石田集》《石田诗钞》等。

沈雁冰：笔名茅盾，浙江桐乡人，我国著名革命文学家。他先后创作了《子夜》《蚀》《虹》《春蚕》《林家铺子》《霜叶红似二月花》等杰出的文学作品。

沈从文：现代著名文学家，湖南湘西凤凰县人，是20世纪30年代京派小说的领衔者。其小说在艺术上的最大贡献是为我们提供了古朴、优美的湘西生活画卷。代表作品主要有《边城》以及散文集《湘行散记》等。

【国学小百科】

沈括与《梦溪笔谈》

北宋时期，沈括出身于官宦之家，长大后在京师昭文馆负责编校书籍工作。宋神宗时，沈括积极参与王安石变法活动，多次被委以重任，曾提举司天监，任翰林学士、权三司使等。后因受牵连，被贬职。晚年，他定居润州（今江苏镇江），筑梦溪园，将平生研究心得和所见所闻集录成巨著《梦溪笔谈》。

《梦溪笔谈》原书共36卷，今存26卷，此外还有《补笔谈》3卷，《续笔谈》1卷，共30卷存世。其中涉及科学技术的条目有200多条，内容包括数学、天文、气象、地质、地理、地图、物理、化学、冶金、水利、建筑、生物、农学、医药等。沈括还记录了不少自己的创见。比如：采用太阳历的建议，铜壶滴漏的讨论，凹面镜的解释，透光镜的探讨，立体地形模型的制造，对若干地理地质现象的正确解释，对化石现象的解释，对盐类晶体的讨论，各种药方的收集等。

沈括

《梦溪笔谈》中的许多成就不仅在中国科学技术史上占有重要地位，在世界科学技术史上也占有重要地位。

【相关链接】

白面书生

在南北朝时期，有一个叫沈庆之的人。由于沈庆之很会作战，经常打胜仗，被封为将军，专门负责防守边疆。

有一天，皇帝想要向北边扩展领地，沈庆之知道了，就极力阻止皇帝，建议他不要向外扩展领地，因为以前几位将军向北边扩展领地均已失败告终。他的这个建议皇帝并没采用，于是沈庆之不停地劝皇帝。

皇帝觉得很烦，就找了左右两个文官来和沈庆之争辩。沈庆之无奈地对皇帝说："大王，治理国家就像治理家一样，要讨论耕田的事就要找每天去耕田的工人，要问织布的事就要找织布的婢女。现在大王要去攻打其他的国家，却找来两个从来没打过仗的'白面书生'来商讨这件事，这场仗又怎么能打胜呢？"

皇帝听后更加不耐烦："你不要再劝了，我决定的事是不会更改的！"由于皇帝没有采纳沈庆之的意见，最后一败涂地！

后来，人们就用沈庆之说的"白面书生"来形容那些年轻没有经验的读书人，他们只知道书本上的知识，却不懂实际应付事情的方法。

韩

【姓氏来历】

韩姓以封地为姓，与周王室同宗，源出于姬姓。据《风俗通》的记载，春秋时期，周文王后裔韩武子住在晋国，因多次立功被晋献公封于韩城（今陕西韩城南边），成为晋公族中的大族。战国初期，开国君主韩武子的后代韩虔，与当时的两个大族——魏族的魏斯和赵族的赵藉一起瓜分了晋国并成为战国七雄之一。直到战国末期，被秦始皇灭掉。共历 11 世，立国 174 年。韩国王族子弟失国后，即以国为姓，就是韩氏。

【姓氏分布】

韩姓最早活动在春秋时的晋国，随着韩虔建立韩国并建都平阳（今山西省临汾），又两次迁都到阳翟（今河南省禹州）和新郑（今河南新郑）。秦汉时期，韩氏播迁于今浙江、四川、北京及东北一些地方；东汉、西晋末年及南北朝时，中原人为避战乱，韩姓迁往西北、东北、西南、江南地区；唐时，河南固始韩氏随王潮、王审知入闽，在福建安家落户；南宋时，居于北方和中原的韩姓人迁到了江苏、浙江、广东等地；元明清时期，江浙一带的韩姓人大规模南迁到我国台湾、菲律宾、马来西亚等地。如今，韩姓主要分布在河北、山西、辽宁、安徽等省。

【姓氏名人】

韩信：字重言，江苏淮阴（今江苏省淮安市）人，中国历史上伟大军事家、战略家、统帅和军事理论家。他文武双全，治军严明，辅佐刘邦平定天下，屡建奇功，并著有《兵法》3 篇。

韩非：也称韩非子，战国末期韩国（今河南新郑）人，战国时韩国的诸公子之一。他为人口吃而不能流利地辩说，但文章出众。他的著作很多，主要收集在《韩非子》一书中。

韩愈：字退之，河南河阳（今河南省孟州市）人，郡望昌黎，世称韩昌黎。因官职为吏部侍郎，又称韩吏部。谥号“文”，又称韩文公。唐朝文学家，“唐宋八大家”之首，首开宋明理学之先河。他还是古文运动的倡导者，被称为“百代文宗”。

韩愈

韩湘子：唐朝韩愈的侄子。生性放荡不拘，不好读书，只好饮酒，世传其学道成仙，为八仙之一。在初冬季节令牡丹开花数色，又尝令聚盆覆土，顷刻开花。

韩世忠：字良臣，今陕西省绥德县砭上村人，南宋抗金名将，曾重创金兵于建康黄天荡，主战派之一。

【国学小百科】

郡望昌黎的由来

郡望表示本姓氏最初的繁衍之地，记录了姓氏的发源、繁衍和播迁的过程。某个郡望所代表的地名也成为后世子孙仰望和缅怀先祖的地方。

说到郡望，不能不提唐代大文学家韩愈，昌黎既不是他的字，也不是他的籍贯。因为韩愈自称本姓的郡望在河北昌黎，所以世人称他为韩昌黎。其实，韩愈是河南河阳人。唐贞元八年中了进士，后随宰相裴度平定淮西之乱有功，而升迁为刑部侍郎。后来，韩愈因为上表反对去法门寺迎佛骨，触怒了唐宪宗，被贬到潮州，也就是今天的广东省潮阳市一带去做刺史。

【相关链接】

韩翃因诗升官

在百家姓中，同名同姓不仅容易被人误会，还可能生出些不必要的麻烦。中唐时，有一位有名的诗人，叫韩翃，是“大历十才子”之一。他写过一首题为《寒食》的七言绝句，非常有名：“春城无处不飞花，寒食东风御柳斜。日暮汉宫传蜡烛，轻烟散入五侯家。”

有一年，制诰（承命草拟诏令）这个职位出现了空缺，吏部请示唐德宗。唐德宗很欣赏韩翃的才华，就点名让韩翃补缺。可是吏部一查官员的档案，发现有两个在职的韩翃，一个是驾部郎中，一个是江淮刺史。于是只好把这两个韩翃的履历一起呈上，请皇帝定夺。唐德宗批复道：“春城无处不飞花，寒食东风御柳斜。与此韩翃。”这样，吏部就知道补缺的该是哪个韩翃了。

杨

【姓氏来历】

杨姓也是一个古老的姓氏。不过，关于杨姓的来源，众说不一，有说是因官得姓的，也有说是以地命氏的，很难找到头绪。然而，有一个被公认的事实——杨姓也是出自姬姓。

据《元和姓纂》所记载，周武王之子姬叔虞，字子于。周灭唐（今山西翼城西）后，把唐封地给他，人们又称他为唐叔虞。唐叔虞的儿子燮继位后，因为唐地也有晋水，就改称晋侯。这样，叔虞就成了周代晋国的始祖。叔虞的后裔封于杨（在今山西洪洞、沁县一带），建立杨国，国君称为杨侯，后杨国被晋国所吞并，杨侯的子孙便以杨为姓。

【姓氏分布】

杨姓的发源地在今山西省境内。春秋战国时，已有杨姓南迁到今湖北潜江一带，后因楚国势力不断加强，迫使他们再向东南迁至江西；汉时，杨姓已广泛分布于我国北方大部分地区；晋、唐这一时期，是杨姓南北方繁衍的重要时期，尤其以南方的繁衍最为突出；到了宋代起，杨姓已广泛分布于江南地区；明清时期，杨姓仍由北方向南方播迁，海外则以东南亚为主。如今，杨姓在我国分布极为广泛，尤其四川、陕西、湖南、安徽、江苏等地区最多。

【姓氏名人】

杨震：字伯起，东汉弘农华阴人，是名声最大的古代杨姓名宦。杨震从少年起就特别聪明好学，他为了通晓今文经学的深刻含义，深钻细研《欧阳尚书》。后自费设塾授徒，讲学将近十年，弟子多达数千人，完全可以同孔子有三千弟子相媲美。所以，当时人们就称杨震为“关西孔子”。

杨炯：弘农华阴（今陕西华阴）人，唐代著名诗人。杨炯幼年聪敏好学，10 岁就被选为神童，待制弘文馆。27 岁应制举，补校书郎，官至崇文馆学士。与王勃、骆宾王、卢照邻齐名，称“初唐四杰”。其代表作有《出塞》《从军行》《战城南》等。

杨业：本名重贵，北宋抗辽英雄。其祖上世代为麟州（今陕西神木北）地方势力首领，居太原，曾赐姓刘，归宋后复姓称杨业。任知代州（今山西代县）兼三交驻泊兵马部署。曾因大败辽军，被称为“杨无敌”。太宗雍熙三年，第二次北伐时任西路军副统帅，东路军兵败后护送云、应等四州百姓内迁，孤军奋战，受伤被俘后绝食而亡。其事迹后被演为“杨家将”故事。

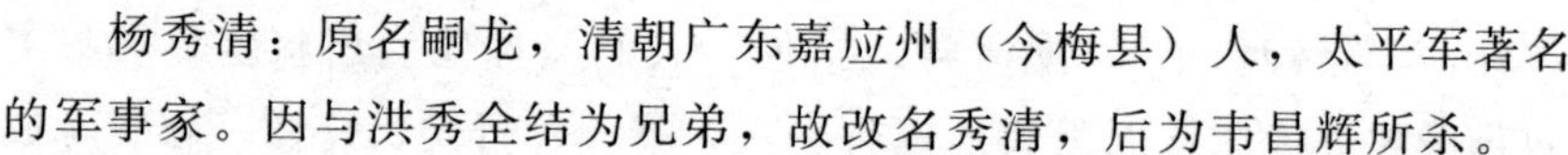

杨秀清：原名嗣龙，清朝广东嘉应州（今梅县）人，太平军著名的军事家。因与洪秀全结为兄弟，故改名秀清，后为韦昌辉所杀。

杨虎城：原名忠祥，号虎臣，后改为虎城，陕西蒲城人，国民党最著名的爱国将领。1911 年辛亥革命时率队加入陕西国民军，先后任营长、游击支队司令、国民联军第十路总司令等职务。曾与张学良一起发动“西安事变”，对蒋介石“兵谏”，促成了国内和平。1949 年 9 月 17 日被蒋介石杀害。

【国学小百科】

四知堂

据史书记载，东汉时的杨震不仅非常博学，而且为官清正。一次，杨震去东莱任太守，途经昌邑小县。昌邑县的县令王密为讨好上司，怀揣金银，深夜偷偷前来送给杨震，杨震坚持不受。王密再三请求说：“您老就收下吧，反正深更半夜也没人知道。”可杨震却义正词严地说：“你私送金银给我，这件事天知、地知、你知、我知，怎么能说没有人知道呢？你还是快拿回去吧！”王密自讨没趣，只好怏怏地走了。杨姓后人便以“四知堂”为堂号，寄寓了对先祖道德风范的一种崇敬与怀念。

【相关链接】

杨业之死

抗辽英雄杨业从小就擅长骑马射箭，爱好打猎，武艺高强。每次外出打猎，他的收获总比别人多1倍。他对同伴说："我将来带兵打仗，也如同猎鹰追逐野兔一般。"后来，杨业归附宋朝后，被授环卫官为左领军卫大将军；不久，领命受任郑州防御使。

太平兴国四年九月，辽军南犯宋朝，虽多次被宋军打败，但边境形势仍很紧张。宋太宗任命杨业为代州（今山西代县）知州兼三交（今太原北）驻泊兵马部署，在此屯兵防辽。

次年三月，辽国驸马萧多罗率军十万进犯雁门，杨业派遣少数士兵固守关城，自己率军几百绕道辽军背后发起进攻。他刀斩萧多罗，生擒辽将领李重海，使辽军闻风丧胆。太平兴国七年，契丹三万骑兵分三路攻打大宋。中路袭击雁门，被杨业打得大败，杀死辽军三千人，俘虏一万多……由于杨业多次立得战功，被人们称为"杨无敌"。

雍熙三年正月，宋太宗为了彻底解决辽国对边境的骚扰，执意全面进攻契丹，下诏分兵三路进行北伐：东路由大将曹彬、崔彦进率主力从雄州出发北攻幽州；中路由田重进统率，由定州攻飞狐；西路由潘美、杨业统率，出雁门关，攻朔（今山西朔县）、寰（今山西朔县东）、云（今山西大同）、应（今山西应县）四州，最终目标是三路大军会师幽州，与契丹进行决战。

但由于东、中路大军遭遇辽军主力，先后兵败。此时杨业为了掩护新收复的四州百姓迁入关内，与辽军展开了激烈的战斗。后来由于自己孤立无援，被困在陈家谷口，后因战马受重伤，无法前行被辽军擒住。受俘后，杨业誓死不降，绝食而亡。

杨业死后，宋太宗不仅对杨业进行褒赠，追赠太尉、大同军节度使，还录用杨业六子，杨延朗（延昭）自供奉官升崇仪副使，杨延浦、杨延训由殿直升供奉官，杨延瑰、杨延贵、杨延彬录用为殿直。杨延昭及子杨文广后来都成为抗辽名将。后世将杨业、杨延昭、杨文广祖孙三代的抗辽事迹，演绎为"杨家将"故事，广为流传，家喻户晓。

朱

【姓氏来历】

朱姓的来源十分广泛，其中有一支是源于曹姓，为颛顼帝的后裔。传说上古时五帝之一颛顼帝的玄孙陆终，娶鬼方国君之女为妻，怀孕 11 年也没有生子，陆终就剖开她的左胁生下 3 个儿子，剖开右胁又生下 3 个儿子。这 6 个儿子后来发展演化出不少姓氏，其中第五子叫安，被大禹赐姓曹。

到了周王朝建立后，周武王分封诸侯，对前代圣贤或帝王之后也进行了封侯。其中就有曹安的后代曹挟，武王将他封于邾国（在今山东境内），人们便称叫邾子侠。春秋时，邾国被楚国灭掉，邾国的贵族便以国为姓，就是邾姓，这个邾字有右耳旁，后来将耳旁去掉后，就形成了朱姓。

【姓氏分布】

朱姓主要发源于河南、安徽，以及江苏省境内。其中江苏省境的这一支朱姓，成为我国南方朱姓家族的主要来源。秦汉时期，朱姓得以较快发展，名人不断涌现，先后出现了朱氏三大家族，使朱姓得以巨大发展；魏晋南北朝时，朱姓已繁衍到北方河南、山东等地；隋唐五代时期，朱姓广布于安徽、广东、湖南等地区；宋元时期，居于朱姓繁衍于浙江、河南、河北、安徽等地；明清时期，朱姓成为皇姓，族大势盛，在各地均出现名门望族。今日，朱姓主要分布在江苏、浙江、广东、河南等省。

【姓氏名人】

朱熹：字元晦，号晦庵，别号紫阳，祖籍徽州婺源（今江西），南宋著名哲学家、诗人、文学评论家。其学识渊博，善诗词。据考证，为程朱学派的主要代表人物。哲学著作有《四书集注》《通书解》《易学启蒙》等；诗有《春日》和《观书有感》；词代表作有《菩萨蛮》《南乡子》等。

朱元璋：原名重八，后取名兴宗，字国瑞，濠州（今安徽凤阳县东）钟离太平乡人，为明朝开国皇帝。1368 年，他率军攻克大都（北京），推翻元朝，建立明朝，号称明太祖。

朱熹

朱自清：原名自华，号秋实，后改名自清，字佩弦，浙江省绍兴人。现代著名作家、散文家、诗人，其散文以语言精练，文笔秀丽著称。著有诗文集《踪迹》，散文集《背影》《欧游杂记》等。

朱德：字玉阶，四川仪陇人，我国杰出的无产阶级革命家、政治家和军事家，是中国共产党和中华人民共和国的主要领导人之一，中华人民共和国元帅，曾任中华人民共和国全国人民代表大会常务委员会委员长。

【国学小百科】

紫阳堂

“紫阳堂”是为了纪念朱熹。朱熹的父亲朱松是安徽婺源人。婺源在南朝梁、陈时属新安郡。新安城外有座风景秀丽的紫阳山，朱松小时候在新安城读书时，常去紫阳山游览，后来他到福建做官，难于返乡，就刻了“紫阳书堂”印章，以表达对故乡的思念之情。

朱松去世前，曾托付好友刘子羽，在宅旁为朱熹筑一室，给朱熹母子居住。他死后，朱熹随母亲由建瓯迁居崇安五夫里刘子羽家中，师从刘子羽等人。这里又成为朱熹读书之地。后来，为纪念父亲，朱熹就把乃父印章上的“紫阳书堂”四字题匾于读书厅室，以示“不敢忘先君之志”。朱熹成名后，因取别号为紫阳，人称“紫阳先生”，并称其学为“紫阳学派”，其族号称“紫阳朱氏”。

后来，由于朱熹名气太大，除了他的后裔以紫阳堂命名外，其他许多朱姓旁支别系也纷纷慕名攀附，自称是紫阳朱氏。他们这样做，无非是想以朱熹的业绩鞭策族人，希望效法先贤而已。

【相关链接】

马前泼水

相传汉朝年间，苏州穹窿山脚下有一个穷书生，名叫朱买臣。虽说朱买臣有满腹才学，却未得功名，只能终日以打柴为生。后来，他成为本地刘二公家的女婿。因为朱买臣整日不思进取，夫妻俩也经常吵闹。其岳父刘二公也嫌朱买臣不肯进取，便让女儿向丈夫讨休书。

有一天，外面大雪纷飞，朱买臣无法砍柴，妻子便不停地奚落和咒骂他，并坚决索要休书。朱买臣也是忍无可忍，一气之下写了休书。其实事情另有缘由：原来刘二公拆散女儿的婚姻，也是为了激发朱买臣积极进取。后来由于当朝司徒严助的举荐，朱买臣做了官，任家乡会稽郡太守。

朱买臣做了大官后回到了苏州，他还惦记着过去住过的地方。有一天，他骑着一匹白马，到穹窿山探望朋友王安道。刘二公父女听说此事之后，便登门求见。刘家女见朱买臣后承认了自己当初的错误，可是朱买臣却不听这些，把昔日的妻子数落一番。

朱买臣让刘家女把一盆水泼在地上，如果她坚持要重续婚姻，除非把地上的水全收起来。他的朋友王安道见此情景，便把刘二公暗中托他送盘缠给朱买臣的事说出。朱买臣听了此事后心生惭愧，便回心转意。

秦

【姓氏来历】

据《广韵》记载，秦姓最早出自嬴姓，以国名为氏，是颛顼帝的后代。相传颛顼帝有个孙女叫女修，有一天，她到野外去玩捡到了一只燕子蛋。她毫不犹豫地把蛋吃了下去，她吃下去后就怀孕了，生下了儿子大业。后来大业之子大费（伯益）因辅佐大禹治水有功，舜帝赐他姓嬴。

伯益的后人有个叫大骆的，他的侍从非子因善于畜牧而出名。后来，周孝王命非子养育良种马，由于马群繁殖很快，所以非子很快就得到了周孝王的赏识，封他在秦谷（今甘肃省天水西南）为附庸国的君主，让他恢复嬴姓，称为秦嬴。战国时，秦国的国力富强，成为七雄之首。秦王政攻灭六国统一天下。秦灭后，王族子孙以国名为姓氏，称为秦氏。

【姓氏分布】

秦姓发源于甘肃省天水、河南范县及山东曲阜一带。战国时期，秦姓族人北上发展到今天的河北省境内；先秦时期，秦姓已分布于河南、陕西、山东、河北等地；西汉初年，秦姓迁入甘肃、江苏、四川、北京等地；三国时期，秦姓迁入山西，后形成一大郡望，即太原郡；魏晋南北朝时，由于北方连年战乱，秦姓便再次南迁；宋元明时期，秦姓有迁至广西、贵州、福建等省。清至近现代，秦姓已遍布于全国各地，而且还有不少移居海外地区。

【姓氏名人】

秦越人：即扁鹊，原姓秦，渤海鄚（今河北任丘）人，战国时著名的医学家。他在医学上的贡献首先是科学诊断，他把切脉、望色、听声、问病这四种诊断方式发展得相当完整。其次，扁鹊的治疗方法有砭法、针灸、按摩、手术等。可以说扁鹊是中国传统医学的鼻祖，对中医药学的发展有着特殊的贡献。

秦越人

秦琼：字叔宝，齐州历

城（今山东济南）人，唐朝名将。他骁勇善战，常为先锋，征战屡建奇功，经大小二百余阵，以旌战之功封翼国公，拜左武卫大将军。后被民间奉为“门神”之一。

秦观：字少游，号淮海居士，江苏高邮人，北宋著名文学家。他与黄庭坚、晁无咎、张耒并称“苏门四学士”。其代表作有《满庭芳》《淮海集》《劝善录》《淮海居士长短句》等。其所著的《蚕书》，是我国现存最早的一部蚕桑专著。

秦良玉：字贞素，四川忠州（今属重庆忠县）人，明朝末期巴渝战功卓著的女将军、女军事家。其夫石砫宣抚使马千乘死后，她继任丈夫之职代领其兵，所部号“白杆军”。因屡立战功，被封为“忠贞侯”。

【国学小百科】

家庭的起源及家族的构成

家庭是社会的细胞，是构成人类社会的最小单位，同时也是社会发展的产物，人类文明进化的结果。人类历史上依次出现过“血缘家庭”、“普那鲁亚家庭”（族外婚）、“对偶婚家庭”和“一夫一妻制”四种家庭形式。

原始社会群婚杂交的血缘家庭，是家庭起源的最初时期；氏族社会的族外婚家庭和相对稳定的对偶家庭，是母系血缘大家庭向父系血缘家庭过渡的一大进化；以男性血缘为纽带的一夫一妻制婚姻，则是社会生产力发展和私有制的产物，是与文明时代相适应的家庭组合。

随着社会的发展与人口的增长，一夫一妻的核心家庭，派生出新的家庭，而以父亲计算血统和财产继承权，也成为社会法律和风俗习惯所公认的社会准则，于是以核心家庭为主干，以血缘关系为网络，以共有财产为基础，以伦理规范为机制的家族开始形成。

我国古代家族的构成素有“三族”“九族”之称。所谓三族，是指“父族、母族、妻族”，是超越血缘关系的姻亲总称。而以血缘世系为脉络的九族，纵向有父母、祖父母、曾祖父母、高祖父母、己身、子、孙、曾孙、玄孙。横向有己身、兄弟、姊妹、堂兄弟、堂姊妹、再堂兄弟、再堂姊妹、三堂兄弟、三堂姊妹。

【相关链接】

秦桧与油条

油条是很多人爱吃的早点食品。说起它的来历，还和秦桧有一定的关系！

油条又叫油炸烩、油炸鬼，曾是南宋时杭州百姓制作的早点食品。1142 年，民族英雄岳飞被卖国贼秦桧以“莫须有”的罪名杀害了。当时京城临安（今杭州市）百姓闻知此事后，个个义愤填膺，对秦桧这个奸臣深恶痛绝。

当时京城临安市区有一家专卖油炸食品的店铺，店铺里有一个伙计，名叫王小二，为人正直善良。他得知岳飞被秦桧害死的消息后，特别痛恨秦桧。他想：“你秦桧残害忠臣，我也叫你油里炸，为民族英雄出出气。”

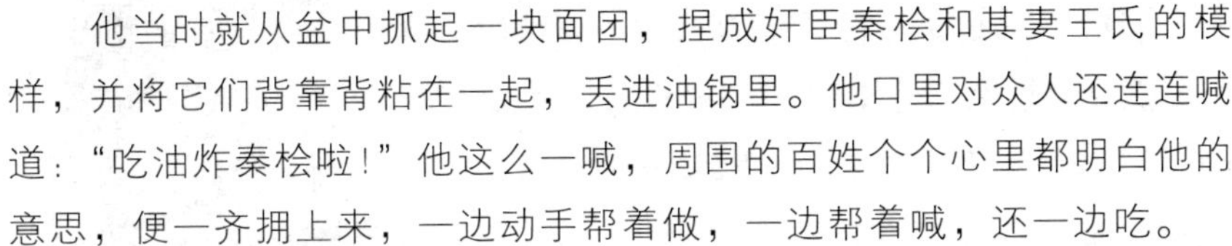

他当时就从盆中抓起一块面团，捏成奸臣秦桧和其妻王氏的模样，并将它们背靠背粘在一起，丢进油锅里。他口里对众人还连连喊道：“吃油炸秦桧啦！”他这么一喊，周围的百姓个个心里都明白他的意思，便一齐拥上来，一边动手帮着做，一边帮着喊，还一边吃。

就这样，王小二做的“油炸烩”很快传遍了整个京城。后来，其他小贩也跟着做起来。此后，人们便把“油炸烩”作为这种条状油炸面食的名称，再后来，人们干脆就叫它“油条”了，并且一直流传至今。

许

【姓氏来历】

相传在上古唐尧时期，有一个名叫许由的高士，很有才能，但他为人淡泊名利。唐尧曾多次要把部落首领的位子禅让给他，可是都被他婉言谢绝了。唐尧又请许由出来担任九州岛长这个官职，许由还是不肯，宁愿过着隐居的生活。他甚至认为唐尧的话玷污了自己的圣洁，就跑到颍水河边去洗耳朵。后世成语“洗耳恭听”中的“洗耳”就是从这个故事中来的。后来他被奉为隐士的鼻祖。

唐尧见许由执意不肯出山，只好把大位传给了虞舜。后人为了纪念许由，就把他隐居的地方称为“许”，他的后代也以“许”为姓。

【姓氏分布】

许姓发源于今河南省许昌东。秦汉时期，许姓主要分布在河南、河北两省的绝大部分地区；三国两晋南北朝时期，由于北方连年战乱，许姓迁居到了今江苏、浙江、湖北、广东等地；隋唐时期，居于南北方的许姓，都得到了相当的发展，许姓人口日益增长；宋元明清之际，许姓主要特点为南迁及移居海外。如今，许姓以江苏、山东、云南、广东、河南、安徽、浙江等省居多。

【姓氏名人】

许慎：字叔重，汝南召陵（今河南郾城县）人，东汉著名经学家、文字学家、语言学家，中国文字学的开拓者。所著《说文解字》是中国第一部系统分析字形和考究字源的专著，不但过去对汉字研究发生了巨大的影响，对现在和将来的汉字研究仍有很大的影响。

许慎

许道宁：长安（今陕西西安）人，宋代著名画家。以擅写林木、平远、野水三景闻名。代表作品有《秋山萧寺图》《秋江渔艇图》《关山密雪图》等流传至今。

许衡：字仲平，怀州河内李封（今河南省焦作市中站区李封村）人，元朝思想家、教育家和天文历法学家。许衡是我国元代一位百科全书式的通儒和学术大师，“儒学君子”位居相位者，古今仅有许衡一人。著有《鲁斋集》《授时历经》《读易私言》等。

许自昌：字玄佑，明代吴县（今江苏省苏州）人，好奇文异书，传奇著作有《水浒记》《灵犀佩》《弄珠楼》等，另有《诗钞》《樗斋诗钞》《捧腹编》等书籍传于世。

【国学小百科】

许驸马府

许驸马府坐落于广东潮州市区中山路葡萄巷东府埕4号。这里是北宋宋英宗皇帝之女德安公主之驸马许钰的府第。该府第始建于宋英宗治平年间。经过历代维修，至今许驸马府仍较好地保留了始建年代的平面布局及特色。

许驸马府坐北朝南，面宽42米，进深47米，建筑面积大约1000多平方米。主体建筑为三进五间。首进与后座均带插山厅，房合为九间。中厅东西围屋带从厝厅及书斋。上厅的后面有横贯全宅的后院，主体的三进与插山构成“工字”格局，围屋隐伏于中座两旁山墙外，形成独厅、独院、独天井之独特设置。墙体为版筑夯灰和青砖条浆砌，后座正厅东侧二面墙壁仍保留桃红之竹编灰壁。整座建筑结构严谨，古朴大方。1997年，许驸马府被国家列为全国重点文物保护单位。

许允娶妻

许允是三国时魏国河间高阳（今河北高阳东）人，他当时在魏国的影响很大。其中许允娶妻的故事一直为世人津津乐道。

据说许允的妻子阮氏长得很丑。当初许允与阮氏成婚时，交礼完毕，许允一见面，大吃一惊，不愿入洞房。后来在家人百般劝说下，许允才勉强进入了新房。可是进入新房后，即刻就想退出，这时他的妻子急忙拦住许允。

许允无奈，只好问道：“妇有四种美德，你占了哪几种？”阮氏回答说：“我所缺乏的只是容貌而已，可我还听说君子各种好品行，那你又占哪几种呢？”许允说我样样都占。阮氏反问说：“君子好品行里头应以德为首，可你却好色而不好德，怎么又说样样都占呢？”许允听后无言以对，知道其妻贤明，肃然起敬。

事实上，后来其妻的聪明才智也证明了他的判断。

当许允在吏部任官选派郡守时，常任用同乡。后有好事者上报魏明帝，明帝为此派卫士收押许允。许允的妻子阮氏见丈夫被抓，光着脚跑来对许允说：“明理的君主可以用道理说服他，但不能向他求情。”许允来到明帝面前后，明帝问他为什么任用同乡。许允说：“皇上曾要臣推举人才，臣的同乡都是臣所知的人才，皇上只要检核他们的职位和能力是否相称，如果他们的能力不足胜任职务，臣愿接受责罚。”明帝经过检验后，发觉许允所用之人都能胜任其职，就将许允释放了。

何

【姓氏来历】

何姓是由韩姓转音而来，最初源于姬姓。据《广韵》记载，周武王之弟叔虞封于韩（今河北省固安县东南）。春秋后期，晋国公族中的韩氏成为晋国三大姓氏之一；到战国时与魏、赵氏分割晋国，成为战国七雄之一。秦始皇统一中国后，韩姓子孙分散到各地，其中有一支居江淮一带，当地语音“韩”与“何”相近，后来因音而转为何，子孙沿用下来，于是成为何姓，其祖叔虞便成为何姓的始祖。

【姓氏分布】

何姓发源应当在江淮流域的江苏、安徽两地，而这两个地方的邻省山东、河南境内的何姓人家也很多。两汉至魏晋南北朝时期，何姓由江淮迁入山东、河南、陕西、四川等地，从而形成以我国北方为主要繁衍地带的局面；隋唐时期，何姓尤以南方各地繁衍为盛；宋元时期，何姓由于身处南方且南方经济持续发展，从而成为当时更大的望族。明清至近代，何姓的发展自北向南大规模快速推进，从而遍布全国各地。

【姓氏名人】

何休：字邵公，为董仲舒四传弟子，任城樊（今山东滋阳）人，东汉著名的经学家。他为了编撰《春秋公羊传解诂》12卷，曾闭门不出，用功17年，后来此书成为现代经学家议政的主要依据。另著有《孝经》《春秋汉议》《谷梁废疾》等。

何逊：字仲言，东海郯（今山东郯城）人，南朝梁诗人。少时为天才，8岁时能写诗，20岁左右被举秀才，官至尚书水部郎。

何承天：东海郯人，南朝宋天文学家。承天博通经史，精天文律历，曾奏请改历，称元嘉历，对后世历法影响很大。著作有《报应问》《答颜光禄》等。

何应钦：字敬之，贵州兴义人，毕业于日本陆军士官学校，回国后历任贵州讲武学校校长、黄埔军校总教官、国民政府军政部；抗战时历任总参谋长、中国战区陆军总司令、国防部长、行政院长。

【国学小百科】

庐江何氏

自东汉末至南朝宋齐梁陈300余年，庐江何氏一门见于正史记载者就有10代48人，这些何姓子孙或是朝中高官，或是地方要员。有的能诗善赋，在文学上很有成就；有的孝敬亲尊，抚恤乡邻，成为忠孝友悌的楷模。

在这些人中，最负盛名者是素有“万夫之望”美称的何充。何充是何桢的曾孙，父亲何睿，做过安丰太守。何充因文学成就突出，被命为军中主簿，后来入朝皇帝内侍，晋成帝时先做尚书令，又做中书令，都是宰相的位置。史书说他每次临朝议政，都是凛然正气，以国家大事为己任；凡选拔人才，皆以功臣为先，不徇私，不舞弊，受到当朝文武的敬重。他崇尚佛教而酗酒无度，在当时也是很有名的。

庐江何氏家族中还有一位很重要的人物，即东晋的穆章皇后何法倪。她是何充的侄女。何法倪虽有如此高的地位，但在家谱族谱里并没有她的位置。这是男尊女卑的封建礼教和森严的等级贵贱制度作用的结果。穆章何皇后在位时，对她家族势力的发展、地位的提高，无疑是有重要作用的。

【相关链接】

明帝智测何晏

三国时何晏是魏国的吏部尚书，善写诗赋又通玄理，非常有名望。当时人们都非常注重仪表，不仅女子化妆而且男子也爱化妆打扮。何晏长得很漂亮，特别是皮肤比较白，深受人们喜欢，何晏也引以为荣。

当时，魏明帝曹叡很想知道何晏的肤色是不是天然的，又不好直问他是否化妆了。怎么办呢？魏明帝灵机一动，想出了一个好点子。

这年夏天，魏明帝就召何晏到宫里游玩，午饭时又请他吃热汤饼。何晏一吃，顿时出了一脸的汗，他就用毛巾擦汗。擦汗后的何晏更是白里透红，红里透白，显得愈加英俊。

魏明帝这个点子实在是妙，他既知道了一个不宜直说的问题的答案，同时又使当事人一无所知。

【姓氏来历】

吕姓主要源于姜姓，以国名为姓。据《吕氏世系表》记载，上古部族首领神农氏炎帝，因居住在姜水流域，并以之为姓，称为姜姓。后来，炎帝的世孙伯夷因代替尧持撑四岳（指尧舜时的四方部族首领）有功，又因他是圣君大舜的重要臣子，所以被封为吕侯，建姜姓诸侯国吕国（今河南省南阳市）。春秋时，吕国被楚国灭掉，其后子孙就以国名为姓。

【姓氏分布】

吕姓发源地在今河南南阳西一带。秦时，吕姓迁播方向主要为陕西、甘肃一带；汉时，吕姓分布于河南、陕西、内蒙古、甘肃、安徽等地；唐代，出现了历史上少有的盛世，这一时期吕姓的郡望规模、人口数量也逐渐上升；明清之际，吕姓发展再度出现新特点，除全国大部分地区广布吕姓外，还有移民到新加坡、菲律宾、马来西亚、泰国、越南、美国、加拿大等海外一些国家。现在，吕姓主要居住山东、河南、浙江、福建、陕西、江西等省。

【姓氏名人】

吕不韦：原籍阳翟（今河南禹州），战国时秦丞相，被封为文信侯，称为“仲父”。居相位时，门下曾有三千宾客，并让他们编著《吕氏春秋》一书。

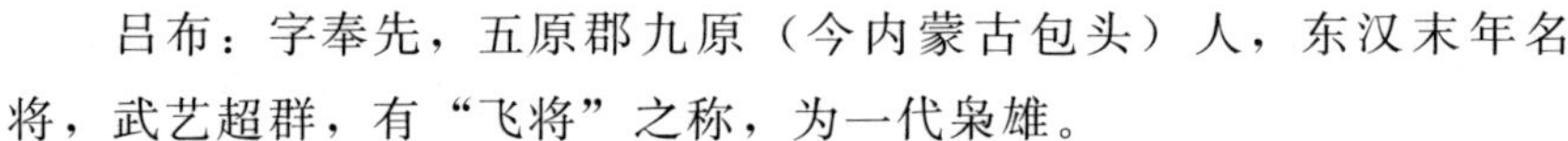

吕布：字奉先，五原郡九原（今内蒙古包头）人，东汉末年名将，武艺超群，有“飞将”之称，为一代枭雄。

吕蒙：字子明，汝南富陂（今安徽阜阳东南）人，三国时吴国著名军事家。吕蒙是个文武双全的人物，在东吴堪称战功赫赫，后被封南郡太守、孱陵侯。

【国学小百科】

吕氏宗祠

吕氏宗祠是由明清之际江南著名理学家、文学家吕留良的后人所建，位于黑龙江省齐齐哈尔市今建华区西二道街北段路西。吕氏宗祠坐北朝南，青砖灰瓦，古朴典雅，是典型的清代建筑。

雍正年间受文字狱株连，吕氏全家遭难。免死的吕氏 12 户 111 人被流放到宁古塔（今宁安）；乾隆四十年，吕氏家族的一部分又被发遣到黑龙江的卜奎古城，也就是今天的齐齐哈尔。卜奎的吕氏族人或经商，或教书，或行医，渐成望族大户。其中吕留良第四世孙尊师重教，悬壶济世，深得人心。

为了缅怀先人，吕氏后人在院内修建了吕氏宗祠。民国元年，国学大师章太炎来到黑龙江视察教育，曾拜谒该祠，并就此撰文道：“齐齐哈尔人知书，由用晦（吕留良）后裔谪戍者开之。”这是近代学者对卜奎古城吕氏一族的高度评价。吕氏宗祠因其家族人物在历史上的影响以及作为唯一保留至今的家祠古建筑，被称为“卜奎第一家庙”。

【相关链接】

一字千金

春秋战国末期，秦王嬴政封吕不韦为相国。吕不韦做了相国后，曾招揽三千门客。这些门客，三教九流的人，应有尽有，他们每个人都有自己的见解和心得。后来，吕不韦让这些人把自己的所闻所见和各种见解写成文字，并把它们汇集起来，起名为《吕氏春秋》。

《吕氏春秋》在当时称得上是一部巨著。全书大约有 20 多万字，有 160 篇文章，分为八览、六论、十二纪，包括了古今中外之事，天地万物之化。

书刚一写成，吕不韦就把它悬挂在秦国首都咸阳的城门上公布：如果各方人士看后能增加或减少字的话，就赏给他一千两金子。可是，过了十多天了并没有人来。这并不是说明这本书好得连一点错误也没有，而是人们害怕吕不韦的权势，毕竟他是秦国最有权势的人，所以没有一个人敢增减字。

后来，人们将这个故事引申为“一字千金”，用来形容一篇文章写得特别出色，具有极高的价值。

张

【姓氏来历】

张姓是一个很古老的姓氏，约有五千年的历史。据《元和姓纂》所载，在人文初祖黄帝时代，黄帝的世孙挥（一说挥是黄帝的儿子）自幼聪明过人，爱动脑筋。有一次，他在晚上观看星空，后来他从星星的组合中得到启发，经过研究，发明了弓。弓的发明为那时的人类狩猎带来了很大的用处，于是黄帝封挥为专门制造弓的官叫“弓长”，之后又将官名合二为一赐张姓。挥死后，他的后裔就以张作为自己的姓氏。

另据《通志·氏族略》记载，张姓出自黄帝姬姓的后代。春秋时，晋国有个大夫名解张，字张侯，其后裔就以字命氏，称张氏。又载，在三国时被蜀相诸葛亮赐南蛮酋长龙佑那姓张，其后裔便以张为氏。

【姓氏分布】

张姓最早发源于尹城国的青阳（今山西省太原市西南晋祠附近），其后望族也出于这一带。北宋末年，随着金兵占领黄河南北及蒙古军队的南下，为躲避战乱，张姓又一次大举南迁；宋至元明清时期张姓分布于大江南北各个区域，形成了一支支庞大的族系。今日张姓分布北方地区多于南方，主要是以山东、河南、四川、河北四省居多。

【姓氏名人】

张飞：字翼德，涿郡涿县（今河北涿州）人，三国时名将。为蜀国五虎上将，战长坂名震于时。传与刘备、关羽结义于桃园，世称“桃园三结义”。公元221年被部将张达、范疆所刺杀。

张仲景：名机，史称医圣，南阳郡涅阳（今河南邓州）人，东汉著名医学家，为后人尊为“医圣”。勤求古训，博采众方，著有《伤寒杂病论》。

张择端：字正道，又字文友，东武（今山东省诸城）人，北宋著名画家。他擅长“界画”，尤善画舟车、街道、桥梁。他的代表作有《烟雨风雪图》《金明池争标图》《清明上河图》《西湖争标图》等。其中存世《清明上河图》为我国古代的艺术珍品。

张大千：原名张正权，又名爰，字季爰，号大千，别号大千居士，四川省内江市人，当代中国画坛最为传奇的国画大师。他一生作画无数，遗作甚多，与齐白石并称“南张北齐”。1983年，85岁的张大千病逝于台北。

张学良：字汉卿，号毅庵，今辽宁海城人，为张作霖的长子，是中国伟大的爱国者，国民党军陆军一级上将，西安事变的组织者。为促进国共两党合作及民族解放事业做出了不朽贡献。

【国学小百科】

打油诗的由来

打油诗是旧体诗的一种，内容和词句通俗诙谐，不拘于平仄韵律。打油诗最早起源于唐代民间，以后随着历史的不断发展，这种诗也表现出了活跃的生命力。这类诗一般通俗易懂，诙谐幽默，有时暗含讥讽，风趣逗人。这种诗体相传为唐代张打油所创。

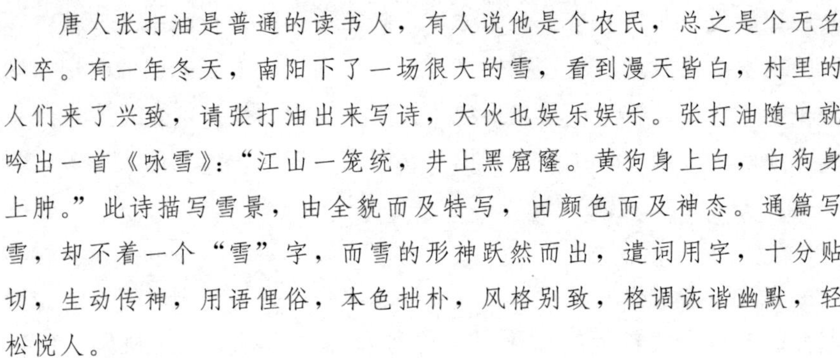

唐人张打油是普通的读书人，有人说他是个农民，总之是个无名小卒。有一年冬天，南阳下了一场很大的雪，看到漫天皆白，村里的人们来了兴致，请张打油出来写诗，大伙也娱乐娱乐。张打油随口就吟出一首《咏雪》：“江山一笼统，井上黑窟窿。黄狗身上白，白狗身上肿。”此诗描写雪景，由全貌而及特写，由颜色而及神态。通篇写雪，却不着一个“雪”字，而雪的形神跃然而出，遣词用字，十分贴切，生动传神，用语俚俗，本色拙朴，风格别致，格调诙谐幽默，轻松悦人。

当他吟完此诗之后，村里人都叫好。张打油的诗虽说不能登大雅之堂，却受到了下层群众的喜爱。后来，人们就把这种近于民间歌谣，语言风趣幽默的诗，称为“打油诗”。

打油诗到了现代社会，更成为许多人的拿手好戏和取乐讽刺的工具，而且在内容和题材上发生了重大变化，开始反映现实生活，表现人民的思想、要求和愿望，具有鲜明的时代特点。

【相关链接】

张良拾履

张良是汉朝开国皇帝刘邦的谋士。他年轻时，隐居在下邳。有一天，张良在沂水圯桥上散步，这时一位老人走到张良附近，故意把鞋丢到桥下，并对张良说：“小伙子，你能不能下去把鞋拿上来！”

张良想老人的年纪大了，于是他就把鞋捡了上来。这位老人又说：“帮我把鞋穿上吧！”张良心想，我已经把鞋捡了上来，为什么又让我给穿鞋呢？好事做到底吧！于是又帮老人穿上了鞋。老人穿上鞋后，连一句感谢话都没说就走了。

张良

张良呆视良久，没想到老人走了一段路之后，又返回来，对张良说：“小伙子，你以后肯定有出息，值得我指教。5 天后早上，我们在此相会。”张良不知何意，但还是恭敬地跪地应诺。

5 天后早上，张良如约来到了桥上，老人早已先到了，老人生气地说：“这次你来晚了，过 5 天后再来。”

又到了第 5 天，这一天张良很早就赶到了桥上，可是这一次老人又先到了。老翁再次生气地说：“你又来得晚了，过 5 天后再来。”

又过了 5 天，张良下决心这次一定比老人早到。张良不到半夜就去了，等到天蒙蒙亮时，老人蹒跚地来到了桥上。这一次老人高兴地说：“年轻人，你这样才对。”老人说着拿出一部《太公兵法》交给张良，说：“你若是下功夫钻研这部书，以后就可以辅佐帝王完成大业。”说罢，扬长而去。这位老人就是传说中的神秘人物——隐身岩穴的高士黄石公，亦称“圯上老人”。

从此，张良日夜研读《太公兵法》，俯仰天下大事，终于成为一个深明韬略、文武兼备、足智多谋的“智囊”。后来，他为辅佐刘邦建立汉朝立下了汗马功劳。

孔

【姓氏来历】

据《元和姓纂》所记载，周灭商后，因商纣王的哥哥微子为人正直贤明，周公旦封他到宋地，主持祭祀商族祖先。微子的后代中有一个名叫嘉的，史称孔父嘉，在宋国任大司马，因战乱被杀。当时孔父嘉的儿子木金父年纪很小，由家人带着逃到鲁国。木金父长大了就以父亲的字为姓，称为孔氏，从此定居鲁国。木金父的五世孙叔梁纥是鲁国有名的大力士。

有一次，叔梁纥随军攻打偪阳（今山东省枣庄市南），敌人先打开外城门放进部分鲁军，然后放下一道沉重的闸门，想把鲁军关在内外城门之间的夹道里。这时只见叔梁纥冲上前去托起闸门，把大家都救了出来。叔梁纥晚年娶颜氏女为妻，生下了大思想家、教育家孔子。

孔姓的另一重要来源出自于子姓。据《广韵》记载，黄帝的孙子契是商族的始祖，为子姓，历经十四代，到了夏朝末期，商族的首领成汤，灭夏建立了商王朝，因为成汤名履，字天乙，其子孙中有一支以商族的子姓和汤天乙的乙字组合起来，即为孔字，这是孔姓另一支来源。

【姓氏分布】

孔姓最初的发源地应该在今天的河南商丘一带。三国两晋南北朝时，北方连年战乱，孔姓族人大规模南迁到浙江、安徽等地；唐时，孔姓逐渐分居于江苏、浙江、江西等江南各地；元、明两代，孔姓族人又广播于今湖北、江西、江苏、安徽等地；清初，孔姓又入迁福建、广东、贵州、云南一带。当今孔姓尤以山东、江苏、吉林居多。

【姓氏名人】

孔子：名丘，字仲尼，春秋后期鲁国人，我国著名的思想家、教育家，儒家思想的创始人。他一生从事教育，有 3000 多个弟子，身通六艺者 72 人，开创平民教育先河，后世尊为至圣先师，亦称为孔子。他的思想及学说对后世产生了极其深远的影响。

孔子

孔融：字文举，鲁国（今山东曲阜）人，孔子二十世孙。有俊才，为建安七子之一，汉献帝时为北海相，世称孔北海；立学校，表儒术，后拜大中大夫，在建安十三年被曹操所杀。

孔尚任：字聘之，又字季重，号东塘，别号岸堂，山东曲阜人，孔子六十四代孙，清代著名诗人、戏曲作家。诗文集有《长留集》《湖海集》《岸堂文集》等，其著名昆曲作品《桃花扇》称著于世。

孔祥熙：字庸之，号子渊，山西太谷人，早年留学美国，曾历任国民政府实业部长、财政部长、行政院长、中央银行总裁等职。

【国学小百科】

中国古代祠庙建筑的典范——孔庙

孔庙位于山东省曲阜市南门内，是祭祀孔子的庙宇。曲阜孔庙是祭祀孔子的本庙，是分布在中国、朝鲜、日本、越南、印度尼西亚、新加坡、美国等国家2000多座孔子庙的先河和范本。在中国林立的民间祠堂中，孔庙可以说是其中最为特殊的一座祠堂。

当年孔子死后，鲁哀公就改其故宅为庙，作为祭祀的场所。此时的孔庙仅有庙屋三间，陈放他生前使用过的衣、冠、琴、车、书之类的东西。

孔庙的发展始于汉代。本为市井小人的汉高祖刘邦在起兵之初对儒学并不重视；然而，当登基之后的刘邦手下儒生叔孙通依据儒家的经典为汉朝制定了朝仪，一举扭转了朝堂上的混乱局面，也使刘邦得以感叹："吾今日乃知为皇帝之贵也。"意识到儒学价值的刘邦成为第一个拜祭孔子的皇帝，并将对孔子的祭祀列入了国家祀典。以后，随着历朝历代的帝王对孔子的不断加封，孔庙的规模也逐渐发展壮大。特别是经明朝和清朝两代统治者的大规模修缮，孔庙已经成为一座气势恢宏的古建筑群。

经过历代的不断修葺和扩建，孔庙已越来越大，孔庙前后有九进院落，包括五殿、一阁、一坛、两庑、两堂和17碑亭。全庙共有殿堂阁庑466间，南北长1公里左右，总面积327亩，四周有垣墙，并有角楼。院子里苍松翠柏，殿宇雕梁画栋，显得金碧辉煌，美轮美奂。

2000多年来，曲阜孔庙旋毁旋修，从未废弃。在国家的保护下，由孔子的一座私人住宅发展成为规模形制与帝王宫殿相差无几的庞大建筑群，延时之久，记载之丰，可以说是人类建筑史上的孤例。

【相关链接】

后生可畏

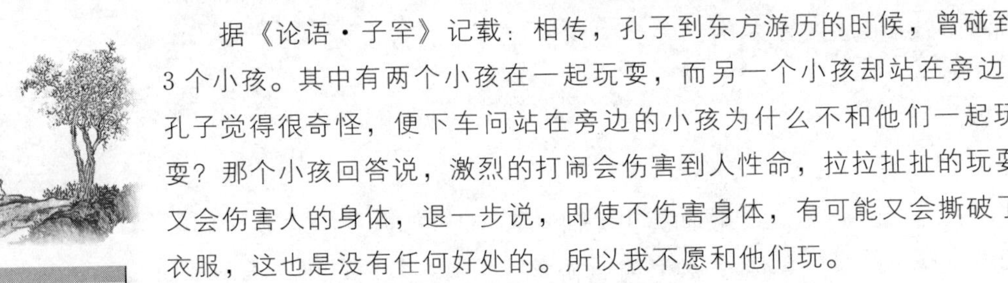

据《论语·子罕》记载：相传，孔子到东方游历的时候，曾碰到3个小孩。其中有两个小孩在一起玩耍，而另一个小孩却站在旁边。孔子觉得很奇怪，便下车问站在旁边的小孩为什么不和他们一起玩耍？那个小孩回答说，激烈的打闹会伤害到人性命，拉拉扯扯的玩耍又会伤害人的身体，退一步说，即使不伤害身体，有可能又会撕破了衣服，这也是没有任何好处的。所以我不愿和他们玩。

过了一会儿，那个小孩用泥土堆积成一座小城堡，他自己坐在里面。眼看孔子的车子要过来，他却不给孔子让路。孔子忍不住问他，为什么不避让车子呢？小孩却说："我只听说过车子要避城，还没听说过城堡避车子的呢！"孔子无奈只得让自己的车子绕过这座"土城"。

后来，孔子觉得这个小孩说的话很有道理，实在是了不起，于是就赞叹他说："虽然你年纪不大，但是懂得的道理还真不少。"这个小孩听到孔子说自己年龄小后，就有些不高兴，就反问孔子："我听说兔子生下来三天，就能在三亩地的范围内跑；鱼生下三天，就能在江海中游；人生下三个月就能认识父母。这些都是自然现象，有什么大小可言呢？"

孔子听后很惊讶地说："我现在才知道少年人实在可了不起呀！"

后来，人们用"后生可畏"这个成语来称赞少年人聪明努力，有光明远大的前途。

【姓氏来历】

曹姓出自黄帝姬姓后代，一支以封国命氏，另一支是由邾姓所改。

周文王有一个儿子名叔振铎，武王时封于曹邑，建立了曹国（今山东定陶西南），定都于陶丘。后来曹国被宋国所灭，原曹国君主族人便以国为姓。

另一支由邾姓所改，也是出自黄帝的后裔。黄帝的世孙颛顼的玄孙陆终有 6 个儿子，他的第四子名安，曾辅佐大禹治水有功劳，禹赐其姓曹，其后人在周武王时受封于邾，建立了邾国（今山东邹县一带）。后楚国灭掉了邾国，安的子孙散居各地，一部分改姓朱，一部分则改姓曹。

【姓氏分布】

曹氏发源于山东，长期在山东居住和繁衍。秦汉时期，曹姓已经广布于北方及安徽等地；魏晋南北朝之际，因北方连年战乱，曹姓开始南迁；隋唐时期，曹姓在规模、数量上又有大的发展，广东、福建等地始有曹姓入居；宋元至明清时期，曹姓已广布我国各地。今日曹姓以黄淮流域分布最为集中，尤以四川、河北、河南、湖北等地居多。

【姓氏名人】

曹参：字敬伯，沛（今江苏沛县）人，西汉名将大臣。汉朝建立后，他被封为平阳侯，曾任齐国宰相九年。曾协助高祖平定陈豨、英布等异姓诸侯王的叛乱。

曹操：字孟德，小名吉利、阿瞒，沛国谯县（今安徽亳州）人，三国时著名政治家、军事家、诗人。建安元年，曹操统一了中国北部。其子曹丕称帝，追尊曹操为武帝。文化方面，在曹操父子的推动下形成了以曹氏父子（曹操、曹丕、曹植）为代表的建安文学，史称建安风骨。

曹操

曹植：三国时曹操第三子，著名诗人。他以诗文著称于世，他的《七步诗》时至今日仍广为流传。

曹雪芹：名霑，字梦阮，号雪芹，又号芹溪、芹圃，祖籍辽宁辽阳，清代著名小说家。他所著的《红楼梦》为中华民族留下了一部宝贵的遗产。他不仅是后人推崇备至的曹姓名人，更是中华民族的骄傲。

【国学小百科】

曹操本姓夏侯

普通的家谱多为一姓的谱系，但有时也会有两姓或两姓以上的合谱，如《周李合谱》《朱庄严氏大族谱》等。出现这种异常的家谱主要是由于过继、入赘等原因。

爱看《三国演义》的人都知道，曹操的部下中有许多复姓夏侯的将领，如夏侯惇、夏侯渊、夏侯霸、夏侯德等，他们为蜀国政权的建立费劲心力，立下了赫赫战功。在《三国演义》的第十八回中，夏侯惇还曾上演了令人瞠目结舌的“拔矢啖睛”的一幕。

夏侯是复姓，在中国的姓氏中所占人数并不多，可为什么曹操的阵营中会有这么多姓夏侯的将领呢？原来，曹操的祖父曹腾是个太监。太监是没有生育能力的，曹操的父亲曹嵩实际上是曹腾的养子，曹嵩原本姓夏侯，过继给曹腾后改为曹姓。因此，曹操本姓夏侯，他与夏侯氏是有亲缘关系的，这也就是夏侯氏如此为曹操卖命的原因。

【相关链接】

割发代首

三国时期，曹操发兵宛城时规定：全军将士，一律不得践踏庄稼，违令者斩。这样，骑马的士卒都下马，仔细地扶麦而过。有一次，曹操率领士兵们去打仗。那时候正好是小麦快成熟的季节。曹操骑在马上，望着一望无际的金黄色麦浪，心里十分高兴。

正当曹操高兴的时候，他的马却因受路旁草丛里窜出几只野鸡的惊吓，向麦田狂奔而去，践踏了很多麦田。看到眼前的情景，曹操很严肃地让执法的官员为自己定罪。听了曹操的话，执法官也很难办。按照曹操制定的军纪，毁坏了庄稼，是要治死罪的。可是，曹操是全军的主帅，军纪也是由他制定的，如果治了他的罪谁来杀敌呢？

后来，执法官对照《春秋》上的道理，认为不能处罚担任尊贵职务的人。曹操却这样说：“自己制定法令，自己却违反，怎么取信于军？但我是全军统帅，治死罪是不适宜。不过，不治死罪，也应受到一定的惩罚，那就用我的头发来代替我的首级吧！”说完他拔出了宝剑，割下了自己的一把头发，以示警诫。

严

【姓氏来历】

严姓最初是由庄姓而来。据《元和姓纂》记载，东汉初年，汉明帝姓刘名庄，按当时制度皇帝的名字臣民是不能用的。因此一些本来姓庄的人，为了避讳天子的名字必须改为他姓。但放弃自己的祖姓，无疑是辱没祖先。

这时，有一个叫庄严的人，大胆上书皇帝，恳求汉明帝收回成命。可是却遭到了杀身之祸。后来，庄姓人为了纪念这位同族，就改为严姓。直到魏晋时期，严姓中的有一部分人恢复了原来的庄姓，而更多的人则以严姓传后，他们奉庄严为严姓的始祖。这样，就出现了庄、严两姓并存于世的情况。因此后来就有了“庄严本一宗，同姓不可婚”之说。

【姓氏分布】

严姓的发源地在今天的甘肃天水和陕西冯翊、华阴。东汉时，严姓多居山东、湖北、安徽、浙江、四川、云南、贵州一带；魏晋时，严姓多居于陕西、山西、河南、甘肃等北方地区，其中以陕西、甘肃严姓最旺；唐至元明清时期，严姓多居于安徽、江苏、浙江、福建沿海一线。今日严姓主要分布在湖北、浙江、江苏等省。

【姓氏名人】

严羽：字丹丘，一字仪卿，自号沧浪逋客，邵武（今属福建）

人，宋代文学理论家。著有《沧浪集》2卷，现传世作品有《沧浪诗话》1卷。

严澄：号天池，字道澈，常熟（今属江苏）人，明代著名音乐家，其演奏风格清微淡远，所著的《松弦馆琴谱》一度被琴界奉为正宗，在琴界产生了很大的影响。

严可均：字铁桥，浙江乌程（今湖州）人，清代文字学家，嘉庆年间举人。撰有《说文声类》《铁桥漫稿》《说文校义》等。

严复：原名宗光，字又陵，后改名复，字几道，福建福州人，近代中国著名的启蒙思想家、翻译家，中国近代史上向西方国家寻找真理的"先进的中国人"之一。曾任北洋海军学堂教授、京师大学校长等职。翻译《群学肄言》《穆勒名学》《法意》《名学浅说》等书，译著有《天演论》《中国教育议》《严译名著丛刊》《侯官严氏丛刊》等。

【国学小百科】

严子陵钓台

严子陵钓台位于浙江省桐庐县城南15公里的富春山上，是富春江主要风景点。富春山又名严陵山，海拔312米，似屏风般立于富春江北岸。

严子陵为东汉高士，小时候与东汉光武帝刘秀是同学。刘秀继位后，曾召严子陵"谏议大夫"之官位，但严子陵并没有接受，最后他来到富春山上隐居垂钓。据统计，从南北朝至清朝就有1000多名诗人、文学家来过此地，并留下近千首诗文。

此钓台共有两处，右边称为东台，左边称为西台，所以又叫"双台垂钓"。两台各高近70米，有蹬道可上。东台为严子陵垂钓处，西台为南宋谢翱哭祭文天祥处，还有严先生祠、客星亭、清风轩、静庐等很多著名的景观。

【相关链接】

严世蕃之客

在小说中，严嵩是出了名的大坏人。在严嵩掌权的时候，他的儿子严世蕃也嚣张一时，一些无耻的士人对严世蕃也极尽谄媚奉承之能事。

有一天，严世蕃与客人对坐闲谈。严世蕃不经意间放了一个屁。这时只见那个客人以手拂鼻，问道："这是哪儿来的一股怪香味？"严世蕃明知对方是在恭维自己，却假装吃惊地说道："哎呀，我听说出虚恭要是不臭，那就说明病在肺腑之间了，我这不是要坏了吗？"

这位客人听了浑身不自在，但是话已说出，无法收回了。过了一会儿，他又以手拂鼻说道："倒是还真有那么点儿臭味。"严世蕃大笑，遂将此事广为传播。

金

【姓氏来历】

金姓的来源很多，但最主要的有两支：一支源出少昊金天氏；另一支源出匈奴休屠王子金日磾。

少昊氏是上古五帝之一。相传少昊是黄帝和西陵嫘祖所生的儿子。据《史记·五帝本纪》记载："黄帝居轩辕之丘，而娶于西陵之女，是为嫘祖。嫘祖为黄帝正妃，生二子，其后皆有天下：其一曰玄嚣。"玄嚣即少昊。按照古人的五行学说，西方属金，所以少昊有"金天氏"之称。在少昊后代中，有一支以金为姓，后人奉少昊为金姓始祖。

另一支金姓源出于匈奴，得姓则晚得多。这一支金姓出自匈奴休屠王太子金日磾之后。在汉武帝时，匈奴休屠王的儿子日磾，在汉朝为官，先是当马监，因其形貌奇伟，被汉武帝升为侍中。在武帝左右数十年而无过错，深为汉武帝喜爱，后又升为车骑将军。汉武帝晚年，莽罗何谋反，企图刺杀汉武帝，被日磾发觉并将其生擒，因功封为侯。汉武帝临死时，任命他为顾命大臣，因为他曾为汉武帝铸铜人像（又称金人）祭天，所以武帝赐他姓金，称金日磾，成为金姓的另一始祖。

【姓氏分布】

金姓姓源较多，发源地主要有山东和陕西及浙江、江苏等地。南北朝时，甘肃等地有金姓足迹；唐时金姓主要发展于今四川及山西两地；宋元之际，北方金姓有躲避兵祸而南迁者；明清开始，广东、浙江金姓陆续有人居住到台湾及海外地区。今日金姓分布以河南、浙江、江苏、湖北、四川和上海等地居多。

【姓氏名人】

金刚智：南印度人，唐朝佛教密宗僧徒。10岁出家，精通显、密教典，专修密法，因应南天竺国王之请，到中国传教，曾译《金刚顶经》《瑜伽念诵法》《观自在瑜伽法》等8部11卷。

金刚智

金銮：字在衡，号白屿，陇西（今属甘肃省）人，明代著名的散曲家。通音律，工乐府，长于讽喻。著有《广陵夜泊》《金白屿集》《萧爽斋乐府》等。

金农：字寿门，号冬心，又号稽留山民、曲江外史等，原籍浙江仁和（今浙江杭州），清朝著名书画家兼诗人。书法创扁笔书体，兼有楷、隶体势，时称“漆书”。其画造型奇古，为“扬州八怪”之一。其代表作品有《玉蝶清标图》《蜡梅初绽图》《琼姿俟赏图》等。传世书迹有《度量如海帖》，今已流入国外。

金德辉：字子石，江苏省苏州人，清代著名昆曲演员，其擅演《牡丹亭·寻梦》等剧。

【国学小百科】

五帝之少昊金天氏

传说，少昊是我国古代神话中的西方天神。少昊除了有“金天氏”之号外，还有“青阳氏”之号，又称“朱帝”“白帝”“西皇”

"穷桑氏"，在位84年，寿百岁而崩。少昊之所以被称为"穷桑氏"，是因为他居住在穷桑，并且在他居住在穷桑的时候登上了帝位。

少昊在位期间，先后设立了工正、农正，分别管理手工业和农业，以发展生产。同时还"正度量"，即订立度量标准，并观测天象，制定历法，发明乐器，创作乐曲，以鸟命官（是用不同的鸟做各少昊部落的图腾），而少昊的图腾可能是燕子，少昊也因此被后人誉为"百鸟之王"。

【相关链接】

幽默大师金圣叹

金圣叹是清代文坛巨子，此人性格滑稽，善于诙谐，当时人们称他为"幽默大师"。据说，他年轻时在乡邻们的促使下前往参加乡试，考题为"西子来矣"（西子即西施），题意要求以越国的西施出使吴国的史实，给予评说。

金圣叹并没有认真对待这次考试，他面对试题，答道："开东城，西子不来；开南城，西子不来；开北城，西子不来；开西城，则西子来矣！西子来矣（西门的人来了）。"主考官见他把功名当作儿戏，即在卷上批道："秀才去矣！秀才去矣！"就这样，金圣叹此次考试名落孙山。

金圣叹喜批书。曾以《离骚》《庄子》《史记》《杜诗》《水浒传》《西厢》合称"六才子书"，并对后两种进行批改。其批改《水浒》成书于崇祯末期，将七十一回以后关于受招安、征方腊等内容删去，增入卢俊义梦见梁山头领全部被杀死情节，结束全书。批语中见解独到，也表现了反对农民起义的立场。金圣叹还喜欢写诗，代表作有《沉吟楼诗选》。

金圣叹对清朝大兴文字狱非常不满，他曾带领学生去抗议。清朝廷遂以蛊惑倡乱，判其死罪。金圣叹被处决时，正是冰消雪化之际，于是他触景生情，做了一首自悼诗，并大声吟诵道："天生悼我地丁忧，万里江山尽白头。一时太阳来吊唁，家家户户泪珠流。"吟罢，金圣叹人头落地。那头颅滚出数丈，这时从他的耳内掉出两个纸团，监斩官将纸团打开一看，两个纸团上分别写的是“好”与“痛”二字。

金圣叹把生死置之度外，临死时还幽默了一把。可惜的是，就这样一代才华横溢的饱学之士、文坛巨星却过早地陨落了。

魏

【姓氏来历】

魏姓出自姬姓，是周文王裔孙毕万的后代，以邑或国名为氏。据《史记·魏世家》记载，周文王有庶子毕公高，在西周初年受封于毕（今陕西西安西北），子孙以毕为姓。后来，毕国被西戎攻灭后，毕公高的孙子毕万，投奔到晋国，成为大夫。公元661年，他与赵夙一起率兵讨灭了霍、耿、魏三国。事后，献公便把魏（今山西芮城北）封给了他。此后，其子孙以邑为氏，称为魏氏。公元前445年毕万的后代魏斯建立魏国，到了公元前225年，魏国被秦所灭。魏国灭亡后，魏国公族大多以国名为姓氏，姓魏。此外，秦国穰侯魏冉本姓芈，南宋学者魏了翁本姓高，他们和后代也都改姓魏。

【姓氏分布】

魏姓最早发源于今河南省北部及山西省南部一带。秦汉时期，魏姓有部分迁至陕西、江苏、浙江、甘肃等地；三国两晋南北朝时期，军阀割据，社会动荡，加上西晋末年的“永嘉之乱”，魏姓大举南迁至四川、江西、福建等地，在当地安居繁衍，发展壮大；唐时，魏姓有部分族人随陈政、陈元光父子入闽开辟漳州，于福建、广东等地安家；宋末，魏姓人已遍布江南广大地区，繁衍于全国各地，从而使魏姓成为我国一大姓氏；元明清时期至今，魏姓除分布我国大部分地区之外，已远播于台湾及海外地区。

【姓氏名人】

魏无忌：战国时期魏国著名的军事家。公元前276年，被封于信陵（今河南宁陵县），后世称为信陵君，有食客三千人，与齐之孟尝君、赵之平原君、楚之春申君并称“战国四公子”。

魏征：即魏郑公，字玄成，巨鹿（今河北巨鹿）人，唐朝著名政治家、史学家。著有《魏郑公文集》《魏郑公诗集》等。

魏源：字文渊，江西建昌（今永修县）三溪桥人，近代著名思想家、文学家、史学家，与龚自珍齐名，时称“龚魏”。他主张学习西方，提出“师夷长技以制夷”，倡导变革。除著有《圣武记》《海国图志》等巨著外，还著有《古微堂诗集》《清夜斋诗稿》等。

【国学小百科】

巨鹿魏氏

《古今姓氏书辨证》记载，巨鹿魏氏为战国时信陵君之后。信陵君的孙子魏无知，在西汉时受封高粱侯。魏无知的孙子魏彦，任张掖太守。魏彦的儿子魏歆，任巨鹿太守，开始定居巨鹿下曲阳（今河北晋州西）。

魏歆裔孙魏宣，汉代封为北海公。魏宣有两个孙子，一个叫魏俦，另一个叫魏植。魏俦被尊奉为巨鹿魏氏的东祖，其后有魏元同，武则天时为相。魏植被尊奉为巨鹿魏氏的西祖，其后裔有北齐尚书仆射魏收。后来，巨鹿魏氏又向外迁徙，繁衍出宜阳（今河南宜阳县西）与东郡（今河南濮阳西南）两大望族。

【相关链接】

结草衔环

春秋时期，晋国魏武子有个宠妾叫祖姬。后来魏武子得了重病，临死前要家人让祖姬殉葬。魏武子死后，他的儿子魏颗认为这种做法不可取，所以没有听从，他坚持让祖姬改嫁。

后来，秦桓公讨伐晋国，晋大夫魏颗领兵抵抗。正当魏颗感到力不能支的时候，秦军却纷纷倒下。魏颗觉得奇怪，仔细一看，原来是有人事先把地上的草打成很多结，秦军兵马都是被绊倒的。当夜，魏颗梦见一位白发老人对他说："我是你先父宠妾祖姬的父亲，我感谢你没有逼我的女儿自杀陪葬，我在战场上结草帮助你，是为了报答你的恩情……"这就是"结草"的故事。

"衔环"典故见于《后汉书·杨震传》中的注引《续齐谐记》。据传，杨震父亲杨宝是个生性仁爱的人。有一天，他在华阴山捕到一只受伤的黄雀，他为黄雀医好伤后就把黄雀放飞了。一天黄雀飞回来，对杨宝说："我是西天王母娘娘的使者，我口衔4个白环送给你，将来你的子孙都会像白环一样人品正直纯洁，官居高位。"后来杨宝的子孙果然都飞黄腾达，且为官清正。

后来，人们因为这两个传说故事都含有知恩必报的意思，就把它们结合成一句成语"结草衔环"，形容感恩图报。

陶

【姓氏来历】

陶姓出自尧的后裔，与职业技艺有很大的关系。据《辞源》记载，尧担任部落首领以前，曾居住在陶丘（今山东定陶西北），以市面上做陶器为职业，其后尧的子孙以地名为姓。

另一支是以官名为姓，源于虞姓。据《风俗通义》记载，相传舜把部落首领君位禅让给禹后，他的儿子商均被禹封到了虞（今河南省虞城县）。商均的世孙虞阏当了管理制陶业的陶正（管理陶质器物制作的官职）。后来，他的子孙以他的官名命姓为陶氏。

【姓氏分布】

陶姓最初以山东定陶为发源地。春秋战国时期，陶姓逐渐南移到今河南兰考一带；两汉时期，陶姓人南迁于江苏、安徽一带；魏晋南北朝时，中原陶姓大举南迁到江苏、浙江、江西等地；宋代时，陶姓在北方得以发展；明初，陶姓作为明朝洪洞大槐树迁民姓氏之一，被分迁于江苏、安徽、山东、四川等地；清时，陶姓已广布全国，并有移居到台湾及海外地区。如今，陶姓分布以江苏、上海、浙江三地为多。

【姓氏名人】

陶弘景：字通明，晚年号华阳隐居，秣陵（今江苏南京）人，南朝著名的齐、梁两朝道教思想家、科学家、医学家。著有《真灵位业图》《补阙肘后百一方》《陶氏效验方》等。

陶渊明：字元亮，名潜，世称靖节先生，自称五柳先生，浔阳柴桑（今江西九江西南）人，东晋著名诗人、文学家，是我国第一位田园诗人。著有诗歌《归园田居》《读山海经》《咏荆轲》，散文有著名的《桃花源记》，辞赋有《归去来辞》等。

陶澍：字子霖，号云汀，安化县人，清朝著名两江总督。陶澍为官期间，在兴办教育，培养人才上做出了很大的贡献。另著有《奏议》《印心石屋诗抄》《陶文毅公全集》等。

陶行知：安徽歙县人，是中国历史上伟大的人民教育家。其代表作有《中国教育改造》《斋夫自由谈》《行知书信》《行知诗歌集》等。

【国学小百科】

陶氏五柳堂

陶氏五柳堂位于江苏省镇江市区演军巷，前后一共有七进平房和一座藏书楼。现在主要保存三进平房和一座藏书楼。一进为楠木厅，二进为斜厅，三进为阁楼厅，都是面阔三间的硬山式平房。楠木厅是明代建筑，梁架、立柱都是由楠木做成的。梁架用才更为巨大，立柱呈棱柱状，顶部有卷刹，做抬梁，次间山面无脊柱。

斜厅建于清代前期，整个屋身斜形而立，与楠木厅不处于同一中轴线上。阁楼厅与斜厅依回廊相连，东西间附建阁楼，显得很独特。藏书楼也叫游经楼，共两层，取自陶潜诗“游好在六经”之意。

五柳堂的宅主陶氏是五柳先生陶渊明的后人，故题“五柳堂”堂名以示对先人的尊崇之情。陶氏祖居江西浔阳，后迁居到江苏镇江。陶氏凭借着自己“络丝”的手工技艺逐步发展成江南绸业巨擘。

五柳堂建筑群经明、清、民国3个历史时期，代表着镇江古民居的特点和风格，具有重要的历史、艺术、科学价值。

【相关链接】

嗜酒如命的陶渊明

诗人陶渊明能够做到诗中有酒，酒中有诗，他把酒与诗连为一体。他的诗篇，大多都与饮酒有关。

陶渊明曾做了一首诗叫《止酒》："平生不止酒，止酒情不喜。暮止不安寝，晨止不能起。日日欲止之，营卫止不理。徒知止不乐，未信止利己。"这饮酒宣言虽不似刘伶那般狂放，却也一样坚决。

最初陶渊明仕途不顺，只做过几天的彭泽令，就写了一篇《归去来辞》。他在当官期间也不忘酒。他刚上任后，就下令把衙门300亩公田全部种成酿酒的糯米，连吃饭的大事都忘记了。到了年底，郡官派督邮来见他，县吏叫他穿好衣冠迎接。他叹息说：我岂能为五斗米，向乡里小儿折腰！当天就辞去官职，写了一篇《归去来辞》。

陶渊明放弃了官位就没了俸禄，有时连喝酒的嗜好都无法满足。然而当他回到清贫的家中，最初使他感到欣喜的是"携幼入室，有酒盈樽"，以后的日子如何，就不管了。他虽穷，却是穷并快乐着，做完农活，和乡亲喝喝酒，聊聊天，或者天连下雨，闲来无事，一个人在草屋里喝上几两，想想古今事，作作怡情文，是何等逍遥！

虽说陶渊明是一位嗜酒成癖的人，但无论是从酒文化史还是从诗歌史的角度来讲，他都是一位有着特殊贡献的人物。

【姓氏来历】

姜姓是我国最古老的姓氏之一，源于远古的炎帝神农氏。神农氏是少典的儿子，少时名叫石年。据说其母因梦神龙入怀而生他于烈山的石室之中，生下后身似龙形，以火德王，所以即位后称为炎帝。炎帝神农氏出生的地方有条河叫姜河（即岐承，在今陕西岐山县西），他就以河名为姓，成为姜姓的始祖。商周时的申吕等国都是姜姓的封国，吕尚也就是姜子牙，是炎帝的后裔，伯夷之后，因掌四岳有功，封之于吕，子孙从其封姓。所以炎帝并非姜氏一姓的始祖。

【姓氏分布】

据史书记载，早在春秋时期，西戎也有以姜为姓的，故称姜戎，原在瓜州（今甘肃敦煌西）；汉时，姜姓已有徙居到今江苏、四川者；唐宋时期，姜姓分布于今河北、河南、浙江、江西、山东等地；明清时期，姜姓有的居住到今山西、陕西、湖南、贵州、湖北等地。如今，姜姓在全国分布广泛，北方为其主要分布地，尤以山东省为多。

【姓氏名人】

姜尚：名望，吕氏，字子牙，号飞熊，商东海上（今临泉县姜寨）人，后封于吕。子孙从其封为氏，故又名吕尚。年届七十时与文王相遇，立为太师，辅佐周文王、武王灭商建立周朝。著有《六韬》一书。

姜维：字伯约，三国蜀汉天水冀县人。本为魏将，后归附蜀，为诸葛亮重用，任征西将军。诸葛亮死后，继领其军。在魏攻蜀，被迫投降，后欲谋复国时被乱军所杀。

姜夔：字尧章，饶州鄱阳（今属江西省）人，南宋词人、诗人。著有《白石道人歌曲》《琴瑟考古图》《诗说》《白石道人诗集》等。

姜彭：江苏省扬州人，清初著名书画家，他所画的翎毛当时盛称第一。

姜宸英：字西溟，号湛园，又号苇间，浙江慈溪人，清初书画家、文学家，为江南三布衣之一。著有《湛园文稿》《苇间诗集》等，后人辑有《姜先生全集》。

【国学小百科】

孟姜女本姓姜

“孟姜女哭长城”作为中国最具特色的民间故事，千百年来一直广为流传。然而这里还有一说，那就是孟姜女不姓孟。

孟姜女本姓姜，不姓孟，孟是用来表示排行的。古代待嫁女子按“孟（伯）、仲、叔、季”表示排行，正妻生的长子（女）冠以伯，偏房生的长子（女）冠以孟，长子（女）以下都是依次冠以仲、叔、季。

古代出嫁女子，有冠以自己国家或氏的名称的，如“齐姜”；有冠以配偶（别国国君）的国名的，如“秦姬”；有冠以配偶（别国卿大夫）的氏名或邑名的，如“孔姬”；有冠以配偶或本人的谥号（帝王等死后的称号）的，如“武姜”。战国以前，男子称氏，女子称姓。所以，孟姜女就是姓姜的偏房生的大女儿。

【相关链接】

姜太公钓鱼

姜子牙原来是个靠在商朝国都朝歌以宰牛为生的人，生活很穷困，一直隐居在渭水河边的小村庄里。后来他听说周文王很重视人才，便拿上钓鱼竿到渭水河畔，终日借垂钓来修养心志，磨炼毅力。

姜子牙钓鱼有个特点，就是钓鱼从来不用鱼饵，正所谓“太公钓鱼，愿者上钩”，其实他是想看周文王是否识才，能否放下架子求才，进而决定是否为他效力。

姜子牙

有一天，周文王夜里做了一个梦，梦见飞熊入帐，郊外打猎，必得贤臣。周文王十分惊奇，自然格外留意。第二天，文王就来到渭河边踏青打猎，忽听有人唱道：“凤非乏兮麟非无，但嗟治世有污。龙兴云出虎生风，世人慢惜寻贤路……”文王命人将歌者找来，上前询问，歌者说这歌是姜子牙所作。文王认为姜子牙必是贤者，便命这位歌者带路来河边寻访姜子牙。

文王在歌者的带领下来到渭水河边，见一道长白发白须，真有仙风道骨之样，极像梦中所见之人。便上前说话，姜子牙说：“凡是河流的源头渊远者，河水必然奔流不息，这样才吸引鱼群栖息；树大根深者必定也是枝叶茂密，这样才能结得丰硕的果实。和钓鱼一样的道理，人与人之间也只有相互理解，彼此心心相通，才能造就发展宏伟事业的条件……”

姜子牙这一番言简意赅、深入浅出的分析使周文王心花怒放，更加确信这位老者就是自己所要寻找的智慧之人。于是，文王拉辇，太子拉套，拉了八百单八步，请得姜太公为己出谋划策。姜太公也是自感遇到明君，自然应充。

姜子牙在辅佐周文王期间，为强周灭商制定了一系列正确的内外政策。对内，实行农人助耕公田纳九分之一的租税，八家各分私田百亩，大小官吏都有分地，子孙承袭，作为俸禄等经济政策，促进了生产的发展，打下了灭商的经济基础。对外，表面上坚持恭顺事殷，以麻痹纣王，暗中实行争取邻国，逐步拉拢，瓦解殷商王朝的盟邦，以翦商羽翼，削弱和孤立殷商王朝。在姜子牙的积极谋划下，归附周文王的诸侯国和部落越来越多，逐步占领了大部分殷商王朝的属地，出现了“天下三分，其二归周”的局面，为最后消灭纣王，取代殷商，创造了有利的条件。

【姓氏来历】

谢姓以国名为姓氏，最初源于任姓。据《世本》所载，黄帝之后任姓中有 10 个小国，其中谢国为诸侯国中之一。谢姓失国后，其子孙逃亡到四面八方，后来他们便以国名谢为姓，形成了此支谢氏。

另据《元和姓纂》所载，谢姓出自姜姓，为伯夷的后裔申侯（又称申伯）之后，以国名为氏。伯夷后裔申侯，被周宣王封于谢国，谢国灭亡后，其子孙也按照当时的习惯，以国为氏而统统姓了谢。

【姓氏分布】

谢姓主要发源于河南境内。两晋南北朝时期，谢姓人从北方渡江南下到江西、浙江、云南等地；宋至元明时，南方各省的谢姓人，发展势头远远超过北方；清时，谢姓人迁居到菲律宾等东南亚地区。如今，谢姓人在全国分布广泛，尤以四川、广东、湖南、江西等省居多。

【姓氏名人】

谢朓：陈郡夏阳人，南齐著名诗人，曾在朝廷任职，其诗多描写自然景色，为李白所推许，是永明体作家中成就最高的诗人。其代表作有《高斋视事》《高斋闲望》《后斋回望》。

谢赫：南齐著名画家，善于作风俗画及人物画，他所著有的《古画品录》是我国绘画史上第一部完整的绘画理论著作。

谢灵运：陈郡阳夏（今河南太康）人，南朝著名画家、文学家。其诗歌创作开创了新风，开创了文学史上的山水诗派，许多佳句为后人所传诵。

谢灵运

谢婉莹：笔名冰心，福建省长乐人，我国现代著名小说家、散文家、诗人。曾出版过小说集《超人》，诗集《春水》《繁星》等。她所发表的《寄小读者》，至今仍然声誉不衰。

【国学小百科】

宝树堂

宝树，又称玉树，是传说中的仙树，魏晋时期人们也借指那些长相俊美、才能优异的人。据《世说新语》载，有一次，东晋太傅谢安把族中子弟召集在一起，问他们：“我主要想问一问你们，我们做什么事情才能光大祖宗的基业？”这时，谢玄应声答道：“就像芝兰玉树一样，应该长在适合它生长的位置。”他意指，只有在朝中做官，才能光宗耀祖。

谢玄的话也反映了谢姓人的抱负和追求，也是谢姓人互相勉励的词语。后来，玉树演变为宝树，成了这支谢姓人的堂号。到了唐代，诗人王勃的《滕王阁诗序》中“谢家之宝树”一语驰名天下以后，“宝树堂”更成为谢姓人中的一个著名堂号。一直到今天，“宝树”堂号仍在谢姓人中具有广泛影响。

【相关链接】

“千金”谢朏

人们常形容未婚的姑娘为“千金小姐”，其实最早的时候，“千金”一词是形容男子的。

南朝宋文学家谢庄的儿子谢朏从小就非常聪明，因此他深受父亲的喜爱。谢庄也经常把谢朏带在身边。谢朏非常争气，10 岁时便能写出很多好文章。

有一次，谢朏随父亲去山上游玩，回家后父亲叫他写一篇游记。谢朏提笔便成，文不加点。宰相王景文曾对谢庄夸他：“贤子足称神童，复为后来特达。”谢庄也手扶儿子的背说：“真是我家千金啊！”

从谢朏被称为“千金”开始，历史上有很长一段时间都是用这两个字比喻出类拔萃的少年男子。而把少女称作千金或千金小姐，最早的文字记载见于元代曲作家张国宾所写的杂剧《薛仁贵荣归故里》：“你乃是官宦人家的千金小姐，请自稳便。”明、清以后的话本小说中称女孩子为“千金”的就更多了。

女孩后来为什么称“千金”呢？这得从我国的古代货币单位说起。两千年前的秦朝以一镒为一金（“镒”是古代重要单位，一镒为二十两或二十四两），汉朝以一斤金子为一金。秦汉时金多指黄铜，“千金”实为“铜千金”。后人借“千金”以言贵重。在社会交往中，渐渐地，人们也就将未婚女孩专称为“千金小姐”了。

邹

【姓氏来历】

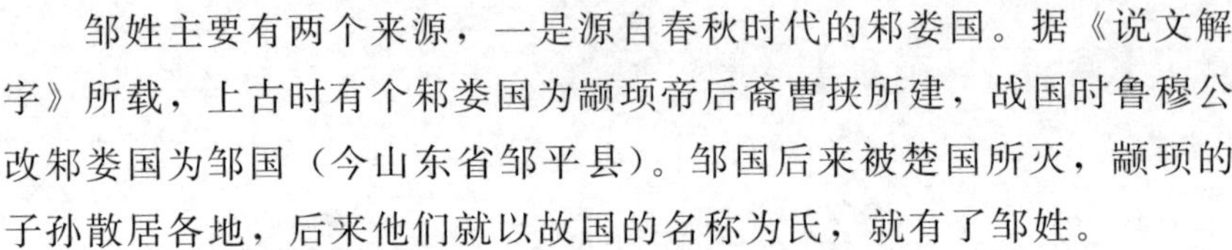

邹姓主要有两个来源，一是源自春秋时代的邾娄国。据《说文解字》所载，上古时有个邾娄国为颛顼帝后裔曹挟所建，战国时鲁穆公改邾娄国为邹国（今山东省邹平县）。邹国后来被楚国所灭，颛顼的子孙散居各地，后来他们就以故国的名称为氏，就有了邹姓。

另一支来源于宋国，据《史记·殷本记》的记载，是商纣王之兄微子的后代，纣王亡国之后，周武王把商的周围地区封给殷纣王庶兄微子，创建宋国，定都商丘，以供奉商汤的宗祀。后来宋愍公的后代正考父食采于邹邑（今山东曲阜），后传到世孙叔梁纥的时候，就以国为氏，是为邹姓。

【姓氏分布】

据有关资料记载，邹姓早期主要在其发源地即今山东境内发展繁衍。秦汉时期，他们中的一支迁至范阳，发展成为望族；东晋十六国时，由于战乱，中原邹姓大举南迁到江苏、浙江、安徽、江西的一些地方；唐宋时期邹姓发展繁衍于江西、广东、广西等地；现在台湾地区的邹姓人及侨居新加坡等国的邹姓华侨，主要是从广东、福建迁去的。

【姓氏名人】

邹忌：战国时期邹氏家族中很有名的人物，以鼓琴游说齐威王，被任为宰相。他曾劝说齐威王奖励群臣吏民进谏，主张革新政治，修订法律，选拔人才，奖励贤臣等，使齐国实力加强。

邹守益：字谦之，号东郭，安福人，明朝著名学者。主要著作有《东郭集》。

邹伯奇：字一鹗，又字特夫，广东南海人，中国清代科学家。他精通天文、历法、数学，善于将数学应用于实际。曾测绘广东省地图，制造过望远镜、显微镜、照相机、浑球仪和七政仪等仪器。著有《格术补》《赤道星图》《黄道星图》等。

邹一桂：字原褒，号小山，晚号二知老人，江苏省无锡人，清代大臣、画家，曾官至礼部尚书。善于花卉及山水画。著有《藤花芍药图》《古干梅花图》《小山画谱》等。

【国学小百科】

赐姓　冒姓　改姓

在这里，我们所说的赐姓，是狭义的专指赐姓，不同于三代以前的“因生赐姓”，而是秦汉以后封建大统一的专制国家形成后，为褒赏笼络臣属的一种政治手段。赐姓多为历代帝王赏赐有功之臣为皇室姓氏，统称“国姓”。

赐姓之制始于汉代，汉高祖刘邦为表彰娄敬、项伯的功绩，赐娄、项二氏为刘姓。到了明朝时期，明太祖朱元璋也曾赐外甥李文忠、养子沐英、何文辉等为朱姓。南明隆武帝也赐郑成功为“朱姓”，人称“国姓爷”，以示荣宠。皇帝赐姓于臣属，并不都是褒奖、恩宠，对于政敌、叛臣，也赐凶险姓氏以示惩赏。如武则天称帝后，强令中宗皇后王氏改姓“蟒”，将起兵反对她的李姓诸王赐姓虺（音毁）氏。

冒姓的现象一般发生在魏晋、隋唐时代，由于“九品中正制”及其以郡望门第评品人物，选官任职，出身寒门者往往有冒姓、攀附之现象。

改姓多为避仇、避难或避讳时，改称他姓。如东汉时有个聂台和人结下怨仇，为逃避仇人追杀，改为张姓，隐居雁门马邑（今山西朔州）。他的后人张辽便是三国蜀国的一员名将。

【相关链接】

邹忌讽齐王纳谏

战国时代齐国人邹忌身高八尺多，而且长得也很帅。有一天早上，邹忌穿好衣服，戴上帽子，对着镜子开始照，然后对他的妻子说：“我与城北的徐公相比谁更漂亮?”他的妻子说：“你要比他漂亮，徐公哪能和你比呀!”

城北的徐公在当时可是齐国的美男子。邹忌自然不相信他真的比徐公美，于是又问他的妾说：“我和徐公相比谁更漂亮?”妾说：“徐公哪能和你比呢!”第二天，家里来了一位客人，邹忌跟他坐着聊天，问他道：“我和徐公谁更漂亮?”客人说：“徐公不如你漂亮。”第二天，徐公到家里来做客，邹忌很认真地观察他，他认为自己不如他漂亮；再照着镜子看自己，觉得和徐公相差很远。

这天晚上，他躺在床上反复考虑这件事，最后他终于明白了：“妻夸我，是因为偏爱我；妾赞美我，是因为害怕我；客人赞美我，是有求于我。”

第二天，邹忌便上朝去见威王，说：“我不如徐公漂亮，可是我的妻子偏爱我，我的妾怕我，客人有事想求我，都说我比徐公漂亮。如今面对庞大的齐国，王后、王妃和左右的侍从没有不偏爱大王的，朝廷上的臣子没有不害怕大王的，全国的老百姓没有不想求得大王的恩惠，由此可见，大王很多事情都蒙在鼓里。”

齐威王听后觉得邹忌说得很有道理，于是他就下了一道命令：“各级官员和老百姓如果能当面指责我的过错，就可以得到头等奖赏；书面规劝我的，得二等奖赏；在公共场所批评我的，得三等奖赏。”刚开始提意见的人很多，到了后来就再也没有人来提意见了，因为已经没有什么可以提的了。

后来，燕赵韩魏几国听说了这件事后，都来向齐国朝拜。这就是人们所说的“内政修明，不战而胜”的道理。

【姓氏来历】

窦姓源于姒姓，是上古时夏代康王的后裔。相传在4000多年前，大禹之子启的重孙相做了夏国的国王，相懦弱无能。当时有个叫后羿的诸侯，力大无比，善于强弓远射，神话中的“后羿射日”就是以他为原型的。他利用夏朝臣民对国君的不满，发动了政变，杀死了相。当时相有一个妃子正身怀六甲，她在混乱中从自“窦（洞穴）”里逃了出来，逃到娘家有仍氏部落避难。不久，她生下一男孩，这就是少康。少康长大后知道了自己的身世，就下决心复仇兴国。

后羿取得了政权后不久就被其部下寒浞杀害了。这样，寒浞取代了后羿。此时，在夏旧部支持下的少康，力量一天天强大起来。有一天，少康打败了寒浞，恢复了夏朝的政权，这就是历史上有名的“少康中兴”。当年，少康的母亲是从“窦”里逃生的，因此后人为了纪念这个事件，就把姓氏姒姓改为窦姓。

【姓氏分布】

窦姓最初起源于古老的夏朝。在汉朝时，窦姓在发展过程中，逐渐形成了扶风（今陕西省西安市长安区以西）、河南（今河南省洛阳市一带）两大郡望，在当地发展成为望族。如今，窦姓在全国分布较广，主要分布在河北省清河及山东省临清一带。

【姓氏名人】

窦太后：名漪，河北清河郡观津（今河北清河）人，黄老学派的最后一个代表人物。她信奉黄老之学，黄指黄帝，老指老子，主张无为而治，宽政待民。在她的影响下，汉景帝刘启以黄老治国，在以后的日子里黄老思想成为治世的主流思想直到窦太后逝世为止，历经文、景二朝。

窦汉卿：名默，广平肥乡人，金代医学家。他精针灸八脉穴法，著有《针经指南》《标幽赋》，因行文典雅，论理精湛，元明诸名家皆宗之。

【国学小百科】

烈石神祠

山西太原汾河东岸的兰村西的烈石山下有一个“烈石神祠”，是为了纪念春秋时晋国大夫窦鸣犊而建立。窦大夫曾做过开渠利民的事，后来到了春秋末年被晋国正卿赵简子杀害。

烈石神祠重建于元至正三年，共有50多间殿堂。局部还保留有宋金时期的风格，结构简练而严谨，在金元建筑中也较为罕见。殿内供有窦大夫像，美髯长须，风度翩翩。祠旁清泉自烈石山苍崖下涌出，清澈见底，游鱼可数，因水温较低，故人们称之为“烈石寒泉”。与苍柏古祠相辉映，饶有雅趣。泉边还有一个小庙，上刻有“灵泉”两字，相传是宋徽宗赵佶御书。后来，寒泉遭到破坏，加之近年对水资源不合理开发利用，如今泉水已经干涸，只有遗迹尚存。

【相关链接】

实话实说的窦德玄

唐朝鼎盛时期，形成了一种良好的风气，那就是：皇帝真诚对待臣子，臣子则以诚心对待皇帝。

有一次，唐高宗来到濮阳，大臣窦德玄和其他大臣骑马跟随在后。高宗问窦德玄：“濮阳为什么又叫帝丘呢？”窦德玄诚实地说不知道，另一个大臣许敬宗从后面策马上来，回答说：“因为从前古帝王颛顼曾在这里住过，所以叫帝丘。”高宗称赞答得好。

许敬宗退下后对别人说：“大臣不可以没有学问，窦德玄答不上来，我实在为他感到不好意思。”窦德玄听了这话，说：“每个人都有自己能做到和做不到的事，我不能勉强回答一些自己不知道的事，这才是我能够做到的。”

看来，唐朝之所以能够强盛是有很多原因的，君臣之间以诚相待、互相信任，也许就是原因之一！

【姓氏来历】

章姓源于妊姓，为黄帝赐封的12个基本姓氏之一。据《左传》

记载，黄帝二十五子，其中得姓十二，其中有妊，而谢、章、薛、舒、吕、终、泉、毕、过、祝这十姓，都出自最初的妊姓。可见，章姓推溯起来也是黄帝的后裔，也是一个具有悠久历史的古老姓氏。

《古今姓氏书辨证》对章姓的来源是这样介绍的：章姓源于姜姓。上古周朝的开国功臣姜子牙的后代被封在鄣国（在今山东章丘）。春秋初期，鄣国被齐国所灭，其后人为纪念故国而去邑为章，成为今天的章姓。

【姓氏分布】

公元前664年，鄣国被其同宗齐国消灭，章姓便散居齐地。秦汉之际，章姓搬迁到蒙古、陕西、广东等地；魏晋南北朝时期，姜太公的后裔，在南昌一带繁衍成为大族；隋唐之际，章姓人落籍到四川、江苏、浙江、安徽等地；两宋时，由于北方动荡，此际章姓迁徙以南方为主；明清之际，章姓分布更广，并有沿海之章姓迁居我国台湾及东南亚和欧美等地。如今，章姓在全国分布较广，尤以湖北、浙江、江西等省居多。

【姓氏名人】

章邯：字少荣，秦朝将领，曾镇压过陈胜、项梁起义军，立战功显赫，后投降项羽，被封为雍王，建都废丘（今陕西省兴平南），后被韩信击败自杀。

章煦：钱塘（今浙江省杭州）人，乾隆年间进士，曾历任内阁中书、陕甘学政、湖北布政使、湖北巡抚、礼部尚书等职。

章学诚：字实斋，清会稽（今浙江省绍兴县）人，清代著名史学家、思想家、方志学家，乾隆进士。精于史学，编纂《续资治通鉴》等书。著有《文史通义》《校雠通义》《史籍考》《湖北通志》等。

章炳麟：初名学乘，字枚叔，号太炎，浙江省余杭人，近代民主革命家和著名学者。曾参加维新运动、二次革命和护法运动。对中国近代哲学、文学、历史学和语言学均有较高的建树。他的个人主要著作由后人编入《章氏丛书三编》《章氏丛书》《章书丛书续编》等。

【国学小百科】

书善不书恶的“谱例”

谱例又称凡例、例言、修谱章程、修谱条约等，其主要内容就是阐明家谱的体例、纂修原则、记叙方法，诸如收录范围，各类可入谱与不可入谱人物的标准，各种著录规则，结构特点，谱中各类目的设立的理由，如何避讳等行文规范等内容。

谱例中有很多条例，少则数条，多则数十条，这是修谱过程中一定要遵循的原则。一般来说，为了维护家族荣誉，家谱采取了书善不书恶的手段。几乎所有家谱的谱例中都遵循“信以传信，疑以传疑”的修谱规定，诸如不道、乱伦、乱宗、绝义、辱先等，都不准修入家谱，以免使家族蒙羞。

【相关链接】

章太炎趣事

章太炎也就是章炳麟，他博大精深的学术功夫，不仅为他的门人后学所敬重，也为他同代同辈政治、文化、学术观念不同甚至截然对峙者佩服，这在现代中国思想学术史上是少有的。鲁迅先生称他为“有学问的革命家”；胡适在为上海《申报》50周年纪念专刊所撰长文《五十年来中国之文学》中，称他是“清代学术史的压阵大将”。

说起章太炎先生，还有这样一件趣事。章太炎先生在上海同福里居住时，意外地发了一笔大财。说是“一笔”，确实由“笔”而发。

有一天，一位老朋友来访，让他帮忙写两件东西：一件是孙中山先生的“中华民国政府成立宣言”；另一件是“讨袁世凯檄”。这两件原稿本是章太炎

章太炎

自己所写的，他又被要求亲笔再各写一件，好让其成为“历史文献”。当时太炎先生获赠润笔墨银二十大洋。

没想到的是，报纸上竟大登特登。很多人纷纷而来，都想求章太炎再写这两件原文，大约有五六十份，有的送墨银 40 圆，有的送墨银 200 圆。章太炎虽然“口不言钱”，但经常由其夫人或弟子应付。

后来，章太炎写到 10 件以上就再也不肯动笔了。夫人百般劝说，他只是不出声，也不动笔。后来他的夫人想出一个办法，原来太炎先生平日吸的都是金鼠牌香烟，有一次一位老朋友送他一罐茄力克香烟，先生称它为“外国金鼠”，时常吵着要吸，但夫人不允。现在章夫人允许他每写一件，就买一罐给他，这样，问题轻易就解决了。

苏

【姓氏来历】

据《苏洵族谱·后录》所载，苏姓以封地命氏。颛顼帝子孙重黎是上古时期帝喾的火正（管火的官），重黎的子孙昆吾被封于苏，建立了苏国（今河南省温县西南）。后来，昆吾的子孙后代就以封地为姓，称为苏氏。

另据《元和姓纂》所载，苏氏以封国命氏。周武王时，有一个叫忿生的大臣受封于苏国，后迁于温（今河南温县西南），称为苏忿生。春秋时，苏国被狄族部落（北方少数民族的统称）所灭，其后子孙就以原来的国名为姓氏。

【姓氏分布】

苏姓发源于今河南省温县西南。先秦时期，苏姓移居今湖南、湖北境内；东晋十六国中原苏姓大举南迁；唐宋时期，苏姓迁居到广西、广东、云南及越南、老挝、泰国等地。如今，苏姓主要分布在上海、浙江、福建、广东、海南、广西、湖南、湖北、四川及重庆等一些地区。

【姓氏名人】

苏洵：字明允，眉州眉山人，北宋著名散文家。与其子苏轼、苏辙合称“三苏”，均被列入“唐宋八大家”。他所著的《权书》《衡论》《几策》等文章深得世人喜爱。

苏颂：字子容，福建同安人，北宋天文学家、政治家、药学家。他撰写了《本草图经》21卷，记载药物780种，是世界药物史上的杰作之一。

苏轼：字子瞻，号东坡居士，眉州眉山人，北宋文学家，“唐宋八大家”之一。著有《东坡乐府》《东坡七集》《东坡书传》《东坡易传》等。

苏兆征：广东香山（今广东中山）人，著名工人运动领袖之一、中国共产党杰出的无产阶级革命家。他为中华民族的解放和无产阶级的革命事业做出了重大贡献。曾任中央委员、中央政治局委员、中央政治局常务委员等职。

【国学小百科】

葬在德州的苏禄王

明朝永乐十五年，苏禄国东王巴都葛叭答喇率领一支由300多人组成的大型访问团来到中国。当时他们受到了明成祖朱棣的友好接待。

当他们沿着大运河满载而归时，苏禄国东王巴都葛叭答喇却在返国途中病逝于山东德州。明成祖得知苏禄国东王病逝的消息后，特意为他举行了隆重的葬礼，并建墓立碑，还亲自撰写碑文，以示纪念。东王的长子督马含率领访问团回到了苏禄国，继承了王位。东王的次子温哈喇、三儿子安都鲁及东王的妃子和侍从十余人，则留在山东德州为东王守墓。他们死后，尸骨也安葬在东王的陵墓旁边。

到了清朝雍正九年，应苏禄国国王的要求，巴都葛叭答喇的子孙分别以安、温两姓正式入籍山东德州，成为中华民族大家庭中的一员。

苏禄国位于今天的菲律宾苏禄群岛上。从此，在齐鲁大地上，就有了一支带有菲律宾王族血统的群体。

【相关链接】

“二百五”的由来

据说，春秋战国时期，有一个名叫苏秦的人，他是纵横家鼻祖鬼谷子的学生。他学完艺后下山来到秦国，向秦惠王进献成就霸业之策。可是他的忠言不但没有被秦惠王采纳，反而遭到百般羞辱。苏秦一气之下，来到齐国。齐王很喜欢这个人才，就委任他为相。不久苏秦便联合齐、楚、燕、韩、赵、魏六国抗衡秦国，迫使秦国归还了一部分被其掠走的土地。

“合纵”政策惹恼了秦惠王，结果苏秦被秦王派来的刺客刺伤。苏秦的伤势很重，生命危在旦夕。齐王知道这件事后大怒，马上下令关闭城门，缉拿凶手，为苏秦报仇。苏秦非常感激，对齐王说：“我死之后，请齐王将臣五马分尸，并贴出告示罗织罪名，说我是燕国派到齐国的奸细，罪当处斩。然后您悬赏千金，犒劳刺杀臣的勇士，刺客一定会前来邀功请赏。到那时，您就可以逮住凶犯了。”苏秦说完就气绝身亡了。苏秦死后，齐王没有依照苏秦的计策，将他五马分尸，只是贴出告示，悬赏千两黄金寻找刺客。

告示贴出之后，很快有 4 个人前来领奖。齐王心想：苏秦这招还真灵。他看了看这 4 个人，然后说：“这可是人命关天的大事，你们可不能冒充啊！”那 4 个人都说是自己亲手杀死苏秦的。齐王说：“好！你们真算得上是顶天立地的男子汉。你们看该如何分享这一千两黄金呢？”四人异口同声地说：“一人二百五。”齐王一听，一拍桌子，高声说道：“来人，把这 4 个‘二百五’推出门外斩了！”

从此以后，人们就把一些不懂事理、做事莽撞的人称为“二百五”，后来这成了一句骂人的俗语，流传于民间。

潘

【姓氏来历】

有关潘姓起源的说法很多，其中以郑樵在《通志·氏族略三》中“芈姓，楚之公族，以字为氏，潘崇之先”之说最为普遍。相传，颛顼后裔陆终生有6个儿子，第六子名季连，赐姓芈。周成王时，封其后裔熊绎在荆山建立荆国，公元前740年，荆国国君熊通自封为武王，他的儿子于公元前689年改国号为楚，称楚文王。据《史记·楚世家》记载，公族子弟潘崇氏助楚穆王继位有功，被封为太师，从此潘姓成为楚国的名门望族。《中国名人大辞典》将潘崇列为潘姓人物。由于《史记》载有潘崇事迹，因此现在的潘氏大多以潘崇为始祖。

【姓氏分布】

春秋战国时，潘姓主要在今湖北省境内发展，此后，有向山东、湖南迁徙的少数潘姓人。自东汉末至唐朝，潘姓发展繁衍于河南洛阳、内蒙古、陕西、甘肃等地；宋至元明清时，潘姓已分布于全国各地。如今，潘姓人主要分布在江苏、广东、安徽、内蒙古、河南、四川、湖北、浙江等地。

【姓氏名人】

潘岳：字安仁，荥阳中牟（今河南中牟）人，西晋著名文学家、名臣。其《悼亡诗》为世人传诵，明人辑有《潘黄门集》。

潘季驯：字时良，号印川，浙江省乌程（今吴兴）人，明代著名水利家。嘉靖年间进士，曾四任总理河道，先后达27年，他习知地形险易，成绩显著。著有《河防一览》《两河管见》《宸断大工录》等。

潘之恒：字景升，一字庚生，歙县（今属安徽省）人，明代文学家。撰有《吴剧》《叙曲》等剧评，另著有诗集《涉江集》。

潘天寿：原名天授，字太颐，号寿者，浙江省宁海人，现代画家、美术教育家。他擅长写意花鸟及山水画，笔墨有金石味，朴厚劲挺、气势雄阔，融诗、书、画、印于一体。他的指画也可谓别具一格，成就极为突出。其代表作有《梅花芭蕉》《耕罢》《中国绘画史》《治印谈丛》等。

【国学小百科】

花样繁多的号

古人最常用的是以地望为号。比如，文学家韩愈以家族的郡望为号，叫“韩昌黎”；另一位文学家柳宗元则用故乡的名字河东为号，称“柳河东”，所以他们的文集，也分别称《昌黎先生集》与《河东先生集》。这种代号，到民国时依然很盛行。民国初年，那些换来换去的总统、执政，都有一些这样的号，譬如，“项城”代表袁世凯，“东海”代表徐世昌，“合肥”代表段祺瑞，“河间”代表冯国璋，“黄陂”代表黎元洪等。

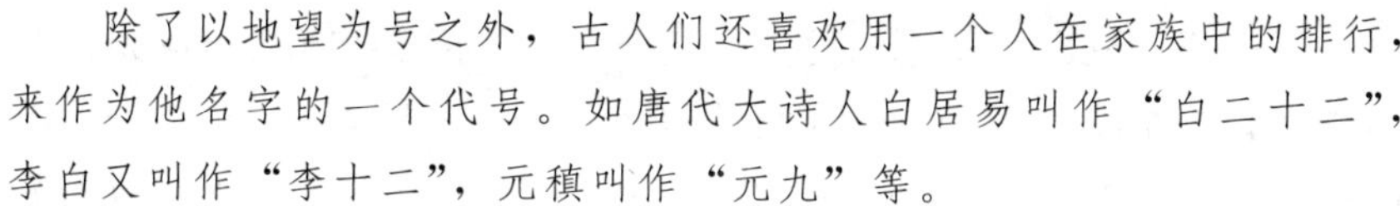

除了以地望为号之外，古人们还喜欢用一个人在家族中的排行，来作为他名字的一个代号。如唐代大诗人白居易叫作“白二十二”，李白又叫作“李十二”，元稹叫作“元九”等。

古人的号还有一种方式，就是以官爵名为号。三国时期的音乐家嵇康曾做过官中散大夫，世称“嵇中散”。东汉的史学家班固做过兰台令史，所以人称“班兰台”。他的弟弟班超弃文从武，投身疆场，立过很多功劳，后来被朝廷封为定远侯，因此人们就称班超为“班定远”。可见，古人为自己起的“号”可谓花样繁多。

【相关链接】

满城风雨

“满城风雨”一词最早出自宋代潘大临的《题壁》诗：“满城风雨近重阳。”原意是形容重阳节前的雨景，后来比喻某一事件传播很广，到处议论纷纷。

故事大意是这样的：北宋时期的潘大临，是江西诗派的重要代表人物。他能文善画，并擅长书法，与其弟潘大观都以诗闻名。潘大临从小家里很穷，没有做过官，但写的诗却优美动人，受到当时很多名家的称赞。

据说，有一年的重阳节，窗外下着绵绵细雨，树叶被秋风吹动发出了沙沙声，面对此情此景，正在家中研诗的潘大临忽然诗兴大发，构思了一首好诗。于是他拿笔写了起来，可他刚写了第一句“满城风雨近重阳”时，突然门外响起“砰砰”的敲门声，原来是来收租税的。

等他打发收租税的人走后，自己却再也想不起后面的诗句怎么写了，后来就把这一句诗送给了朋友，以后就有了“满城风雨”这个成语。

【姓氏来历】

范氏的始祖，可以追溯到4000多年以前的圣君唐尧。帝尧裔孙刘累之后，在周为唐杜氏。入周被改封于杜（今陕西西安东南），时称杜伯。入周不久，杜伯就被周宣王无辜杀害，他的儿子隰叔逃奔晋国担任士师（法官）。隰叔的曾孙士会，因战功升为晋国中军元帅，并封于范（今河南省范县），其后子孙遂以邑为氏，称范氏。

【姓氏分布】

范姓以河南范县为发源地。唐时，由于中原战乱，河南范县迁居到了浙江、江苏、福建等地；宋时，范姓除在闽南一带发展繁衍外，又分出广东海阳、梅州、陆丰、饶平等许多支派；从明末开始，福建、广东范姓陆续有人移居台湾，后来有的又迁至海外。如今，范姓在全国分布广泛，尤以江苏、河南、四川、山东、辽宁、黑龙江、湖南等省多此姓。

【姓氏名人】

范蠡：字少伯，楚国宛（今河南省南阳）人，春秋后期越国政治家、军事家和经济学家。曾献计于勾践，一举灭吴，越国立事后则急流勇退，于山东定陶经商，资产千万，称“陶朱公”。

范雎：字叔，战国时魏人，著名政治家、军事谋略家。他曾游说秦昭王，主张远交近攻，歼灭敌国力量，终使嬴政吞并六国而统一天下。

范仲淹：字希文，北宋名臣、政治家、文学家。他在其代表作《岳阳楼记》中所写的“先天下之忧而忧，后天下之乐而乐”，成为千古名句。

范文澜：初字芸台，后改字仲澐，浙江省绍兴人，著名的马克思主义历史学家。曾担任中国科学院中国近代史研究所所长、中国史学会副会长、全国人大常委会委员等职务。他精通文学、经学、史学，著有《正史考略》《文心雕龙讲疏》《唐代佛教》等，其中《中国通史简编》和《中国近代史》上册是他的两部重要著作。

【国学小百科】

天一阁

宁波市月湖公园的天一阁是我国著名的古代藏书楼。天一阁是退隐的兵部右侍郎范钦于明嘉靖四十年主持建造，嘉靖四十五年落成，耗时5年。天一阁被誉为“江南书城”，是我国保存最古老的私家藏书楼，在文化史上具有重要的地位。

“天一阁”取义于汉郑玄《易经注》中“天一生水”之说，因为火是藏书楼最大的隐患，而“天一生水”，水可以克火，所以取名“天一阁”。

天一阁的整座建筑通高8.3米，通面阔23.2米，通进深11.7米。其具体格局由范钦精心设计：一排六开间的两层砖木结构楼房，坐南朝北。楼上为一大统间，正中悬有明王原相所书“宝书楼”匾额。楼下并列六间。如此上一下六，也隐含了“天一”“地六”的寓意，同阁名相呼应。阁前凿有一个“天一池”，除了有美化作用外，还可以蓄水防火。

清代康熙四年，范钦的重孙范光文在藏书楼前后，利用山石堆砌成“九狮一象”之景。中华人民共和国成立初期，周恩来总理曾专门指示南下军队要保护好天一阁。如今，天一阁被国务院列为全国重点文物保护单位。

【相关链接】

范仲淹解囊助秀才

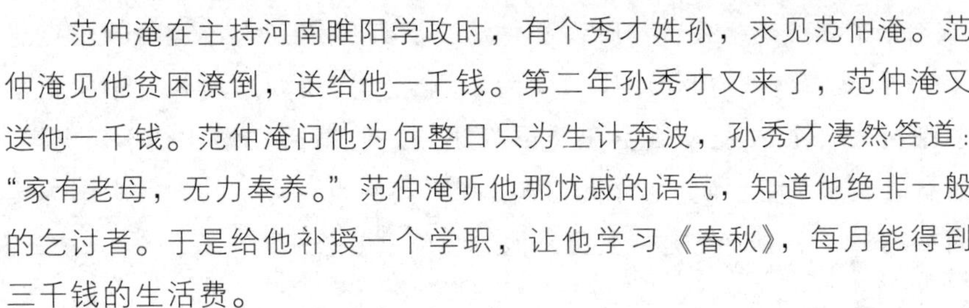

范仲淹在主持河南睢阳学政时，有个秀才姓孙，求见范仲淹。范仲淹见他贫困潦倒，送给他一千钱。第二年孙秀才又来了，范仲淹又送他一千钱。范仲淹问他为何整日只为生计奔波，孙秀才凄然答道：“家有老母，无力奉养。”范仲淹听他那忧戚的语气，知道他绝非一般的乞讨者。于是给他补授一个学职，让他学习《春秋》，每月能得到三千钱的生活费。

这位孙秀才果然有心，他专心求学，很受范仲淹的喜爱。第二年，孙秀才学完后拜别范仲淹回家去了。

这件事过去了很多年。有一天，范仲淹听说泰山下有一个叫孙明复的先生教授《春秋》，修养很高，被朝廷召到太学任职去了。后来范仲淹一打听，原来这个人就是曾经向他索要过钱的孙秀才。范仲淹因此慨叹道：“贫困是人生很大的拖累，倘若一个人只为吃口饱饭奔波到老，即使有孙明复那样的才学，也会默默无闻。”

彭

【姓氏来历】

彭姓以国名为氏，为颛顼帝玄孙陆终第三子铿之后。据《姓氏寻源》所载，颛顼帝有个玄孙名叫陆终，陆终第三子名铿，后来被封在彭地（今江苏省徐州），为商朝时的诸侯国之一，建立彭国。据说，彭铿是一位有名的老寿星，他经历了夏、商两代，活了800多岁，所以人们又尊称他为“彭祖”。由于受封于大彭，所以他的子孙就按照当时以国命姓习惯，称为彭姓。

【姓氏分布】

今天的江苏徐州铜山境内（殷商时诸侯国大彭）是彭姓的发源地，其后彭姓的繁衍播迁，均出自此支。晋代，由于战乱及官职周迁等原因，彭姓又有播迁于今山东、陕西、甘肃、江西、四川、福建等省；唐玄宗时，为避安史之乱，彭姓迁居今江西一带；自清代开始，居住在广东及福建的彭姓有部分移居到了台湾地区及东南亚和欧美等地。如今，彭姓分布最多的地区在湖北、湖南、四川等省。

【姓氏名人】

彭越：字仲，昌邑（今山东巨野县）人，西汉大将。曾先后在汉高祖刘邦收魏、定梁、灭楚的战事中建立奇功，后被封为梁王。当时他与韩信、英布被称为“三王”。

彭俞：宜春（今属江西）人，少年时隐于集云峰，学邃于易，官至终朝散郎。有《君子传》《循吏龟鉴》等传世。

彭真：原名傅懋恭，山西曲沃人，中国政治家。他曾是中国共产党、中华人民共和国的重要领导人。1997 年 4 月 26 日因病在北京逝世，享年 95 岁。

彭德怀：原名彭德华，号石穿，湖南湘潭人，中国共产党著名军事家，中华人民共和国元帅之一。曾任前国务院副总理兼国防部长，中共第六至八届中央政治局委员，中共中央军事委员会副主席。1974 年 11 月 29 日病逝于北京，享年 76 岁。

【国学小百科】

彭德怀故居

彭德怀故居位于湖南省湘潭市乌石镇乌石村彭家围子，1898 年彭德怀在此出生。彭德怀故居现存建筑是彭德怀在湘军任团长时出资修建的，始建于 1925 年。

此故居坐西北朝东南，砖木结构，粉墙青瓦，具有典型江南风格的普通农舍。1961 年，彭德怀回乡做农村调查时在此居住 35 天，接待来访干部及群众2000余人次，并在此起草了5个农村调查报告。

彭德怀故居是彭德怀投身革命后在家乡惟一长时间居住活动的场所，与邻近的韶山毛泽东故居、宁乡花明楼刘少奇故居形成了爱国主义和革命传统教育的伟人纪念地“金三角”。

1983年8月1日，彭德怀故居正式对外开放，前来瞻仰的观众络绎不绝。2001年6月25日，彭德怀故居作为近现代重要史迹及代表性建筑，被国务院批准列入第五批全国重点文物保护单位名单。

【相关链接】

栾布祭彭越

西汉时，高祖刘邦以谋反的罪名将当时的梁王彭越诛灭三族。高祖又命人将彭越的头挂在洛阳城上示众。朝廷贴出告示：“有敢取下头颅或看视的，一律拘捕！”

彭越手下的大夫栾布来到彭越头下，哭着祭吊。被差役抓了起来，并报告了刘邦。刘邦大怒，下令将栾布煮了。这时，毫无惧色的栾布回过头来喊道：“请允许我说句话再死。”于是刘邦又让人把他推了回来。

栾布说：“陛下还没取得天下的时候，梁王的地位何等重要。他如果倾向于楚国，西汉就会灭亡；他如果倾向汉，楚国就会败亡。现在天下已定，彭越却被杀掉，如此下去，满朝功臣恐怕人人自危。梁王已死，让我随他而去吧。”

刘邦被栾布的气节所感动，最后赦他无罪，并拜为都尉。

鲁

【姓氏来历】

鲁姓源于姬姓，以国名为氏。据《姓谱》记载，西周初年，周武王的弟弟旦有封地在周，称为周公。周公当初被封在东方的鲁国，但是他要留在周都辅佐周王，就派儿子伯禽去了鲁国（今山东省济宁曲阜）。伯禽到鲁国后，继续征伐周围的淮夷、徐夷，使鲁国成为当时的东方大国。几年后，他兴致勃勃地回京城向周公汇报治理的结果时，周公却忧心忡忡地说："你为政如此烦琐，这不是件好事，你花了几年才治理各国，而和你同时前往封国的太公（指姜子牙）只花了几个月，因为他凡事化简，看来将来鲁国要向齐国称臣了。"

后来事实证明，由于鲁国讲究那一套烦琐的礼节，国势日弱，而齐国却日渐强大，到齐桓公时，齐国终成春秋霸主。战国时，鲁国被楚国灭掉，其公族子弟迁到下邑（今安徽省砀山县东）。失国后的鲁国公族后代，以国名为姓，就是鲁氏。

【姓氏分布】

鲁姓发源于鲁国（山东省济宁曲阜市）。隋唐以前，鲁姓已广布江东一带；宋元之际，居江苏、江西、安徽、浙江一带的鲁姓为避兵祸南迁入福建及广东，西迁入湖北；明时，鲁姓作为山西洪洞大槐树迁民姓氏之一，被分迁于山东、河南、江苏、湖南等地；清初，山东鲁姓发展迅速，并随闯关东之风潮到东北谋生，还播迁到台湾及海外地区。如今，鲁姓在全国分布的地区比较广泛，尤以山东、安徽两省鲁姓最多。

【姓氏名人】

鲁班：春秋时鲁国人，本公输氏，名般，因"般"和"班"同音，古时通用，故人们常称他为鲁班。他是我国古代著名的建筑工匠、建筑家。他所做出的贡献，对后世影响很大。几千年来，一直被奉为木工、石工、泥瓦匠等工艺部门的共同祖师，称为"鲁班爷"。

鲁贞：字起元，号桐山老农，浙江开化人。元统年间举人，隐居不仕，其精通理学，胸怀平和旷达，著有《易注》《中庸解》《春秋按断》等。

鲁得之：字孔孙，号千岩，钱塘（今杭州）人，明代书画家。著有《竹史》《墨君题语》《细香居集》。

【国学小百科】

鲁肃墓

鲁肃墓位于岳阳楼以东约500米处。坟堆耸立如丘，高8米，直径32米，占地面积为800平方米，周围砌有石栏杆。

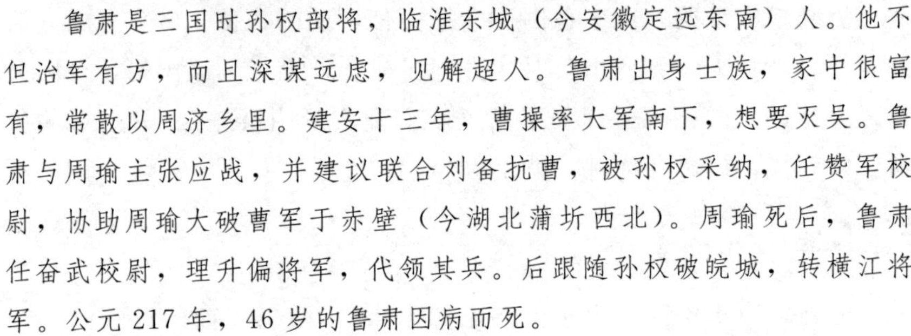

鲁肃是三国时孙权部将，临淮东城（今安徽定远东南）人。他不但治军有方，而且深谋远虑，见解超人。鲁肃出身士族，家中很富有，常散以周济乡里。建安十三年，曹操率大军南下，想要灭吴。鲁肃与周瑜主张应战，并建议联合刘备抗曹，被孙权采纳，任赞军校尉，协助周瑜大破曹军于赤壁（今湖北蒲圻西北）。周瑜死后，鲁肃任奋武校尉，理升偏将军，代领其兵。后跟随孙权破皖城，转横江将军。公元217年，46岁的鲁肃因病而死。

鲁肃墓原位于龟山南麓。1955年因建长江大桥而迁葬至龟山南腰。据志书记载，清嘉庆年间，汉阳知县裘行恕重修鲁肃墓，咸丰初时又毁于兵火。同治六年，邑人汪立政重修并立石碑。光绪二十六年知府余肇庆再修其墓。现在的鲁肃墓，周边林木苍郁，芳草青青，清幽异常。

【相关链接】

鲁班造伞

很久以前，世界上本来没有伞。那时候，人们出门很不方便。夏天被太阳晒得很难受；下雨天又会把衣服淋湿。当时的鲁班心里想：要是能做个东西，又能遮太阳又能挡雨，那该多好呀！

后来，他跟几个木匠在路边造了一个小亭子，亭子的顶是尖尖的，四面用几根柱子撑住。接着，他们隔一段路造一个亭子，造了许多亭子。这样，走路的人就方便多了。雨来了，躲一躲避一避雨；太阳晒得难受了，就躲到里面歇一歇。可是他又想，要是雨下个不停，那该怎么办呢？人总不能老待在亭子里不走啊。

鲁班想：要是能把亭子做得很小，让大家带在身上，那不是更好吗！可是怎样才能把亭子做小呢？

鲁班

有一天，天气特别热，他一边做工，一边抹汗。忽然看见远处一个孩子头上顶着一张荷叶。鲁班觉得挺好玩，就上前问他：“你头上为什么顶着荷叶呀？”小孩答道：“鲁班师傅，您瞧，太阳像个大火轮，我头上顶着荷叶，就不怕晒了。”

鲁班抓过一张荷叶来，仔细瞧了又瞧，荷叶圆圆的，一面有一丝叶脉，朝头上一罩，又轻巧，又凉快。鲁班心里一下亮堂起来。他赶紧跑回家，找了一根竹子，劈成许多小细条，照着荷叶的样子，扎了个架子；又将一块羊皮剪得圆圆的，蒙在竹架子上。“好啦，好啦！”他高兴得叫起来，“这个轻巧东西既能挡雨又能遮太阳。”

鲁班的妻子见状，赶紧从屋里跑出来问他：“出什么事了？”鲁班把刚做成的东西递给妻子，说：“你看这个玩意儿，以后咱们带着它出门，就不怕雨淋太阳晒了。”

鲁班的妻子看了一下，说：“的确不错，不过，雨停了，太阳下山了，还拿着这么个东西走路，就不方便了。要是能把它收拢起来，那就更好了。”

鲁班觉得妻子的话很有道理，于是就跟妻子一起动手，把这东西改成可以活动的，用着它，就把它撑开，用不着，就把它收起来。这个东西就是今天咱们所用的伞。

【姓氏来历】

据《元和姓纂》所载，马姓源于赵姓。春秋战国时期，赵氏建国后，赵姓逐渐繁衍成了中华民族之大姓。赵姓中，由于采邑、封号、居地等原因，又分出了一些支裔姓氏。其中，马姓也在其中。

马姓始祖为赵奢，是帝颛顼裔孙伯益的后代。赵奢当时只是一个不知名的田税官。有一次，平原君的家里拒交租税，赵奢毫不犹豫地把平原君家有关的几个人杀了。平原君知道后大怒，要杀他。赵奢理直气壮地对平原君说："你是赵国最有影响的人，又是国君的弟弟，连你家都不守法，法还有什么用？国家没有法就要灭亡，国灭还有你平原君吗？"

平原君大悟，把他推荐给赵王当管理全国田赋的官。赵奢上任后严格管理，很快使国库充盈起来。后来秦军攻打韩国，韩王向赵国求救，赵国大将廉颇和名相蔺相如认为道路狭窄难以进兵，赵奢却认为道路狭窄对两军都不利，就像老鼠钻进洞里，谁勇敢谁就胜。赵王很欣赏他的话，就让他带兵救韩，他一面采取麻痹敌人的办法，一面又出奇兵袭击秦军，终于大获全胜。后来他又打了不少大胜仗，成为继廉颇之后赵国的又一名将，被赵惠文王封于马服（今河北邯郸），称为马服君。赵奢死后，其子孙后代，最初以"马服"两个字为姓氏，后来他们省去"服"字，改为单姓马。

【姓氏分布】

马姓最初发源于河北省邯郸市一带。两汉至南北朝时期，马姓分布于今河北、山东、四川、甘肃、浙江等地；唐朝末年，马姓在福建省发展成望族；宋元明以后，江西、广东地区马姓逐渐增多；至清代，马姓开始有些移居于台湾地区、东南亚和欧美等地。现今，马姓主要分布在我国北方的辽宁、西北地区的陕西、甘肃等省。马姓不仅是汉族大姓，在回族中也是一大姓氏。

【姓氏名人】

马融：字季长，右扶风茂陵（今陕西兴平东北）人，东汉儒家学者，著名经学家，尤长于古文经学。一生注群经外，兼注《离骚》《尚书》《论语》《老子》《淮南子》等。

马超：字孟起，三国扶风茂陵（今陕西兴平东北）人。东汉末随其父马腾起兵，后归刘备。蜀汉建立时任骠骑大将军。

马瑞临：今江西省乐平人，宋元之际著名史学家。他一生博览群书，历经20年著成《文献通考》，为记述我国历代典章制度的重要著作。

马致远：元代著名杂剧和散曲作家，与关汉卿、白朴、郑光祖并称“元曲四大家”。其杂剧作品有《岳阳楼》《汉宫秋》《马丹阳三度任风子》《江州司马青衫泪》等。散曲有辑本《东篱乐府》。

马琬：字文璧，号鲁钝生，江宁（今江苏省南京市）人，元末明初画家，曾官至抚州巡抚。擅长山水画，兼工书法，能诗文。其代表作品有《春山清霁图》《乔岫幽居图》《雪岗渡关图》等传世，另著有《灌园集》。

【国学小百科】

十个回族九个马

回族人马姓最多，有“十个回族九个马”之说，此外还有沙、喇、哈等姓氏。回族姓氏多来自古代回人的汉语音译，有浓厚的宗教色彩。如马姓，即因为回人多信奉伊斯兰教，伊斯兰教创始人是穆罕默德，明清时很多著述将“穆”译为“马”，加之明太祖朱元璋赐波斯人马沙亦里为“马”姓，故回族中马姓最多。

此外，回族往往用古伊斯兰教圣人或父祖辈名字中的某一音节作为姓氏。如以、白、来、金四姓，即来自古回人“易卜拉欣”四个字的音译。纳、速、喇、丁四姓，即是回人名字“纳速喇丁”的音译。还有一部分回族姓氏来自帝王赐姓，如沐、达、郑。

由于回族取姓音译时，多采用谐音或相近的汉字，因此产生了一批奇僻姓氏，如忽、闪、拉、喇、哈、撒、麻、达、朵、者、也等等。上述这些姓氏，在发展过程中，有的已被同音的汉姓所代替，如忽姓变为霍姓等。

【相关链接】

"露马脚"的由来

古代民间有一种节日游戏：就是将画好的麒麟皮，装饰于驴或马身上，让驴马做出各种动作，类似于现代的马戏。但马脚或驴脚难以包装掩饰，难免会露出来。这"露马脚"就成了当时人们常说的话。

据说，明太祖朱元璋的妻子马氏，出身于平民，从小就没有缠过脚，可是当上了皇后要求缠脚，以示体面，但是自己的脚大又不可能割去一截，只好天天拖着长长的裙子，以掩饰自己的那双大脚。

马皇后

有一天，马皇后外出，刚要坐轿出门，不料一阵大风刮过来，将轿帘掀起一角。街上行人恰好看见了马皇后的两只大脚丫子。于是，众人纷纷相传：马皇后是个大脚。后来，人们把做什么事显出破绽，暴露真相，称为"露马脚"。

方

【姓氏来历】

方姓源出有两支。一支是以封地为姓。据《世本》所载，相传上古黄帝神农氏之裔孙雷，因黄帝伐蚩尤时，帮助黄帝打败蚩尤立下了大功。后来，黄帝论功行赏，雷被封于方山（今陕西省陇县西南）。后人以封地为姓，称为方氏。

另一支是以祖辈名字皇上赐姓，源出于姬姓。周宣王时，南方有荆人不听从号令，周宣王便派大臣方叔领军征伐。方叔姓姬，名襄，字方叔，是周朝的元老。他还曾领兵打退过北方民族猃狁的侵扰。这一次他率领 3000 乘战车进攻荆国，很快就迫使荆人投降，平息了南方的叛乱。因多次立功，周宣王赐他的子孙以方为姓，称为方氏。

【姓氏分布】

方姓以河南省为发源地，后来南方各地出现的方姓有些成为望族，均是河南方姓向南播迁的结果。隋唐以前，今山东、山西一带及北方的一些地区，也都有方姓居民；唐初，有河南方姓随陈政、陈元光父子入闽开漳并落籍漳州；明初，方姓作为明朝洪洞大槐树迁民姓氏之一，被分迁至河南、河北、安徽、陕西等地；清初，广东及福建地区的方姓人也有迁居到台湾及海外地区的。如今，方姓在全国分布广泛，辽宁、江苏、浙江、云南、福建多此姓。

【姓氏名人】

方信孺：字孚若，号好庵，莆田（今属福建）人，宋代优秀外交家。著有《观我轩集》《方信孺词选》《南海百咏》等。

方岳：字巨山，号秋崖，祁门（今属安徽）人，南宋后期著名爱国诗人。著有《秋崖先生小稿》《方秋崖先生全集》83 卷。

方世玉：广东肇庆人，清代武林高手。此人除精通拳脚外，擅使花刀；为人侠肝义胆，疾恶如仇，其英雄事迹在中国民间家喻户晓，被称为少年英雄，与兄弟方孝玉和方美玉同被称为“少林十虎”。

方东美：原名王旬，字东美，安徽桐城人，中国现代哲学家，被海内外誉为民国以来我国在哲学上真正学贯中西的第一人。著有《生命情调与情感》《人生哲学总论》《中国人生哲学精义》《方东美先生全集》等。

【国学小百科】

炎黄子孙

现代人一提到炎黄，自然而然想到的是我们整个中华民族五千年的文明历史，960 万平方公里的山河。炎黄已成为中华民族的象征。

炎黄从何而来呢？炎黄是从炎黄二帝而来——炎帝神农氏和黄帝轩辕氏。炎黄二帝是传说时代的英雄人物，远古两大部落集团的领袖。据说，黄帝族和炎帝族，最早居住在陕西。黄帝族最后定居在河北涿鹿附近，炎帝最后到达今山东地区。

当时，蚩尤是九黎族的首领。九黎族主要活动于今山东、河南和安徽一带。当时炎帝族和九黎族为了争夺黄河流域的土地，发生了一次战争。炎帝族不敌九黎族，于是炎帝就向黄帝族求援。最终，黄、炎两族合并打败了蚩尤。

根据这个神话传说，可以看出，黄帝族、炎帝族和九黎族三个部落，都是以黄帝族为主，相互融合，黄帝就成了我国多民族国家的共同祖先。后来，各族都认为自己是炎帝和黄帝的后代，所以称为“炎黄子孙”。

【相关链接】

方世玉打擂

据有关史料记载，方世玉少年时就爱打架，而他与人打架的方式不同，每次打架总是挺起胸膛让别人打，而往往对手打不到三拳，反而自己的双手被打疼了。据《国技传略》记载，方世玉才满月时，其母苗翠花就以祖传药水为其浸洗，经过这样的处理，方世玉变得头硬如铜，筋骨如铁，皮肉似钢。

方世玉打擂的故事最早记载于《万年青》小说。当时方世玉随父亲方德到杭州做丝绸生意，因见雷老虎自设擂台，还打出一副对联，上写“拳打广东全省，脚踢苏杭二州”。方世玉早知此人横行乡里，此时一看更是大怒，上台便将雷老虎打死。

雷老虎是武当派李巴山的女婿，雷老虎一死可气坏了他的妻子李小环，于是李小环请父亲李巴山出山为自己报仇，后来方世玉也请了三德和尚、童千斤等武林高手，就这样事情越闹越大。

后来，当时的乾隆皇帝趁机借用武当冯道德、白眉道人等人的力量，剿灭了福建少林寺。方世玉也死于此役中。

俞

【姓氏来历】

俞姓的来源只有一种说法。相传很早以前，中国的杏林之祖俞跗跟神农学尝百草，后来自己能熟知各种药草性能，因此被视为神医。有一次，黄帝的小儿子禺阳病了，而且很严重，黄帝请俞跗去治疗，可等他到了之后禺阳也快断气了。黄帝深爱此子，见状十分悲痛。跗就剖开禺阳的肚子，将其内脏清洗干净，最终使禺阳起死回生。

后来有人问他："快死的人了，你剖开他肚子，万一救不活那不是要承担罪责吗？"俞跗却说："医生的首要条件，就是忘掉自己，只有忘掉自己，才能把心放在患者身上。"由于他医术高超，治什么病都能痊愈，人们就叫他愈跗。"俞"与"愈"同音，后来又称他为俞跗，他的后人就以俞为姓，就是俞氏。

【姓氏分布】

俞姓发源于五千年以前的黄帝时代，后又有春秋时郑国、楚国公族加入俞姓。在隋唐之际或隋唐以前，俞姓曾长期生活在今山西、河南、河北、湖北等省；宋代以后，俞姓主要分布在今浙江、安徽、江西等地；明初，俞姓作为明朝洪洞大槐树迁民姓氏之一，被分迁于陕西、甘肃、河北、天津等地；到了清代，俞姓仍以华东之地为众。如今，俞姓在全国分布甚广，主要分布在安徽、浙江、江苏等省。

【姓氏名人】

俞桂：字晞郄，仁和（今浙江省杭州）人，宋代官吏、诗人。曾驻守海滨，平时也不忘吟诗作赋。著有《渔溪诗稿》2 卷、《渔溪乙稿》1 卷。

俞琰：字玉吾，号全阳子、林屋山人、石涧道人，吴郡（今江苏省苏州）人，宋末元初著名思想家、文学家。以辞赋闻名，精通《周易》，著有《易外别传》《阴符经注》《周易集说》《易图纂要》《席上腐谈》《书斋夜话》《林屋山人集》等。

俞山：初名墓，字积之，号梅庄，秀水（今浙江嘉兴）人，明代大臣。工于诗，善大篆，亦精墨梅。作品有《梅庄集》。

俞樾：字荫甫，自号曲园居士，浙江德清人，清代著名学者。道光年间进士，历任翰林院编修、河南学政。罢职后，一意治经。著有《宾萌集》《诸子平议》《群经平议》《茶香室丛钞》《春在堂诗编》等。

俞宗礼：字人仪，号凡在，一作东凡，今江苏苏州人，清代著名画家。俞宗礼工于山水及写真，尤善白描人物，笔墨精细，有“龙眼复生”的美誉。

【国学小百科】

娄坑俞氏家庙

俞氏家庙位于浙江三门县珠岙镇娄坑村。娄坑俞氏家庙整座建筑占地近2亩，坐西朝东，前面有小溪，后面有大山；洁白的墙面，黝黑的青瓦，鳞次栉比的兽脊飞檐和翘角，错落有层的九檐马头墙，显得十分宏伟壮观。

俞氏家庙建于明初，经明清时期多次重修，原来的宋式建筑风格基本保持不变，明清建筑风格在俞氏庙家也历历清晰遗留。

家庙里面高悬的清初匾额“理学名家”“祖孙进士”“兄弟元魁”，向人们展示着俞氏家族的显耀和文化底蕴的深厚。家庙里立有明代“宁海娄杨俞氏祠堂记”已经模糊不清了。

俞氏家庙的宋式建筑风格各地少见，具有浓郁的地域特色和乡土气息，对研究我国古建筑艺术、工艺美术、民俗民风都有重要的价值。

【相关链接】

俞伯牙绝弦

“绝弦”这个典故源自《吕氏春秋·本味》，表示失去知音的意思。

传说在春秋战国时期，楚国有一位名叫俞伯牙的乐师，他技艺精干，所弹奏的琴声优美动听。有一次，俞伯牙手抚琴弦，用歌声抒发自己志在泰山的情怀。当时途经此地的钟子期听后，大声赞叹道：“你弹的琴音嘹亮激越，又高又大，仿佛像攀登巍峨的高山。”俞伯牙又变化了琴声，用琴声表达自己志在流水的意向。钟子期又说：“好啊！你弹的琴声回旋跌宕，仿佛面临着滔滔江水。”两人一见如故，从此成为知己。

有一天，俞伯牙和钟子期相约来到泰山脚下游玩，突然下起倾盆大雨，两人只好躲到岩石下避雨。面对着阴云密布的天空，俞伯牙感到特别压抑，联想到自己功名未就，便拿起琴弹奏起来。先弹霖雨之曲，后来又奏山崩之音。曲子弹完后，钟子期就说出了他所弹琴之意。俞伯牙叹息地说：“你既听出了我的心意，又能想象出我心中所思之物，不愧是我的知音呀！”

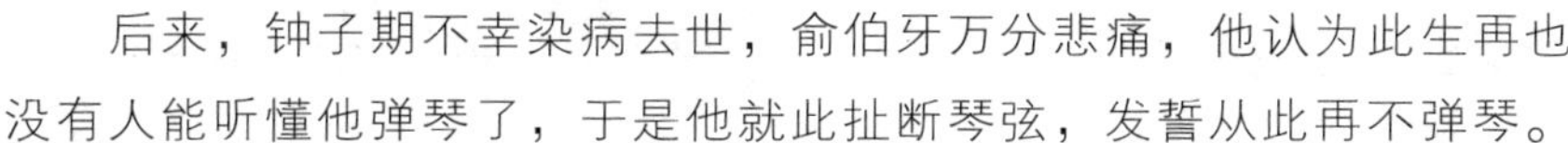

后来，钟子期不幸染病去世，俞伯牙万分悲痛，他认为此生再也没有人能听懂他弹琴了，于是他就此扯断琴弦，发誓从此再不弹琴。

袁

【姓氏来历】

袁姓溯源主要是以祖辈名字为姓氏，是从陈姓中分化出来的分支，源于妫姓。周初，周武王仿效尧以二女嫁舜的做法，把大女儿嫁给舜的后人胡公妫满，并封为陈侯，就是陈姓。陈胡公的第九世孙名诸，字伯爰。伯爰的孙子爰涛涂被封在阳夏，他以祖父名字为姓，后代就是爰氏。古时爰、袁、援、辕等字同音，上古时同音通用，到了汉代，多以袁为姓，爰、辕反倒少见了。

【姓氏分布】

袁姓早期主要是在其发源地河南发展繁衍，其发展中心为陈郡，尤其是汝南。秦汉时期袁姓传播到江苏、山西、河北、陕西等部分地区；南宋以前，已有袁氏徙居福建；清代福建、广东地区的袁姓陆续有人移居台湾地区及新加坡、印尼等国家。如今，袁姓在全国分布广泛，尤以河南、河北、四川、江苏、江西、浙江等省多此姓。

【姓氏名人】

袁山松：字桥孙，陈郡阳夏（今河南太康）人，西晋吴郡太守。他性情秀远，擅长音乐，其歌《行路难》，听者无不落泪，与羊昙之唱乐、桓伊之挽歌，并称“三绝”。著有《后汉书》百篇，今遗失。

袁江：字文涛。江都（今江苏扬州）人，清朝著名画家。工画山水、楼台，景物曲折有致，笔墨严整。代表作有《东园胜概图》《汉宫秋月图》等。

袁枚：字子才，号简斋，晚年自号苍山居士，钱塘（今浙江杭州）人，清代著名文学家。著有《随园诗话》《小仓山房集》《随园随笔》等书，散文代表作《祭妹文》，哀婉真挚，流传至今。

袁世凯：字慰庭，号容庵，是中国近代史上赫赫有名的北洋军阀鼻祖、中华民国大总统，风云一时，叱咤中国政坛。1915 年 12 月袁世凯宣布恢复帝制，建立中华帝国，并改元洪宪。1916 年 6 月 6 日，袁世凯因尿毒症不治，死于北京，时年 57 岁。同年 8 月 24 日正式归葬于河南安阳。

袁隆平：江西省九江市德安县人。我国杂交水稻研究创始人，被誉为“米神”“杂交水稻之父”“当代神农”等。

【国学小百科】

外姓不能入家谱

在家谱中有一个编修的规定，那就是外姓领养的人是不能入家谱的。但过继的人生儿育女后，同样会形成家族延续。数代繁衍之后，人丁兴旺了，这时就要修改家谱。如果无法恢复本姓又不愿仅以过继之姓修谱，就只好将本姓与过继之姓一起列入家谱名称，结果便形成了二姓合谱。

明清时修的《袁朱宗谱》就是这样形成的，始祖朱梓本来姓袁，后过继给朱姓。等到五世之后，朱梓的子孙修谱时想恢复袁姓，于是就上书明太祖朱元璋，请求允许认祖归宗，最终遭到朱元璋的拒绝。

于是朱梓的后代修谱时便以袁朱命名家谱，称为《袁朱宗谱》，以表明自己是来源于袁姓的朱姓，其实也就是表明了自己与袁姓的血缘关系。

【相关链接】

同行是冤家

人们都知道“同行是冤家”这句话。其意思是说，从事同一个行业的人往往彼此嫉妒，互相拆台，生怕他人夺了自己饭碗。这句话的出处也与袁姓有关。

据传，塞外的长城脚下有一个村庄，住着两个姓袁的木匠。虽然姓氏相同，却不是一家人。其中一个四十岁左右，另一个五十岁左右。人们管年长的叫作大木匠，岁数小的叫作二木匠。因为他俩是同行，又都姓袁，人们就习惯称他们为“同行袁家。”

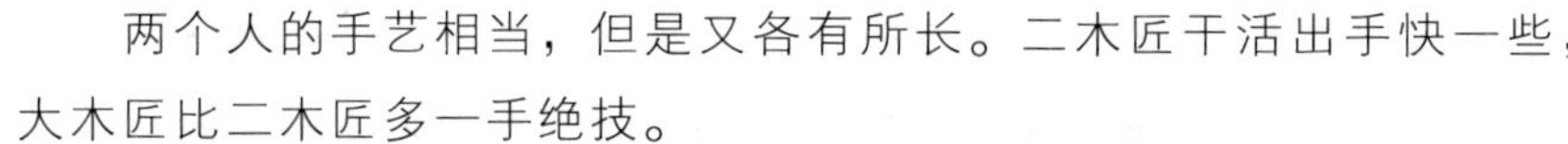

两个人的手艺相当，但是又各有所长。二木匠干活出手快一些，大木匠比二木匠多一手绝技。

当时，农家院里常见一种碾米用的石头工具，叫碾子，而用碾子碾米又少不了碾框子。大木匠做的碾框，大小总是合适，安装也很得法。用他安的碾子碾米，去皮干净米又不碎，人人夸好。二木匠做的碾框就不如大木匠的。二木匠想学会大木匠这手绝活，可是偷看了几次也没学会。后来，二木匠专门拿了礼物去求教大木匠，可大木匠也没有真心教他。

有一次，大木匠被外村人请去安大碾子，傍晚回村时，遇到了一只老虎蹿了过来。大木匠吓得扔下工具就跑。他边跑边喊“救命啊!”正在山里锯树的二木匠和他徒弟们，闻声赶来救下了大木匠。

后来，大木匠吓得大病一场。二木匠不计前嫌，亲自给他请医生、抓药，照顾得挺周到。大木匠病好后，摆了一桌好菜，请二木匠到他家喝酒。酒桌前说了自己过去的不是，并教给二木匠做大碾框的诀窍。从此，两位木匠像亲兄弟一样，互相学习，互相帮助，他俩的手艺更精了。

后来，大木匠的闺女，还嫁给了二木匠的儿子，两人结了亲家，更是亲上加亲。出嫁时，村里有人问：“这闺女嫁给谁了?”知底细的人回答："同行袁家！"由于"袁"和"冤"发音相同，后来这句话传来传去，就成了"同行是冤家"了。

柳

【姓氏来历】

柳姓源于姬姓，为春秋时鲁国展禽之后，以邑名为氏。据《元和姓纂》所载，周公的裔孙鲁孝公的儿子叫展，展的孙子无骇以祖父的名字为姓，称为展氏，后传至无骇的儿子展禽这一代。

据说，有一年冬天，展禽路遇一位冻倒在地的女子，于是他便用自己的身体为其取暖，自己不动一点邪念。所以后人用"坐怀不乱"来形容正人君子。展禽死后，他的门人就给起个谥号"惠"。由于他封邑在柳下，史家称他为"柳下惠"，他的后人便以柳为姓，奉他为柳姓始祖。

【姓氏分布】

柳姓最早的繁衍之地在今河南北部和山东西部一带。秦时，原居鲁国的柳氏后人迁居到河东，子孙世代绵延，终于成了河东的望族；唐时，柳姓已入居四川、广西、福建等地；宋元明时期，柳姓名人多出自江苏、安徽、浙江、福建等南方之地；到了清代，居住在广东及福建之地的柳姓有的迁居到我国台湾及新加坡等地。今日柳姓尤以山东、四川、湖北、湖南等省居多。

【姓氏名人】

柳宗元：字子厚，唐代河东（今山西省永济市）人，著名的文学家和哲学家，为唐宋八大家之一。与韩愈共同倡导唐代古文运动，并称韩柳。尤擅长散文，峭拔矫健，寓意深刻。他一生留诗文作品达600余篇，其文的成就大于诗。传世有《柳河东集》，也称《唐柳先生集》。

柳永：原名三变，字景庄，后改名永，字耆卿，排行第七，又称柳七。崇安（今属福建）人，北宋词人，婉约派创始人。其词作流传极广，“凡有井水饮处，皆能歌柳词”。著有《乐章集》。

柳公权：字诚悬，唐朝京兆华原人，著名书法家。柳公权擅长楷书，结体劲媚，法度谨严。著有《送梨帖跋》《玄秘塔》《金刚经》《神策军碑》。

柳如是：字如是，号河东君，又号蘼芜君，吴江（今属江苏省）人，清初女诗人、画家。其善画，白描花卉，雅秀绝伦，山水石竹，淡墨淋漓。著有《戊寅草》《柳如是诗》等。

【国学小百科】

柳侯祠

柳侯祠坐落在广西壮族自治区柳州市柳侯公园内，是一处拥有三重院落的古代祠堂建筑群，也是人们祭祀和纪念柳宗元的地方。柳宗元忧国忧民，他在任柳州刺史期间，勤政爱民，兴利除弊。在此期间，他免除了百姓的许多债务，开挖水井，种植树木，释放奴婢，推进教育，使柳州地区的经济和文化事业得以迅速发展。

因为柳宗元为百姓做了很多好事，在他死后第三年，即唐代长庆元年，人们便在柳州罗池庙中供奉他的神像。宋徽宗赵佶封柳宗元为文惠侯。从此，柳州罗池庙便被更名为柳侯祠。后来柳侯祠多次被毁，又多次重建。清代雍正年间，人们再度重修了柳侯祠。

柳州柳侯祠主要建筑有大门、中厅、后堂和长廊、碑廊及厢房等。柳侯祠的大门，原来开在祠堂的南面，后在祠堂的东部开了一个旁门，冠以歇山式屋顶，并在月洞门上悬挂了郭沫若题写的“柳侯祠”匾额，东门便成了祠堂的正门。中厅是一座三开间的木结构硬山式建筑物，厅内有两口石。后堂大殿是柳侯祠的主体建筑，也是一座三开间的木结构硬山式顶建筑物。殿内有一尊柳宗元的盘腿坐像。

现在的柳侯祠是按照清代建筑物重建的，祠内陈列有许多文物及史料，反映了柳宗元的生平和政绩。

【相关链接】

吊柳七

北宋词人柳永不仅是个风流才子，还是个屡试不中的文人、常喝常醉的酒鬼，总是出没于烟花柳巷。也正是由于柳永对都市生活、妓女和市民阶层相当熟悉，才写出了那么多生动的词句。都市生活的繁华，妓女们的悲欢离合及男女恋情，自己的愤恨与颓放、离情别绪和羁旅行役的感受，都是其词的重要内容。

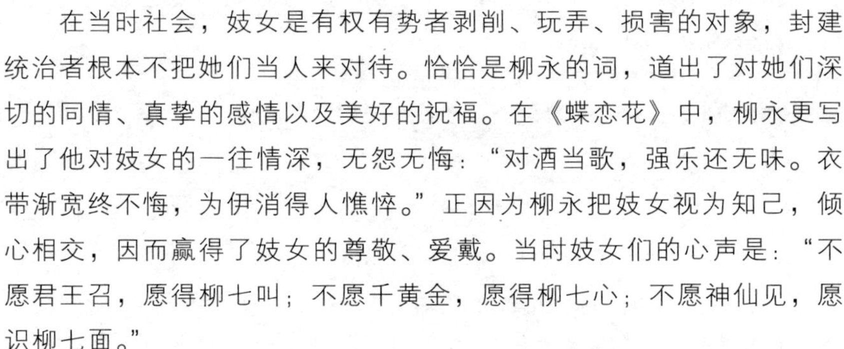

在当时社会，妓女是有权有势者剥削、玩弄、损害的对象，封建统治者根本不把她们当人来对待。恰恰是柳永的词，道出了对她们深切的同情、真挚的感情以及美好的祝福。在《蝶恋花》中，柳永更写出了他对妓女的一往情深，无怨无悔："对酒当歌，强乐还无味。衣带渐宽终不悔，为伊消得人憔悴。"正因为柳永把妓女视为知己，倾心相交，因而赢得了妓女的尊敬、爱戴。当时妓女们的心声是："不愿君王召，愿得柳七叫；不愿千黄金，愿得柳七心；不愿神仙见，愿识柳七面。"

柳永晚年穷困潦倒，死时一贫如洗，是他的歌妓姐妹们集资营葬。"死之日，家无余财，群妓合金葬之"。他死后也没有亲族祭奠，每年清明节，一些歌妓们相约赴其坟地祭扫，并相沿成习，称为"吊柳七"或"吊柳会"。后来的话本还据此传有名篇《众名妓春风吊柳七》，影响深远。

【姓氏来历】

据《唐书·宰相世系表》所载，史姓以官名（世职）为姓氏，出自周太史佚之后。

我国古代即有史官制度，史官在王左右，他的责任是记录帝王的言行和史实，管理宫中典籍。夏、商、周三代称为太史。西周初年，由于继位的成王年幼，因此由周初四圣辅政。即太公、周公、召公、尹佚。太史尹佚为人严正，他不但要完成史官的责任，还要把成王的言行和古代圣贤对照，使成王知道哪是对，哪是错。尹佚被史家称为史官的典范，由于他终身在周任太史，后称史佚。因此他的后人就以官名为姓，就是史氏。

【姓氏分布】

春秋战国时期，史氏相当广泛地分布于全国各地；汉时，史姓繁衍发展到山东、江苏、甘肃、陕西、广西、四川等地；唐五代至宋时，今湖南、浙江、山西、江西、河北等省有史氏；到了明清时期，史氏还分布于今安徽、湖北、福建、广东、云南及海外地区。如今，史姓尤以湖南、山东较多。

【姓氏名人】

史墨：春秋时期晋国大夫，长于天文，熟悉各诸侯国内政。他认为“社稷无常奉，君臣无常位，自古以然”，还提出“物生有两”的辩证法。

史鱼：字子鱼，名佗，卫灵公时任祝史，故称祝佗，春秋时卫国史官，以正直著称。临死时，他还劝卫灵公进贤（蘧伯玉）去佞（弥子瑕），后人称为“尸谏”。他秉笔直书，堪称史家楷模。

史可法：字宪之，又字道邻，祥符（今河南开封）人，明末政治家、军事家，中国民族英雄。顺治二年兵困扬州时，他拒降固守，奋战到底，英勇就义。

史孟麟：字际明，号玉池，宜城人，明朝理学家。他主张以理学为“国本”，以名节相砥砺，同时参与东林书院讲学。著有《望来台记》。

【国学小百科】

《姓氏急就篇》

《姓氏急就篇》是西汉元帝时期黄门令史游所撰。原来是 32 章，后2章《齐国》《山阳》为后汉人所加，故今本为34章。

汉代是我国姓氏体系基本确定的重要时期，姓氏学研究已经取得了一定的成就，如《史记》一书就曾记有大量关于姓氏的资料。史游作为汉元帝时黄门令，为了适应朝野姓氏文化的需求，特撰写了《姓氏急就篇》。书中所列姓氏130个，共2016字，除开头六句开场白外，余下皆以“三言诗”的形式编排汉代百家姓。

《姓氏急就篇》中的姓氏大都收入了宋代编撰的《百家姓》中，是我国第一部“姓名三字经”，对宋代《百家姓》影响深远。

【相关链接】

史鱼尸谏卫灵公

弥子瑕是卫国的一名美男子。他在卫灵公身边为臣，为人很机灵，深得卫灵公的喜欢。因此卫灵公常任其为所欲为，闹得朝野群臣怨声载道。担任史官的史鱼看不过去了，他曾多次冒死劝谏，请求卫灵公不要太宠爱弥子瑕，但灵公始终不愿听从。

史鱼见劝谏无功，感到心灰意冷。他在临死的时候把儿子叫到身边，悲伤地说：“我死后，先不要把我的尸体装棺盛殓，最好放在窗户之下陈设几天再作处置。”史鱼死后，儿子便按照父亲的遗言，将尸体放在了窗户下面。

后来，卫灵公听说史鱼已死的消息后十分悲痛，便匆匆前去吊唁。当他看见史鱼的尸体摆在窗户下时，感到很奇怪，便问史鱼的儿子到底是什么原因。史鱼的儿子回答说：“我父亲临死前一再叮嘱我：‘我活着的时候没有能够匡扶君主，除暴安良，死了以后就没有理由按照礼制安葬。’”

卫灵公听后，明白了史鱼以曝尸窗下劝谏的良苦用心。从此以后，他开始疏远弥子瑕。这之后，卫国的政治更加清明，国泰民安，为时人所称赞。这就是为后人所称道的“尸谏”的故事。

唐

【姓氏来历】

据《姓源》所载，唐姓是以国名为姓，是圣君帝尧的后代。传说上古时帝喾有 4 个孩子。元妃姜源生神农后稷，次妃庆都生圣帝尧，三妃简秋生商族始祖契，四妃常仪生挚。喾去世后挚继位，因其荒淫无度，九年后被各路诸侯废掉。诸侯共举年仅 18 岁的尧继位，据说他做了一百年天子，后来禅位给舜。尧死后，舜封他的儿子丹朱为唐侯。此后，这一侯国累世相传，经历夏商两代，直到西周初年才被周公灭掉。从此，唐侯的裔孙中开始有人以唐为姓。

【姓氏分布】

唐姓发源于陕西、山西、豫鲁（今河南、山东）、湖北。汉时，唐姓分布于江苏、安徽、甘肃、山西等地；南北朝时期唐姓已相当广泛地分布于大江南北的许多地方；唐朝时有河南固始唐姓移居福建；宋代有晋昌唐姓随宋室南渡，定居江西、广东、广西等地；到了清代，福建、广东的唐姓有移居至台湾及海外。如今，唐姓尤以四川、湖南、贵州、山东、安徽、广西等省区居多。

【姓氏名人】

唐举：战国时期梁国（今陕西韩城南）人，相术家，以善相术著名。相人之形状、颜色而知其吉凶、妖祥。

唐慎微：字审元，蜀州晋阳（今四川崇庆）人，宋代著名医药学家。编有《经史证类备急本草》，总结了宋以前的药物学成就，流传很广。

唐赛儿：蒲台县西关（今滨州市蒲城乡）人，明末山东农民起义军女首领。

唐英：字隽公、叔子，号蜗寄居士，奉天（今辽宁）人，清代戏曲作家、陶瓷家。擅作戏曲，能诗工书，善画山水人物。著有杂剧《转天心》《面缸笑》《十字坡》等 17 种，合为《古柏堂传奇》。

【国学小百科】

唐姓祠堂为何又叫晋祠

周公灭唐后，把周成王的弟弟叔虞封于唐，改封原唐侯的直系子孙于杜（今陕西西安东），这支唐姓人从此又被称为唐杜氏。而叔虞封唐后被称为唐叔虞，他的嫡长子后来又被移封于晋。位于山西太原市悬瓮山麓的晋祠就是怀念、奉祀第一代晋王唐叔虞的祠堂，它也就是唐姓的起始祠堂，也是中华唐氏的总祠堂。

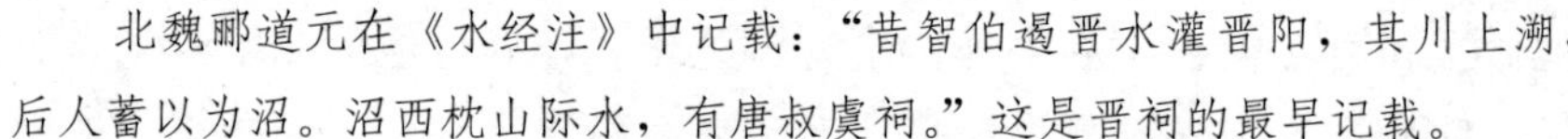

北魏郦道元在《水经注》中记载："昔智伯遏晋水灌晋阳，其川上溯，后人蓄以为沼。沼西枕山际水，有唐叔虞祠。"这是晋祠的最早记载。

在漫长的岁月中，晋祠经过多次重修和扩建，面貌不断改观。尽管如此，晋祠仍然是万变不离其宗；它是基于唐叔虞祠文化发展、丰富起来的，包含多种文化内蕴，折射着华夏古今文明。

【相关链接】

唐赛儿起义

明朝初期，明成祖朱棣从南京迁都至北京，大修宫殿，后又组织人力，南粮北调，还开挖运河，先后在山东征调数十万民夫，农民徭役负担沉重，怨声载道。

山东蒲台人林三之妻唐赛儿以白莲教为名义，自称“佛母”，秘密往来于益都、诸城、安丘、莒州、即墨、寿光等州县，借传白莲教发动群众，组织起义力量。

永乐十八年二月，唐赛儿与刘信、宾鸿、董彦升等率数百人起义，占据益都的卸石棚寨，迅速发展至数万人。明成祖朱棣闻讯，派人去诱降唐赛儿，唐赛儿怒斩来使。明成祖被拒绝之后，任命安远侯柳升为总兵官，与都指挥史刘忠领兵去镇压。

唐赛儿足智多谋，夜袭敌营，杀了刘忠，突围而走。明政府再次增重兵镇压。因势力悬殊，起义最终失败。此次起义 4000 多义军被俘遇害，唐赛儿等人得以逃脱，后不知所踪。后来，当地人民为了纪念她，称卸石棚寨为唐赛寨。人们还在她的故乡旧址蒲湖主岛上建了“唐赛儿纪念祠”，并在附近的滨州黄河大桥北端建立她的戎装塑像。

薛

【姓氏来历】

据《元和姓纂》记载，薛姓以国名为氏，源于任姓。任姓为我国较古老的姓氏。相传黄帝的小儿子禺阳封在任国，得任姓，他的十二世孙奚仲在夏禹时任车正，被封为薛侯，定都于薛（今山东滕州）。商汤时，奚仲的十二世孙薛侯仲虺在任左相。商末时，周伯季历娶薛侯女儿大任为妻，生下姬昌，就是周文王。后来薛被楚国吞并，失国的薛侯子孙便以国为姓。

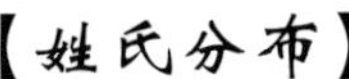

【姓氏分布】

薛姓发源于今山东，后又迁至江苏邳州。战国时薛氏已播迁于今湖北、湖南、江苏、河南、河北省境内；三国时已有薛姓徙居今甘肃境内；西晋末年出现永嘉之乱，中原薛姓随晋室南渡，河东人薛推迁至江南及福建晋安；唐宋时期，福建薛姓又分衍出广东海阳、五华、兴宁、梅州等支派；到了清代，福建及广东的薛姓陆续有迁入台湾及海外地区。如今，薛姓分布以江苏、山西、河北、福建等省为多。

【姓氏名人】

薛道衡：字玄卿，蒲州汾阴（今山西万荣）人，隋代名臣、著名诗人。其诗词藻华艳，多数边塞诗比较雄壮。《昔昔盐》中的“空梁落燕泥”句，为后人广为传诵。

薛仁贵：唐朝名将，善于骑射。唐太宗时，应募从军，多次立战功，后又率军大败突厥于天山，军中有“将军三箭定天山”的赞歌。

薛稷：字嗣通，蒲州汾阴（今山西万荣）人，唐朝大臣、书法家。他善画人物、鸟兽。他与欧阳询、虞世南、褚遂良并称“唐初书法四大家”。

薛涛：字洪度，唐朝长安（今陕西省西安市）人，著名女诗人。因为从小家贫，沦为歌妓，善歌舞，工诗词。创制深红小笺写诗，人称“薛涛笺”。其代表作有《锦江集》，共5卷，诗500余首，但未有流传。

【国学小百科】

薛姓宗祠五言通用联

薛姓宗祠有一个很有名的五言通用联——翔河东之凤，尊关西之师。

上联是指唐代天策府记室参军薛收，他从小受家庭的熏陶和教育，孝于父母，刻苦治学，在12岁时就能写得一手好文章，后与他的两个侄子薛德音、薛元敬并称“河东三凤”。历官秦王府主簿、天策府记室参军，随秦王李世民平定刘黑闼有功，封汾阳县南，曾上书谏阻秦王攻猎。后来薛收死后，李世民还痛哭一场，又给他的族兄薛元敬去信表示慰抚，遣使吊祭，赠帛300段。

下联是指隋代名官薛道衡，也就是薛收的父亲。薛道衡先后在北齐、北周做官。归附隋朝后，官至司隶大夫，主管台湾省，后为炀帝所杀。他和卢思道齐名，在隋代诗人中艺术成就最高。有集30卷，已佚。

【相关链接】

薛综字谜讽张奉

三国时期，西蜀使者张奉有一次到东吴访问。张奉为了显示自己的才能，以压倒东吴诸臣，在招待宴会上当着孙权的面，拿吴尚书阚泽的姓名开玩笑，嘲戏阚泽。阚泽为人性格温厚，一时不知如何应对，甚是尴尬。

看着张奉一副得意的样子，气坏了吴国的五官中郎薛综。薛综为人机敏，善于辞令。只见他手拿酒杯来到张奉面前，对张奉说：“蜀者，何也？有犬为独，无犬为蜀，横目苟身，虫入其腹。”其实这是一则“蜀”字谜。薛综从字形上离合了“蜀”字，即“横目苟身，虫入其腹”，而且还把“蜀”字同犬字联系在一起，“有犬为独，无犬为蜀”，借此来嘲讽蜀国使臣张奉。

张奉听出了他的意思，生气地问道：“那么你们吴国的‘吴’又怎样解释呢?”宴会上所有吴国大臣都替薛综捏了一把汗。可是薛综却不慌不忙地答道：“无口为大，天口为吴。君临万邦，天子之都。”他通过增减“吴”字的笔画，将“吴”字解释得十分的完美。

这时连孙权也忍不住叫起好来，张奉却窘迫得无言以对。这样，薛综以两则字谜成功地制服了张奉。

雷

【姓氏来历】

据史料记载，雷姓是以部落名为姓，源于上古黄帝时期。传说上古有个部落叫方雷氏，方雷氏首领的女儿便是黄帝的第二个妃子，后来生下儿子青阳氏。当时方雷氏的首领人称其为雷公。他是个名医，深通医道，是我国古代医学之祖。他的后人即以部落名为姓，就是雷氏。

另据《元和姓纂》所载，雷姓以国名为氏，源自炎帝神农氏的九世孙方雷之后。传说方雷氏因屡获战功被黄帝封于方山（今河南省中北部一带），后建立诸侯国。其后人就以国名为氏，为方雷氏。后又分为两支，一支姓方氏，一支姓雷氏。

【姓氏分布】

雷姓最初在中原繁衍发展。汉时，雷姓迁居于江西、湖北、四川等地；魏晋南北朝时期，雷姓在南北方都有新的发展；唐宋以后，雷姓分布更加广泛，如内蒙古、广东、陕西等省均有雷姓；明初，雷姓作为明朝洪洞大槐树迁民姓氏之一，被分迁于陕西、甘肃、河南、河北等地；到了清代，雷姓分布更为广泛，而且有部分人移居海外。如今，雷姓尤以四川、湖北、陕西等省居多。

【姓氏名人】

雷敩：南朝著名药物学家，以著《雷公炮炙论》而著称。其中有的制药法，至今仍被沿用。还著有《论合药分剂料理法则》等。

雷万春：唐朝张巡偏将。安禄山部将围攻雍丘时，他在城上面中六箭，坚守不动。后随张巡守睢阳（属今河南商丘），坚守不屈。城陷后，与张巡同时遇害。

雷锋：原名雷正兴，湖南省长沙人，伟大的共产主义战士。在辽宁抚顺服役时，荣立过二、三等功各一次。1962 年 8 月 15 日因公殉职，年仅 22 岁。

【国学小百科】

宗族公产

家谱中有一项很重要的内容，那就是宗族公产。宗族公产是全体族人共同拥有的集体财产，其所有权、经营情况、使用情况与全体族人的利益有着十分密切的关系。

宗族公产对宗族的日常运作有着重要的影响，宗族生活中最重要的内容如家谱的纂修、宗祠的修造、祭祖仪式的举行都需要财力的投入，宗族公产则为这些宗族活动提供了稳定的经济支持。

宗族公产的另一重要作用是对贫苦族人提供一定的经济帮助，这是宗族凝聚人心的重要手段之一，这样可以有效地避免族人因为贫富分化而产生对立局面。可以说，族产是宗族实现敦宗睦族目标的物质保障。正因为如此，家谱对族产的记载是非常详细的，如记载族产的规模、用途及族产的管理办法。

此外，为了防范随着时间推移而造成族产所有权不清等纠纷的产生，家谱中还收录了各类与族产相关的文书，以备日后用以维护宗族公产。

最早建立宗族公产的是范仲淹，宋仁宗皇祐二年，范仲淹任杭州知府时，将官俸收入购买千亩良田，建立了范氏义庄，为所有在苏州原籍的族人提供生活补贴。继范氏义庄之后，各个宗族相继建立起了自己的宗族公产。

【相关链接】

陈雷胶漆

东汉年间豫章郡（今江西南昌）有两位品德高尚、舍己为人的君子，一个叫陈重，一个叫雷义。两人为至交密友，当时人们称赞道："胶漆自谓坚，不如雷与陈。"

年轻时陈重与雷义二人一起研读《鲁诗》《颜氏春秋》等经书，后来两个人又一起去参加考试。结果雷义考上了，陈重却没考上。雷义心想："陈重的学问比我好，居然没有考上，真是太可惜了！"于是雷义要把这次机会让给陈重，但掌管考试的官员不批准。雷义就假装发狂，披头散发在街上替陈重奔走呼吁，而不去应命就职。

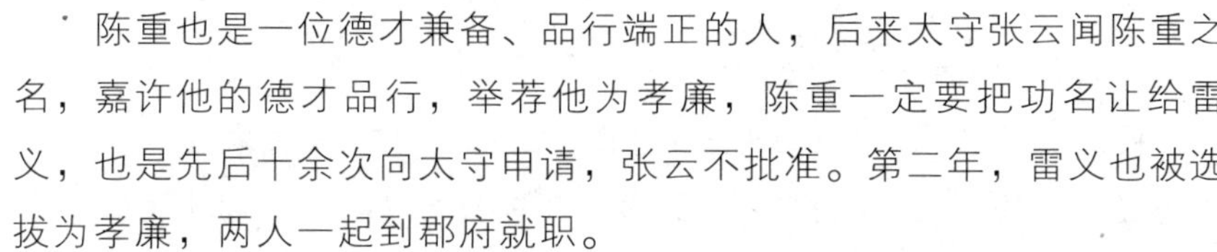

陈重也是一位德才兼备、品行端正的人，后来太守张云闻陈重之名，嘉许他的德才品行，举荐他为孝廉，陈重一定要把功名让给雷义，也是先后十余次向太守申请，张云不批准。第二年，雷义也被选拔为孝廉，两人一起到郡府就职。

两个人很开心能在一起工作，感情变得自然更好！周围的人看他们的感情这么好，都说："胶和漆凝聚在一起很坚固，不过还是比不上雷义和陈重的深厚友谊呀！"后来，人们就把"陈雷胶漆"用来比喻彼此友情极为深厚。

倪

【姓氏来历】

倪姓以国名为姓，为黄帝后裔郳武公次子之后。据《通志》载，春秋时期，郳武公将次子肥封于郳（今山东省滕州境内），建立了郳国，为郳国附庸。子孙以国名为姓，称为郳氏。春秋战国时郳国被楚国所灭，亡国后子孙为避仇便改"郳"为"倪"。

【姓氏分布】

现在，山东省的滕州和枣庄两地都有叫作郳城的地方。根据考证，这两处地方是倪姓的最初发源地。战国时，有倪姓人在河南落籍；两汉时，倪姓繁衍于山东、安徽一带；隋唐之际，倪姓在北方的分布渐广，今河北、河南、山西等境均有倪姓；宋时，倪姓渐分衍于湖北、广东、广西等地；明初，倪姓作为明朝洪洞大槐树迁民姓氏之一，被分迁于今山东、河南、安徽等地；清代，广东、福建两地倪姓迁居到海外。如今，倪姓尤以江苏、湖北等省为多。

【姓氏名人】

倪良：战国时代的军事家，曾统领六国军队。幼年时家境贫寒，每次去田里劳动时，总是把《五经》挂在锄钩上，有空即读，后来“带经而锄”的故事广为流传。

倪思：字正甫，湖州归安（今浙江吴兴）人，宋朝学者。干道二年中进士，历任礼部侍郎、礼部尚书，以直谏著称。此人博学多才，著有《兼山集》《齐山甲乙稿》等。

倪瓒：初名“珽”，字泰宇，后字元镇，号云林，元代画家、诗人。他的诗文造语自然秀拔，清隽淡雅，不雕琢。著有《清閟阁集》15 卷。

倪元璐：字玉汝，号鸿宝，浙江上虞人，是明代的忠臣。能诗文，工行草，善画山水竹石。为人正直廉明，不畏强权，官至户部尚书。李自成攻陷京城时，自缢而亡，谥文正，清代时追谥文贞。有《倪文贞集》传世。

倪稻孙：字米楼，仁和（今浙江杭州）人，清代书画家、词家。少年时工于填词，游吴公之门，名播吴越。精篆隶，善画兰，笔疏墨淡，饶有逸情。

【国学小百科】

倪姓宗祠七言通用联

倪姓宗祠较为出名的七言通用联有：威震鄂湘三千里，名列元末四大家。

上联是指元末南方红巾军将领倪文俊。此人本是一个渔民，后跟随徐寿辉起义，时任元帅。1355年，他大破元威顺王宽彻普化水军于汉川（今湖北汉川市），连克湖北许多州县。1356年，他迎徐寿辉于汉阳（今武汉市）重建天完政权，自任丞相，后率军进攻湖南，获得胜利。太平二年，谋杀徐寿辉未果，后被其部将陈友谅杀害。

下联典出元末画家倪瓒，他生活于战乱的社会环境中，想逃避现实，放弃田园产业，过着漫游生活。“照夜风灯人独宿，打窗江雨鹤相依”，便是他生活的写照。他的画简中寓繁，似嫩实苍，于水墨山水有新的发展。与黄公望、王蒙、吴镇并称“元末四大家”。

【相关链接】

有洁癖的倪瓒

倪瓒家族在当时的吴中是有名的富户，但倪瓒自己却不愿管理生产，自称“懒瓒”，又号“倪迂”。他爱洁成癖又性情孤僻，“性好洁，服巾日洗数次，屋前后树木也常洗拭”。由于他有严重的洁癖，还发生过很多有趣的事。

有一次，他有一个远道的朋友来看他。当时天色已晚，倪瓒留朋友在家里住宿，但倪瓒怕他不干净，一夜之间，来回巡视了五六次。就在他快睡着时，忽然听到隔壁的朋友咳嗽了一声，于是担心得整晚都睡不着。等到第二天清晨朋友走了后，他忙叫仆人去寻找吐痰的痕迹。可是仆人们找遍了整个房间，也找不出那位先生吐痰的痕迹。可是仆人们怕倪瓒生气骂人，只好找了一张废纸，稍微有点脏的痕迹，拿给倪瓒看说找到了。倪瓒便立刻蒙住鼻子，闭上眼睛，叫仆人把这张纸丢得远远的。

还有一次，倪瓒与朋友一起谈论诗文，其间他想泡茶招待朋友，就派仆人去挑远在山里的七宝泉泉水。那仆人辛辛苦苦从山里挑来两桶泉水，准备给倪瓒煎茶。谁知他上去只取前桶水来煎茶，却用后桶水来洗脚。朋友不明所以。

倪瓒这样说：“前桶水不会碰上什么不干净的东西，所以我用来煎茶。但后桶水说不定就会被挑担人的屁所污染了，所以我只用来洗脚。”

汤

【姓氏来历】

商汤是殷商的开国之主成汤拥有天下之后的号。据《通志·氏族略》所载，成汤，帝喾之子契的十四世孙，姓子，名履，又名天乙。他是夏朝末年商族部落的首领，他本是夏朝的方伯（专管征伐之事的一职位）。

夏朝末期，帝桀为君，残暴无道，国内日趋动荡不安，履见其形势，便产生了代夏之心。后来他与另一强大部落有莘氏联合灭夏，把夏桀放逐到南巢（今安徽省巢县西南），这样，履就建立了中国历史上第二个奴隶制国家——商朝，定都于亳（今河南商丘）。之后，其后代子孙有一支为纪念这位开国君主，就以其谥号命氏，称为汤姓，奉成汤为汤姓得姓始祖。

【姓氏分布】

汤姓最早发源地是今河南省境内。秦汉时期，汤姓尤以河北一带繁衍发展较快；魏晋南北朝时，由于战乱，汤姓主要向东、南两个方向避乱；唐末五代时，中原汤姓再度南迁到湖南、江苏、浙江等地；宋代以后，汤姓分布于江苏、安徽、浙江、湖南等地；明代，汤姓作为大槐树移民姓氏之一，分迁于河北、山东、陕西、湖北等地；清代，广东汤姓陆续有人入居台湾及东南亚一带。今日汤姓主要分布在湖南、江苏、福建等地。

【姓氏名人】

汤正仲：字叔雅，号闲庵，黄岩（今浙江黄岩）人，宋代著名画家。善画梅、竹、松、石，清雅如傅粉之色。其作品别具新意，享誉画坛。其代表作品有《梅鹊图》《霜入千林图》等。

汤世树：江苏省武进人，清代诗书画家。书学米芾，题识精美，写生鲜丽，为江南赋色家一大宗，时称“三绝”。

汤天池：名鹏，江苏溧水人，清代铁画家。铁画是用铁铸成线条，再焊接而成的一种美术作品。主要是借鉴国画的水墨、章法、布局，线条简明有力，苍劲古朴。相传，他受邻居萧云从的影响比较大，是铁画的鼻祖。

【国学小百科】

字辈谱

在所有的家谱中，内容不管如何简略，但一定会有字辈谱。字辈谱也称行辈字、排行、派语、派行诗等。

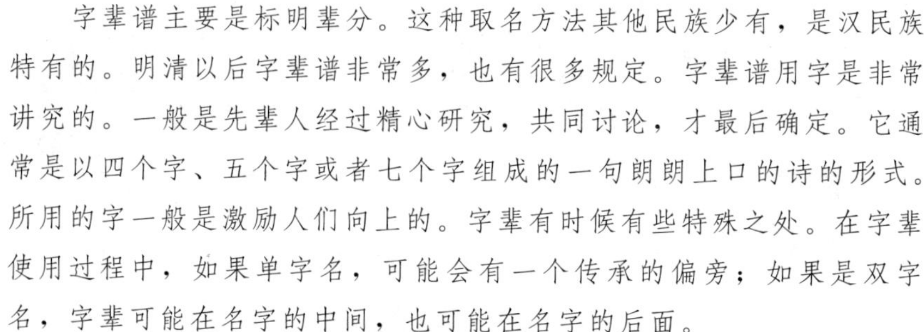

字辈谱主要是标明辈分。这种取名方法其他民族少有，是汉民族特有的。明清以后字辈谱非常多，也有很多规定。字辈谱用字是非常讲究的。一般是先辈人经过精心研究，共同讨论，才最后确定。它通常是以四个字、五个字或者七个字组成的一句朗朗上口的诗的形式。所用的字一般是激励人们向上的。字辈有时候有些特殊之处。在字辈使用过程中，如果单字名，可能会有一个传承的偏旁；如果是双字名，字辈可能在名字的中间，也可能在名字的后面。

字辈谱一辈一字，世代分明地传承下去。即使家族分迁，散居各方，或年代久远，支派浩繁，世系庞杂，只要按字辈谱取名，就可保证同宗血脉不致紊乱。

通过字辈排行，人们还可以知道相互之间的辈分关系，互相称呼也不会出现失礼的情况。因为，随着家族繁衍，长幼关系并不是可以简单地以年龄为标识的，民间所谓“白胡子孙子摇篮爷”的说法，正是这种情况的客观反映。字辈排行作为一种身份的标识是有其存在价值的。

【相关链接】

汤王求雨

据说商朝刚刚建立不久，亳州大旱，人们用了各种各样的求雨办法都无济于事。当时朝廷里有一位会算命的卜官，他为求雨算了一卦，然后对汤王说应当用人作为祭品，这样老天才会赐雨。汤王听了后，长叹一声说：“求雨本是救万民于干旱的灾难中，如果还要为这件事杀人，那岂不是天大的罪过。”后来，他断然说：“如果一定要这样做，那就让我来吧！”

于是卜官选了一吉日，到了那天，汤王经过沐浴，剪掉头发和指甲，身穿一件白色粗布衣裳，跪在神台前祈求：“老天呀，我是王，是万民之首，所有过都应该由我来承担，请神不要降罪于万民……”

汤王说完，卜官搀扶着他走上了柴堆上，以示求雨。百姓跪在柴堆周围望着这位圣君的身影，个个泪如雨下。点火的时候到了，卜官把柴堆点着了，汤王便置身于火焰之中。正在这时，天空忽然电闪雷鸣，下起了大雨。于是人们在欢呼中把汤王从柴堆上扶了下来，送回宫中。

这就是“汤王求雨”的故事。

【姓氏来历】

罗姓其中最重要的一支出自妘姓，是颛顼帝之孙祝融氏之后裔。祝融是帝喾时期的火官（掌管民事），因他有功，能光融天下，帝喾便命他为祝融，被后人称为“火神”。祝融的后裔分为八姓，即己、董、彭、秃、妘、曹、斟、芈等，史称“祝融八姓”。周朝时，有子孙被封在宜城（今湖北省宜城市），称为罗国。后来，罗国被楚国所灭，祝融子孙逐渐向南迁移，为不忘亡国之恨，遂以原国名为姓，尊颛顼为罗姓始祖。

【姓氏分布】

罗姓最早起源于我国中原地区。唐时，罗姓迁居到江西、广东两省；元明时期，罗姓迁往到四川、贵州等地；隋唐时期，罗姓分布于今山西、河北、安徽、江苏等地；清代开始，居住在广东及福建等地的罗姓，迁居到台湾地区及印尼等国家。如今，罗姓主要分布地区在四川、广东、湖南、江西、贵州和湖北等省。

【姓氏名人】

罗贯中：名本，以字行，号湖海散人，元末太原人，是中国章回小说的鼻祖。《三国演义》为其代表作。

罗聘：字遁夫，号两峰，安徽歙县人，清代著名画家。其笔调奇创，超逸不群，别具一格，为“扬州八怪”之一。其子允绍、允缵，均善画梅，人称“罗家梅派”。

罗瑞卿：四川省南充人，是中国人民解放军早期著名领导人之一，多次参加并领导著名战役，战功卓著，中华人民共和国成立后被授予“大将”军衔。

罗荣桓：原名慎镇，字雅怀，湖南衡山寒水乡南湾村（今湖南衡东）人，著名的军事家、政治家。他是中华人民共和国元帅之一，是中国人民解放军创建人和领导人之一。

【国学小百科】

豫章郡

豫章，本来是树名。豫是枕木，章是樟树，都是高大而坚实的巨树。或许正由于豫、章二树的高大坚实，古人在很早就已经拿它来作为地名。

豫章在今江西南昌。长沙为罗姓旧望，是古罗国灭亡后罗姓人聚居地，因时代久远，其早期家族发展情况已无迹可寻。豫章罗氏是由长沙罗氏发展出来的分支，在南北朝时期逐渐发展成江西大姓，影响也超过了长沙罗氏。

豫章郡始置于汉朝初年，当时秦武陵令罗君用（长沙人）的遗孤罗珠任治粟内史，后奉命镇守九江郡，在那里建筑一座城堡，环周十里，开辟六门，并在城沟内种植豫章树，此后把家眷迁此居住，罗珠便成了豫章郡望的罗姓鼻祖。宋时，豫章罗郡是显姓望族，人才辈出，为官四方，所以天下罗姓人公认出自豫章。

【相关链接】

罗祖——理发行业的祖师

我国在很久以前并没有“理发”一词，古人认为“发”受之于父母，不能随便剃除。故当时男女都留长发，只是盘发的方式不同。到了汉代，才有了以理发为职业的工匠。

每个行业都有自己信奉的祖师，理发行业也一样。清代纪昀在《乌鲁木齐杂记》中说：“剃工所奉神曰罗祖，每赛会，剃工皆赴祠前。”从中可知理发行业的祖师为罗祖。

罗祖也称“罗真人”。相传，清世宗患头疮，给皇上整理头发的太监常常因梳理时触及其头痛处而被处死。罗祖听说这件事之后，就自荐为清世宗理发。他在理发时手法轻妙，毫无疼痛感，并医治好了世宗的头疮。后来，太监们为感谢罗祖的救命之恩，就尊奉他为行业保护神和祖师。

旧历七月十三是罗祖的诞辰日，理发业都会举行庞大的盛会。另外，由于修脚工具与理发工具很相似，故而旧时修脚业也将罗祖供奉为祖师。

毕

【姓氏来历】

毕姓的始祖是周文王 15 子毕公高。据《左传》所载，商朝末年，周文王 15 子名高，随周武王一起伐商，立了不少大功。西周建立后，他负责处理被商纣王关押的犯人。他采取了宽大政策，平反了不少冤案，表彰了因直谏而受害的忠臣，因而在百姓中享有很高的声誉，成为“周初四圣”之一。他被周武王封在陕西咸阳东北的毕国，人称毕公高。他的后人就以国为姓，称为毕姓，他们奉毕公高为毕姓始祖。

【姓氏分布】

毕姓的发源地在今陕西长安、咸阳两地之北，也就是渭水的南北两岸。战国时，毕姓已进入山东；先秦时期，毕姓主要繁衍于河南、山西等地；西汉时，毕姓扩展于河北及广西两地；魏晋南北朝时期，居于山东的毕姓繁衍日盛；唐宋时期，毕姓人迁居到湖南、江西、安徽等地；明初，山西毕姓人作为明朝洪洞大槐树迁民姓氏之一，被分迁于陕西、山东、河北等地；清代，河南、山东的毕姓人，入迁东北三省。如今，毕姓尤以山东、河南、黑龙江等省居多。

【姓氏名人】

毕宏：唐朝京光人，寓居于蜀。善画山水、古松、奇石。杜甫《戏韦偃为双松图歌》中有“天下几人画古松，毕宏已会韦偃少”的诗句。

毕昇：淮南路蕲州蕲水县（今湖北省英山县）人，北宋布衣，活字印刷术的发明者。他还研究过木活字版，活字可以多次使用，是世界上最早的活字印刷。

毕沅：字秋帆，又字梁蘅，自号灵岩山人，江苏省镇江（今太仓）人，清代大臣、学者。乾隆二十五年官至湖广总督。经史子学金石地理之学，无所不通。其代表作有《传经表》《经典辨正》《灵岩山人诗文集》等。

毕道远：字仲任，号东河，山东淄川（今淄博市）人。清代道光二十一年中进士，光绪八年授都御史，历官至礼部尚书。

【国学小百科】

皇室家谱——玉牒

玉牒是中国历史上最高贵、最为特殊的皇室家谱。“玉牒”一词，最初出现于唐代，不过，皇室家谱的历史则悠久得多。由于中国历代实行君主世袭制，因此对宗室的世系支派、血缘亲疏远近一直特别重视，设有专门机构进行管理，并建立了系统的宗室家谱。现存最早的甲骨文家谱《儿氏家谱》，距今已有3200多年的历史，虽然可能并非王室家谱，但既然保存在商代王室的档案库中，可以想见必然与王室有着千丝万缕的联系。

玉牒的主要功能在于记载宗室人物世系，反映宗室世系的嫡庶亲疏、血缘远近。早期玉牒的内容大多比较简单。司马迁在编著《史记》时就感叹前代的谱牒太简单，无法从中发掘更多的历史资料。在历代的玉牒中，清代玉牒是唯一完整系统保存至今的皇族族谱。

【相关链接】

毕昇与活字印刷术

宋庆历年间，毕昇发明了活字印刷术。活字印刷术的发明，在人类文明史上有重大作用。

毕昇发明的活字印刷方法既简单灵活，又方便轻巧。他曾发明在胶泥片上刻字，字的薄厚如一枚铜钱，一字一印，用火烤硬后，便成为活字。排版时，先在铁板上涂上纸灰、松脂和蜡，铁框排满活字后，继续在火上加热使蜡熔化，然后用一块平板把字面压平，这样泥字即固定在铁板上，就可印刷了。

毕昇

如果印刷数量很多，这种印刷方法则变得更为神速。为了提高效率，一般要准备两块铁板，一块用来印刷，一块则可排字。第一块印完后，第二块已准备好，这样就可以交替使用，很快可成。每个字有几十个字模，以防同板内重复使用。

活字印刷最大的优点是减少反复雕刻字模的过程。在雕版印刷的过程中，每种书都要自刻一套印版，用过就作废，而泥活字印刷不但能印刷很多书籍，而且还不会磨损字模，从而提高了印刷效益。此外，毕昇还研究过木活字排版，使活字可以多次使用，使印刷技术提高到又一新的阶段。

安

【姓氏来历】

安姓源于姬姓。传说远古黄帝有个儿子叫昌意，昌意次子叫安，后居住西方，成为西方众部落的首领，不久便建立安息国（今伊朗）。到了东汉时期，张骞出使西域，安息国与中原来往增多，到中原来经商，宣扬佛教，有些人就在中原定居，繁衍后代。

在这些人当中，有一个叫清的王太子也来中国传播佛教，此人博学多才，对佛经很有研究，又修习过禅定。他放弃了王位，出家修行，先在西域一带游化，以后又辗转中原，于公元 148 年到达河南洛阳。他很快就通晓华语，还取华语名为“世高”，以国名为姓，称安世高。后来，安息人来中原不归者便像他一样也以安为姓，尊奉世高为安姓始祖。

【姓氏分布】

安息国的安姓自入居中原后，分居于河南、湖南、甘肃等地，其中尤以甘肃、湖南二省安姓繁衍迅速。三国两晋南北朝时，北方战乱频繁，中原安姓大举南迁；唐宋元时期，安姓迁居到安徽、江苏、浙江等地；明初，安姓作为大槐树迁民姓氏之一，被分迁于山东、安徽、浙江等地；清代有广东、福建沿海之地安姓迁居到台湾地区及海外国家。如今，安姓主要分布在河北、安徽、河南等地。

【姓氏名人】

安重荣：字铁胡，五代后晋朔州人，后唐时任振武巡边指挥使。后归附后晋石敬瑭，任成德军节度使。石敬瑭投降契丹后，安重荣起兵反之，次年战败被杀。他这种民族气节，得到了后人的景仰。

安维峻：字晓峰，号盘阿道人，甘肃秦安县人，清代著名的谏官。光绪年间进士，授编修。安维峻直言敢谏，曾被慈禧革职，后又重新启用，任京师大学堂总教习。著有《诗文集》《四书讲义》。

安文钦：陕西省绥德人，抗战时期积极与八路军合作。中华人民共和国成立后，历任陕西省人民政府委员，全国人民代表大会代表，被称为“陕西四老”之一。著有《满腹牢骚记》等。

【国学小百科】

安姓宗祠四言通用联

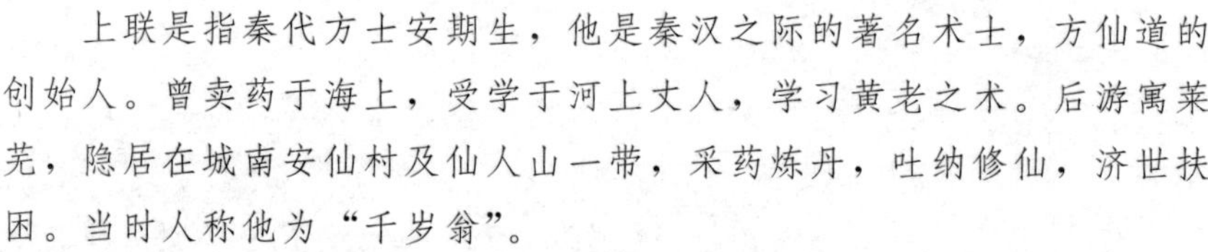

安姓宗祠有四言通用联——仙人食枣，乐工剖心。

上联是指秦代方士安期生，他是秦汉之际的著名术士，方仙道的创始人。曾卖药于海上，受学于河上丈人，学习黄老之术。后游寓莱芜，隐居在城南安仙村及仙人山一带，采药炼丹，吐纳修仙，济世扶困。当时人称他为“千岁翁”。

下联指唐代长安人安金藏，他是太常寺乐工。当时有人诬告太子李旦谋反，武则天命来俊臣追查。安金藏说：“你既然不相信我的话，请允许我剖心来表明太子不反。”说完便抽出佩刀自剖其胸，鲜血直流，经抢救后才醒来。武则天听说后，马上下令停止追查。睿宗景云年间，安金藏官居右骁卫将军，封为代国公。

【相关链接】

安禄山叛乱

唐朝开元年间，唐玄宗为了加强边境的防御，在重要的边境地区设立了十个军镇（也叫作藩镇），军镇的长官叫节度使。节度使带领军队，还兼管行政和财政，权力很大。按照当时的惯例，节度使立了功，就可能被调到朝廷当宰相。

当时的唐玄宗特别看中一个平卢（今辽宁朝阳）节度使安禄山。安禄山不仅骁勇善战，而且狡黠奸诈。自从当了节度使以后，他尽量搜罗奇禽异兽，珍珠宝贝，经常送到宫廷讨好唐玄宗。

安禄山骗取了唐玄宗的信任，一步一步地升官，当上了天宝三年兼范阳（治所在今北京）节度使、河北采访使，天宝十年又兼河东（治所在今山西太原）节度使，这样他控制了北方边境的大部地区。

他身兼三镇节度使，私下培植精兵20万，蓄养战马，囤积粮草，磨砺武器，只等唐玄宗一死，他就准备起兵叛乱。

安禄山深知唐朝统治者的腐败，又为和杨国忠争权，公元755年十月安禄山经过周密准备，在范阳起兵反唐，举兵南下，攻下重镇洛阳。公元756年，安禄山于洛阳称大燕皇帝，国号燕，建元圣武。但他只做了两年皇帝，就被他的儿子谋害了。

常

【姓氏来历】

相传在远古黄帝时代，以常为姓的古人相当多。当时黄帝有两个大臣，是兄弟二人。一个叫常仪，黄帝命他占月。他根据日月星辰的变化制订了中国第一部历法，称为黄历，是我国历法始祖。另一个叫常先，黄帝命他为大司空和风后一起主管猎牧。他们使我们的祖先由猎牧转为畜牧，是开创我国畜牧业的始祖。他们的后代就以他们的名字为姓，奉二人为常姓始祖。

另一来源认为，常姓是以封地为姓。《元和姓纂》记载，周武王灭商后，封其弟（文王幼子）于康邑，世称康叔封，亦称康叔。后来武王之弟周公又将原来商都周围地区和殷民七族封给康叔，建立了卫国（今河南、河北一带）。周初，周公大肆分封诸侯，诸侯又有封地之制，卫康叔有一子封于常（今山东滕州东南）。后来，秦国灭卫，其后裔有以国为氏姓卫，也有以封地为氏姓常的。

【姓氏分布】

常姓早期发源地是江苏、山东两地。魏晋南北朝时期，河南、甘肃常姓繁衍茂盛；隋唐时期，常姓分布陕西、福建两地；宋代，常姓迁徙于浙江、湖北等地；明代有山西常姓被迫迁周边省份之人烟稀疏之地；清代常姓迁居到台湾地区及新加坡等地。今日常姓以黑龙江、吉林、河南、河北、山西等省居多。

【姓氏名人】

常骞：三国江原人，以清尚知名。学识渊博，为人清尚，名噪一时。

常惠：西汉太原人，是活跃在汉武帝、汉昭帝、汉宣帝三朝的外交活动家。汉武帝时随苏武出使匈奴，被拘留十余年始放还，后代替苏武为典属国，通晓西域情事，昭帝拜为光禄大夫，封长罗侯，官至右将军。他为汉朝与西域的文化交流做出了很大贡献。

常伦：字明卿，号楼居子，明代散曲家。曾官至大理寺评事。其代表作品有《写情集》《常评事集》等。

常志美：字蕴华，清朝时期杰出的伊斯兰教学者和经师。他精通波斯文，潜心研究宗教哲学。后来由他开创的学派发展成中国伊斯兰教寺院经堂教育中的山东学派，对后世的影响很大。

常任侠：乳名复生，原名家选，字季青，安徽颍上人，现代著名美术史家、作家。著有《汉画艺术研究》《中国古典艺术》《中国舞蹈史》《中国木偶皮影艺术史》等著作。

【国学小百科】

中国姓氏有多少

中国的姓氏错综复杂，到目前为止共有多少姓氏还没有一个准确的数据。先秦时期的姓氏书籍《世本》收入 18 姓 875 氏，尽管其中有些姓氏没有流传下来，但绝大部分都使用至今。

到了两汉以后，出现了很多新的姓氏和由少数民族汉化的姓，这大大丰富了我国姓氏的数量。唐代初年编修的《大唐氏族志》收录了 293 个姓；唐代中叶人林宝编撰《元和姓纂》，收入姓氏 1233 个；宋朝人撰著的《通志·氏族略》和《姓解》，分别收录姓氏 2255 个和 2568 个。此外，明朝人陈士元所著的《姓觿》一书，收录姓氏 3625 个；王圻撰写的《续文献通考》，收录姓氏 4657 个。到现代人编写的《中国姓氏大全》收录姓氏 5600 多个，《中国姓氏汇编》收录 5730 个，《中国姓符》收录 6363 个，《姓氏辞典》收录 8000 多个，《中国姓氏大辞典》收入 11969 个，《中华古今姓氏大词典》收录 12000 多个。

随着姓氏数量不断增加，我国的姓氏本身还在不断发展变化。据有关专家保守估计，我国实际使用过和正在使用的姓氏大约有20000个。

【相关链接】

知足者常乐

从前，有一个书生名叫常乐。他年过三十，却孤身一人，平日里只能靠卖字画度日。

有一年的腊月，风雪漫天，寒气逼人。常乐此时身无御寒衣，家无隔夜粮。拿几张字画去卖，最后也没卖出去，他只好沿街乞讨。这天傍晚，他在路上走着走着，忽然看见前面有座小石桥。于是，他便弯腰来到桥下。正好，桥下有一个火堆，火苗刚刚熄灭，还有热气呢。常乐赶忙把冰凉的双手伸到火堆旁边。他一边烤着手，一边自言自语地说："知足了！知足了！有这点热气我就知足了。"

此时正好有一位辞官还乡的大人从此处经过。他听到桥下有人连说"知足了，知足了"，不禁一愣。这位大人想："我居官多年，贪得无厌的人见过不少。只是这以苦为乐、满足自勉的人见得不多。"于是，他吩咐家丁把桥下的人叫上来。常乐见到大人先施一礼，接着吟起诗来："十年寒窗苦读书，家境贫穷亲友无。学生心中无奢望，冷天见灰也满足。"

大人一听，十分感动，说道："你一个饱学诗书之人不应终日为饥寒所虑。这样吧，我请你到我家当一名教书先生，不知你意下如何?"常乐一听，马上回答说："大人，常乐我能得到温饱就足矣，愿为大人教诲子女。"大人感慨地说："易知足者，常乐也。"后人便有"知足者常乐"一语。

【姓氏来历】

乐姓源于春秋时的宋国，是宋国王族的后裔，发源于河南商丘。

当时的宋国，是由殷商纣王的长兄微子所建立，本来这个地方是封给武庚的，但是由于武庚叛变，后来被讨伐，周成王就把河南商丘封给了微子，并且封他为宋公。后来，宋戴公之子公子衎（字乐父）的后代，又以公子衎的字为氏，于是就出现了“乐”这个姓氏。公元前286年宋国被齐、魏、楚三国所灭，后人奉公子衎为乐姓的始祖。

【姓氏分布】

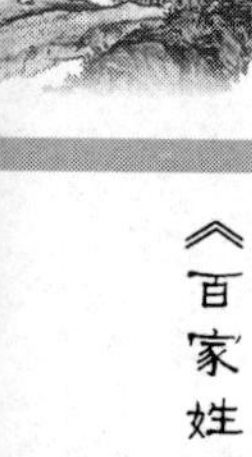

乐氏源于春秋时的宋国，跟后世以宋为姓的人，算起来是血脉相同的一家人。南北朝至隋唐五代十国时，乐姓始大批南迁到湖南、浙江、安徽、江西等地；明初，山西乐姓作为洪洞大槐树迁民姓氏之一，被分迁于陕西、甘肃、宁夏等地；到了清代，乐姓除进入西南外，还迁居到台湾及东南亚等地。如今，乐姓尤以浙江、河南两省居多。

【姓氏名人】

乐毅：战国时赵国灵寿（今河北省灵寿县西北）人，战国后期杰出的军事家。公元前284年，他统帅燕国等五国联军攻打齐国，连下70余城，创造了中国古代战争史上以弱胜强的著名战例。

乐进：字文谦，阳平卫国（今河南清丰）人，三国时魏国曹操名将。擅打仗，最早投奔曹操，为帐前吏。后跟随曹操讨吕布，攻张绣，战袁绍，多次立战功。后来曹操以乐进数有军功，迁右将军。

乐韶凤：字舜仪，明代全椒人。博学能文，谒太祖于和阳，从渡江，参军事。洪武三年授起居注，累迁至兵部尚书，与中书省、御史台、都督府定教练军士法。撰有《回銮乐歌》39章，《洪武王韵》16卷等。

【国学小百科】

祭祀天地

古代统治阶级不仅重视祭宗庙，也重视祭天地。古代帝王祭天地最隆重的仪式称“封禅”其中祭天为封，祭地为禅，合称封禅，即祭天地的仪式。

封禅最早可追溯到远古时代，至少不晚于齐桓公时代。它最初是人们对大自然的崇拜。进入阶级社会后，开始被统治阶级所利用，成为愚弄、欺骗百姓的工具。封禅仪式一般由帝王亲自到泰山上举行，这是因为泰山为五岳之长，称为岱宗，离天近，因此要到泰山顶上举行祭天仪式，以报答天之功。

进行“封”之后还要到泰山脚下的小山——梁父山、社首山等山举行祭地的仪式，称为“禅”。封的仪式重于禅的仪式，而且各朝各代也不一样。

【相关链接】

乐乐乐的故事

从前，有一位姓乐名乐乐的书生考上了状元。有一天，皇帝坐早朝，想要接见新科状元，就叫太监喊乐上来朝见。太监传旨道：“乐乐乐（lè）上殿！”可是过了片刻，下面也没人答应。太监想到乐还可读 yuè，于是又传旨道：“乐乐乐（yuè）上殿！”可还是没人上来。

这时旁边一位老太监自恃学识渊博，小声说：“乐，要念 yào。”太监恍然大悟，忙又改口叫道：“乐乐乐（yào）上殿！”可还是没有人上来。皇帝龙颜不悦，道：“这是怎么回事啊？”这时主考官上来禀报：“新科状元的姓名要读乐（yuè）乐（lè）乐（yào）。”太监赶紧照此传旨，语音刚落，新科状元乐乐乐就乐颠颠地跑了上来。

【姓氏来历】

于姓有两个主要的来源，一支源自周文王的姬姓，为周武王姬发的后代，以国为氏。据《广韵》记载，周初，周武王大举分封诸侯，把自己的儿子姬邘叔封于邘国（今河南省沁阳市北部）。后来，邘叔的子孙就以国为氏，有的人姓了邘，有的人则去邑旁姓于，称为于姓。

另一支源于北魏时的万忸于氏。据《路史》所载，鲜卑族的万忸于氏原为山东于姓人，后随鲜卑改之，又复于姓。

【姓氏分布】

河南泌阳县北部一带原是古代邘国所在地，当然也是于姓的发源地。秦汉时期，于姓人开始以河南为中心缓慢播迁到山西、安徽、陕西等地；魏晋南北朝时期，长期的军阀纷争割据，于姓大举南迁于东南广大地区；隋唐时期，于姓相继在北方形成了望族；宋时，于姓开始由浙入闽，由闽入粤；到了清代，于姓主要分布在河南、河北、山东等地。如今，于姓尤以湖南、陕西、辽宁等省居多。

【姓氏名人】

于公：汉代东海郯（今山东省郯城北）人，曾官廷尉，为县狱吏。执法公允，凡犯法者，于公所决皆不恨。他所洗雪的“东海孝妇”一案，以善于决狱而成名，更是千古美谈。

于吉：一作干吉，琅琊（今山东胶南）人，东汉末期的著名道士。所著的《太平清领书》传世。

于志宁：字仲谧，京兆高陵（今属陕西省）人，唐代官吏。贞观中为太子右庶子，高宗时拜太子太师，同中书门下三品，并封燕国公，以华州刺史致仕。

于谦：字廷益，钱塘（今浙江杭州）人，明朝著名军事家、政治家。永乐十九年，于谦考中了进士。曾任御史、兵部右侍郎、兵部左侍郎等职。

【国学小百科】

于 谦 祠

于谦祠在北京市东城区西裱褙胡同23号，原有门匾书“于忠肃公祠”。成化二年，宪宗皇帝（即朱见深）特诏追认为复官，将其故宅改为“忠节祠”。万历十八年时又将其改谥“忠肃”，并在祠中立于谦塑像。清顺治年间，于谦祠被废。清光绪年间于谦祠重新修建。

于谦祠坐北朝南，东边为于谦的故宅，院内东侧建有奎光楼，为两层小楼。上层为魁星阁，悬挂着写有“热血千秋”的一块木匾，正房 5 间为享堂，硬山合瓦顶，里面供有于谦的塑像。1890 年，抗击八国联军的爱国集团——义和团曾在此设神坛。1976 年，魁星阁在地震时被震毁，小楼亦被拆除。2003 年，有关部门又进行了修建。这也是自光绪年间于谦祠复修过后，近百年来的首次修缮工作。如今，于谦祠已成为北京市重点保护文物。

【相关链接】

两袖清风的于谦

据有关史料记载，明朝大清官于谦在担任兵部侍郎时，有一次从河南回京，身边的人劝他按当时官场的风气，带一些当地的土特产进京给朝中的权贵送礼，以便求得庇护和重用。于谦摆了摆手，并举起两袖笑笑说:“我带有两袖清风!”

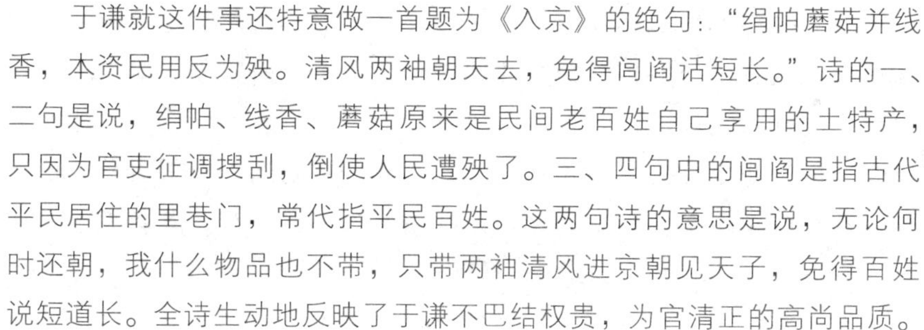

于谦就这件事还特意做一首题为《入京》的绝句:“绢帕蘑菇并线香，本资民用反为殃。清风两袖朝天去，免得闾阎话短长。”诗的一、二句是说，绢帕、线香、蘑菇原来是民间老百姓自己享用的土特产，只因为官吏征调搜刮，倒使人民遭殃了。三、四句中的闾阎是指古代平民居住的里巷门，常代指平民百姓。这两句诗的意思是说，无论何时还朝，我什么物品也不带，只带两袖清风进京朝见天子，免得百姓说短道长。全诗生动地反映了于谦不巴结权贵，为官清正的高尚品质。

后来，人们便用“两袖清风”一语来形容为官清廉的官吏，有时也喻指清苦的文人学士。

傅

【姓氏来历】

傅姓是以地名为姓氏，源于傅说。传说自从盘庚把商都迁到殷墟以后，商朝只是兴旺了一个很短的时期。盘庚之后的两个商王都是庸人，商朝又衰落了。等到商高宗武丁即位的时候，国势衰微。武丁即位后他雄心勃勃决心治理好商朝。平时他很少说话，有一天晚上他做了一个梦，梦见了一位圣人，圣人说赐给他一个佐政贤臣叫说（音同越），让贤臣代他说话。这位圣人还介绍了那位贤臣的面貌特征。

梦醒来后，武丁请人画了说的图像，命令群臣四处寻访。大家找了许久，终于在傅岩（在山西平陆县东南）的地方找到这个叫说的人。臣子把说请到殷都，武丁一看，果真是梦中圣人所说的那个人。武丁同说关门长谈三天三夜，二人极为投机。后来武丁拜他为相，让他代自己管理天下。因这人是在傅岩找到的，后又代天子说话，所以人称他傅说。傅说执政以后，殷商又兴旺起来，武丁也成了“中兴明主”，傅说成为古代有名的贤相，傅说的后代就以其傅为姓，奉傅说为傅姓始祖。

【姓氏分布】

虽然傅说出生地在今山西平陆县以东之地，但是其得姓则在商的都城殷，故我国傅姓最早的发源地应当是在今河南安阳小屯村。汉晋之际，傅姓人是以陕西、甘肃、宁夏等地为迁居地，之后便东迁移居河北、山东等地；魏晋南北朝之际，傅姓大举南迁；唐宋时期，傅姓迁入到福建、广东等地。如今，傅姓主要分布在山东、湖南等省。

【姓氏名人】

傅毅：字武仲，扶风茂陵（今陕西省兴平东北）人，东汉文学家。朝廷求贤不诚，士多隐居，著有《七激》《迪志》《舞赋》等作品。

傅山：字青主，别号有公它、公之它等，阳曲人，明清文学家。他不但博通经史诸子和佛道之学，并兼工诗文、书画、金石，又精医学。其著作有《霜红龛集》《荀子评注》等，医学上有《傅青主女科》和《傅青主男科》等书。

傅善祥：金陵（今南京市）人，太平天国三年女状元，仕至丞相。她是太平天国时期的女状元，也是中国历史上第一位女状元，为东王杨秀清政务上的得力助手。

【国学小百科】

清 河 堂

“清河堂”源于后魏傅永的故事。史称傅永是清河人，字修期，勇力过人，20多岁才开始发奋读书，对经史尤为注重，文笔颇佳，曾为崔道固城局参军。因父母老，在家侍亲十数年。晚年为长史，封清河男（属小国，不足五千户始封王之支子及始封公侯之支子皆为男），屡次抗齐有功。孝文帝称赞说：“上马能击贼，下马作露布，唯傅修期耳。”

傅永80岁时仍能骑马射箭，官至平东将军、光禄大夫。熙平元年83岁的傅永死。死后被加封为安东将军、兖州刺史。傅氏后人认为，傅永的清河男是皇帝所封，因此就以“清河”为堂号。

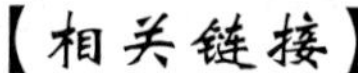

【相关链接】

傅琰杀鸡取证

“傅琰杀鸡取证”的故事源于《南史·傅琰传》。相传在南朝时期，傅琰为山阴（今绍兴市）一名小县令。有一次，有两个老汉为争一只鸡上堂告状，傅琰让他们拿出各自的证据。可是两人争吵不休，都说鸡是自己的。

起初，傅琰很是生气，为了这么点小事儿就来告状，简直是荒唐透顶，真想把他们都赶出去。可是他又一想，我这个当官的，如果连这点小事都来断不了，那也叫百姓笑话了。傅琰思来想去，忽然他心生一计，便问他们：“你们都说说，你们都是拿什么喂鸡的?”其中一个老汉回答说是小米，另一个说是玉米粒。

于是，傅琰吩咐手下人立刻杀鸡，剖开鸡嗉子，发现里面是小米，而没有玉米粒。后来，傅琰把那个说喂玉米粒的农民教训了一顿，将鸡判给了说是喂小米的老汉。

皮

【姓氏来历】

皮姓是一个发源于我国北方的古老姓氏，他们是以祖辈名字为姓，源出于樊氏。据《风俗通义》记载，春秋时期，周宣王经过重重磨难才得以即位，他深知民间疾苦，即位后采取了一些有力措施，任用贤臣，使周王朝越来越繁荣，史称“宣王中兴”。他的贤臣中有个太宰仲山甫，封在樊国，爵位为侯，他的后代子孙，也按照当时的习俗，纷纷以国为氏。

那么，这位仲山甫既然是樊姓的始祖，又怎么会跟皮氏有关系呢？据《元和姓纂》记载，皮氏是周王室的大夫樊仲皮之后，这位樊仲皮正是建立樊国的仲山甫的后裔，樊仲皮是周王室的大夫，也是历史上有名的贤臣。樊仲皮在周代实施的分封制度之下，被封在皮氏邑（山西省的河津市一带）。后来，樊仲皮的子孙就以他的名皮为姓，奉樊仲皮为皮姓始祖。

【姓氏分布】

最初皮氏所居的皮氏邑，虽然是在今山西省境内，但是他们的最早发源地可以推溯到河南的济源地方。如今，皮氏主要分布在江苏邳州市下邳故城、甘肃天水、陇西以东地区。

【姓氏名人】

皮日休：字袭美，自号鹿门子，又号醉士、酒民、醉吟先生，襄阳（今湖北襄樊襄阳区）人，唐朝著名文学家。著有《桃花赋》《九讽》《农夫谣》《鹿门隐书》等。

皮锡瑞：字鹿门，一字麓云。湖南最著名的今文经学家之一，也是晚清经学大家之一。著有《师伏堂丛书》《师伏堂笔记》《师伏堂日记》等。

皮定均：安徽金寨人。抗日战争爆发后，随八路军一二九师到山西前线，转战太行山区。中华人民共和国成立后，曾任兰州军区司令员、福州军区司令员、中共中央军委委员等职。1976 年在福建前线因公殉职。

皮宗敢：字君三，湖南长沙人，著名国民革命军陆军中将，台湾陆军参谋大学校长。1984 年，72 岁的皮宗敢病逝于台北。

【国学小百科】

“郡”与“望”

“郡望”一词，是“郡”与“望”的合称。“郡”是行政区划，“望”是名门望族，“郡望”连用，即表示某一地域范围内的名门大族。

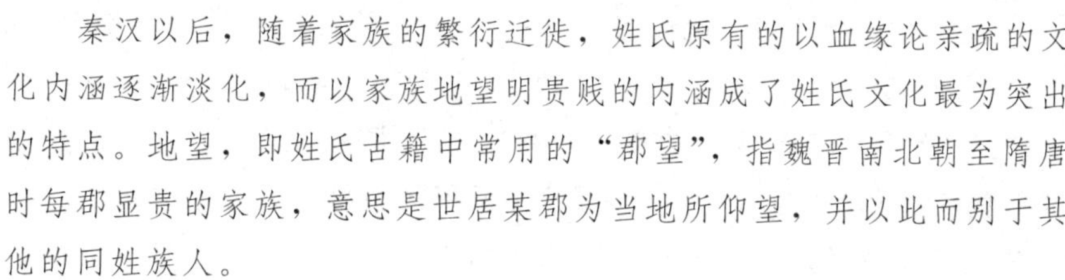

秦汉以后，随着家族的繁衍迁徙，姓氏原有的以血缘论亲疏的文化内涵逐渐淡化，而以家族地望明贵贱的内涵成了姓氏文化最为突出的特点。地望，即姓氏古籍中常用的“郡望”，指魏晋南北朝至隋唐时每郡显贵的家族，意思是世居某郡为当地所仰望，并以此而别于其他的同姓族人。

历代的姓氏书中，其中有一类是以论地望为主（如唐代柳芳的《氏族论》和南朝刘孝标的《世说新语》）。《百家姓》刻本，也往往在每个姓氏前面注明了“郡望”。如魏晋至隋唐在我国北方形成的“四大郡望”：范阳（今北京至河北省保定一带）卢氏、清河（今河北省清河一带）崔氏、荥阳（今河南省郑州一带）郑氏、太原（今山西省太原一带）王氏。

【相关链接】

皮日休以酒会友

晚唐文学家皮日休平时最爱喝酒，且嗜酒成性。他隐居在鹿门山时，每天都饮酒，自称是醉士。他还有一个有同样爱好的好友陆龟蒙，陆龟蒙（字鲁望）也是唐代著名的诗人。他们二人经常在一起游山玩水，下棋钓鱼，饮酒吟诗，后人称二人“皮陆”。他们的诗，在晚唐诗坛别成江湖隐逸一派，诗风清秀平淡，多题咏风物之作。

有一次，皮日休写了一首诗，名为《醉中寄鲁望一壶并一绝》："门巷寥寥空紫苔，先生应渴解酲杯。醉中不得亲相倚，故遣青州从事来。"这首诗是写皮日休自己喝醉后感觉很孤独，他想到自己的好友陆龟蒙此时也没有酒喝，就专门派人送去了美酒。

陆龟蒙看到这首诗后，很是感动，于是也写了一首诗——《和袭美醉中以一壶寄》，其诗为："酒痕衣上杂莓台，犹忆红螺一两杯。正被绕篱荒菊笑，日斜还有白衣来。"这首诗写陆龟蒙正想要喝酒时，傍晚忽然真有人送来了美酒。

还有一次，皮日休酒醒后，独自彷徨，此时又想起了陆龟蒙，于是写了《春夕酒醒》寄给陆龟蒙。其诗是："四弦才罢酒蛮奴，醽醁（是古代一种美酒）余香在翠炉。夜半醒来红蜡短，一枝寒泪作珊瑚。"

陆龟蒙收到诗后，也和了一首题为《和袭美春夕酒醒》，其诗为："几年无事傍江湖，醉倒黄公旧酒垆，觉后不知明月上，满身花影倩人扶。"他写了夜里酒后醒来的情景。"傍"是靠近的意思，傍江湖是说生活在江湖之中。"黄公旧酒垆"，原指晋竹林七贤饮酒的地方，此处是作者与皮日休仿效竹林七贤的放达纵饮。

皮日休和陆龟蒙就这样以诗酒为纽带结下了深厚的友情。

康

【姓氏来历】

康姓以国名为姓氏，源于康居国。据《梁书·康絢传》记载，汉朝时，西域归附后，建立了康居国（今新疆北部）。后来康居国中有的人留居在河西（河西走廊与湟水流域一带），其后人就以国名康为姓。这是康姓的一种由来。

另据《姓苑》记载，康姓以谥号为姓氏，源于姬姓。周初，周公旦平定武庚叛乱以后，封九弟叔为卫侯（在殷墟一带），让他管辖那里的商朝遗民七族。叔即位后，谨慎治国，将卫国治理得井井有条，对稳定西周政权起了很大的作用。于是周成王又任命他为王室的司寇。

他死后，周王室给他谥号为“康”，即“使民安乐”的意思，史称康叔。康叔的子孙，就以谥号为姓氏，称为康氏，奉康叔为康姓始祖。

【姓氏分布】

康姓最早发源于今河南东部、山东西部、河北西南部一带。秦时，康姓主要迁入陕西、山东两地；魏晋南北朝时期，甘肃康姓为避战乱，迁居到陕西省蓝田西灞河西岸；唐代，康姓主要迁居到江浙一带；宋元明时期，康姓分布于河南、山东、安徽、湖北等地；到了清代，广东及福建康姓陆续有人迁至台湾及海外地区。今日康姓尤以安徽、四川、山东等省居多。

【姓氏名人】

康昆仑：西域康国（今中亚撒弥罕附近）人，唐代著名琵琶演奏家，有“长安第一手”之称。善弹《道调凉州》《羽调录要》等曲。

康与之：字伯可，一字叔闻，号退轩，滑州（今河南省滑县东）人，南宋著名学者。曾上书“中兴十策”，表现出其渴望公平合理的乌托邦思想。著有《昨梦录》等。

康海：字德涵，号对山、浒西山人、沜东渔夫，陕西省武功人，明代文学家。所作杂剧、散曲、诗文集多种。作品主要有杂剧《中山狼》、散曲集《沜东乐府》、诗文集《对山集》等。

康有为：广东南海人，近代资产阶级改良派代表人物之一。著作有《新学伪经考》《孔子改制考》《春秋笔修大义微言考》《大同书》《中庸注》等，颇受近代学术界的重视。

【国学小百科】

康有为的汗漫舫

康有为的汗漫舫位于北京西城区菜市口米市胡同43号。这里原是南海会馆，创设于清道光四年。先由在京南海籍官员等筹资购下米市胡同董文恪（董邦达）故第进行修葺，后又购相邻房舍一幢。

到光绪六年，南海上京应试举人更多，原有房屋不够住，再购馆南一宅，经连体、整修，形成了包括13个小院的会馆大院。当时，以董文恪故第为主的南海会馆是秀美、幽雅的，现存这里的道光十五年吴荣光书撰的碑刻上说："形势安恬，堂庆爽恺，花木竞秀，丘壑多姿。""七树堂"是会馆内一个有名的小院，在会馆东北部，因有七棵古槐得名。

院内还有榆树、青藤、丁香和各种花草，并有石砌假山、凉亭等，院内西房便是康有为在京居住的"汗漫舫"。它的北面是老便宜坊的有脊二层小楼，从七树堂北望，很像是只有楼阁的画舫，于是康有为就把南海会馆想象为海，自己的住房也便是海中一舫了，大概是要做毫无拘束的汗漫游吧，康有为称自己的住房为"汗漫"。"汗漫"是没有边际之意。

【相关链接】

康有为托古改制

清光绪五年，也就是1879年，康有为因一个偶然的机会去了香港。当时他第一次接触西方资本主义制度，这对他影响很大："览西人宫室之瑰丽，道路之整洁，巡捕之严密，乃始知西人治国有法度，不得以古书之夷狄视之。"

此次在香港的所见所闻，使康有为大开眼界，回到内地后才愈感到清王朝的腐败落后，康有为胸中燃起了托古改制之心。

1891年，康有为发表《新学伪经考》。他站在今文经学派的立场，公开否定古文经，认为古文经只是为王莽新朝服务的"新学伪经"。《新学伪经考》一书的出版在当时影响了很多人。1898年，康有为又出版了《孔子改制考》。在这部著作中，康有为指出：春秋时代的孔子，为了表述自己的政治思想，便"托文王以行君主之厂政"，"托尧舜以行民主之太平"，借以取得人们对其政治学说的信仰和认可。所以，尧、舜、文王等都是孔子改制托古的对象。

康有为把孔子塑造成一个思想开明、锐意变革的改革家，是鼓吹变法的先驱人物。如此一来，康有为的维新派变法主张，就是完全继承了孔子衣钵的圣人之道，而反对变法维新的顽固派反而有违圣道了。

“托古改制”是为了减少改革的阻力，便于宣传变法思想，推动改革。于是在康有为“托古改制”舆论的影响下，光绪皇帝决定变法维新，就这样变法运动正式拉开了序幕。

齐

【姓氏来历】

齐姓来源于姜姓，以国名为氏。《通志·氏族略》记载，齐姓始祖姜子牙辅佐周武王推翻了商朝，建立了周朝。由于姜子牙的功劳最大，被周武王封在东方的齐国（今山东省淄博市临淄区），时人称姜子牙为齐太公。

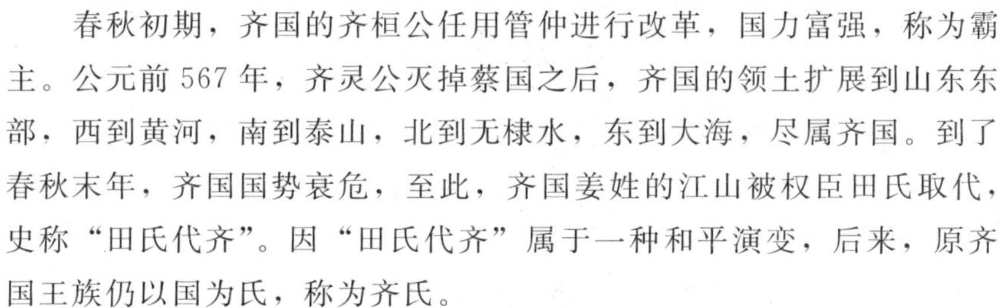

春秋初期，齐国的齐桓公任用管仲进行改革，国力富强，称为霸主。公元前 567 年，齐灵公灭掉蔡国之后，齐国的领土扩展到山东东部，西到黄河，南到泰山，北到无棣水，东到大海，尽属齐国。到了春秋末年，齐国国势衰危，至此，齐国姜姓的江山被权臣田氏取代，史称“田氏代齐”。因“田氏代齐”属于一种和平演变，后来，原齐国王族仍以国为氏，称为齐氏。

【姓氏分布】

齐姓源起于周代的齐国。春秋后期，齐姓开始向河南、河北等地播迁；秦汉之际，齐姓在北方的分布之地更多；魏晋南北朝时期，由于战乱齐姓大举南迁；唐代，齐姓繁衍尤为昌盛；明初，山西齐姓作为洪洞大槐树迁民姓氏之一，被分迁于河北、北京、天津等地；到了清代，有少数齐姓迁居到海外。如今，齐姓尤以河北、河南、东北三省为多。

【姓氏名人】

齐唐：会稽郡（今浙江省绍兴）人，宋代官吏、学者。少贫苦学，殿试中头名状元，官至职方员外郎。著有《少微集》《学苑精英》等。

齐德之：元代著名的医学家。曾任医学博士，充御药院外科太医。结合自己多年外科疮肿诊治之临床经验，编著《外科精义》3卷,为后世医家所重视。

齐彦槐：字梦树，号梅麓，江西婺源人，清代官吏、学者。嘉庆进士，曾任江苏金匮知县。以诗文书法知名于世，精鉴赏。著有《梅麓联存》等。

齐白石：原名纯芝，字渭清，后改名璜，改字濒生，号白石，湖南湘潭人，20世纪中国画艺术大师、十大书法家之一。著有《白石诗草》《白石老人自传》《借山吟馆诗草》等。出版有《齐白石全集》等各种画集近百种。

【国学小百科】

宗庙祭祀

古代宗庙又称太庙、祖庙，是供奉祖先的庙。古代统治阶级把宗庙视为国家的象征，甚至比国家还重要，这是因为统治者认为自己的君权是由天神交授的，是承袭祖先获得的。所以古代天子诸侯必有宗庙，国家一旦发生大事时，则必告于宗庙，以示尊敬。

古代宗庙数字不等，上古时只有五庙，包括始祖一庙，高祖、曾祖、祖父、父亲各一庙。周朝时则定为七庙，后代也有建九庙的。古代卿大夫也立宗庙，但对宗庙数目的规定有所不同。

【相关链接】

齐白石戒烟

齐白石年轻的时候，爱吸烟，不论雕花做工，写诗绘画，动手前总要吸上一阵水烟。据说齐白石吸烟是从他师傅那里学来的。

当时齐白石学成出师后，自己又历经苦练，集诗、书、画之绝于一身，很多慕名者前来结交。其中最知名的有王仲言、黎德恂、罗醒吾等。后来他们成立了“罗山诗社”，推举齐白石为社长。齐白石说：

“既然是诗社，就要立几条社章。”于是，有人就提出不赌博、不近女色、不嗜烟酒的社章。齐白石对前几条都很赞同，但就是不同意不吸烟这一条。他不仅仅吸烟成癖，还有一只视为随身之宝的烟盒。没办法，大家也就不勉强了。

齐白石

有一次，罗醒吾提议去罗网山旅游，大家纷纷响应。大家面水而坐，王仲言开口道：“请问各位窗友，孔圣人最爱好什么？”黎德恂说：“那自然是爱听音乐。”罗醒吾忙接着说：“不对，孔圣人可能喜欢吸烟。”众人哗然大笑。

罗醒吾接着说：“大家不要笑，去年我去王秀才府上拜年，看到了他那大字馆的孔夫子牌位两旁所写的一副对联：笔墨不当善，烟茶待客人。据说请王秀才代写书的人特别多。一用心就要吸烟，所以这烟茶待客人之句，就有要人家送礼之意了。王秀才号称是孔夫子门徒，如此嗜烟，想必孔夫子老人家也是吸烟成癖的。”

齐白石知道他们这是牵强附会，但大家也是一片好意，希望他能戒掉这不良嗜好。于是他说：“各位这样诚意相劝，那我决意戒掉它。”说完便从衣袋里取出那只精致的烟盒，毫不迟疑地抛向小溪流水之中，还随口吟出两句：“烟从水上去，诗向腹中来。”

从此，齐白石果然不再吸烟了。

伍

【姓氏来历】

伍姓的姓源，可以追溯到五千年前的黄帝时代。据《姓氏考略》载，黄帝为部落首领时，其下有大臣名伍胥，他是后来成为楚国望族的伍姓的始祖。

公元前597年，楚庄王北上与晋国争霸。他先出兵讨伐郑国，晋国派荀林父为大将率兵救郑，晋军将到，郑国已被楚兵打败投降。在与晋军战与和的问题上，楚军的内部意见不一。楚令尹孙叔敖见晋军势力强大，主张撤军，楚庄王也同意。这时，庄王身边一个臣子叫参，却提出了不同看法。参是伍胥的后裔，他认为楚军可乘晋内部不和之机打败他。

孙叔敖很不高兴，生气地说："如果战而不胜，就是吃你的肉也不足以抵罪。"参说："如果打胜了，说明你无谋；如果打败了，我的肉将被晋军吃掉，哪还轮得到你吃？"参最终说服楚庄王出战，结果楚军大获全胜。参因功，楚庄王将伍邑封给他，人称伍参，又任命他为大夫。伍参的子孙就以封地为姓，就是伍氏，奉伍参为伍姓始祖。春秋名将伍子胥即为伍参的曾孙。

【姓氏分布】

伍氏家族自古以来最早的发源地在湖南常德。在湘西地区苗族也有姓伍的人。伍姓是当今较常见的姓氏，分布较广，尤以湖北、湖南、广东多此姓。

【姓氏名人】

伍子胥：名员，字子胥，因封于申地，又称申胥，春秋末期吴国大夫，著名的军事家、谋略家。

伍乔：唐末宋初安徽省庐江人，五代十国南唐保大年间状元，也是庐江县历史上唯一的状元。伍乔善诗文，诗多七律且多送别、寄游、题赠之作。《南唐书》《全唐诗》《十国春秋》《冬日道中》《补五代史艺文志》等诗文集均收有伍乔诗作。

伍福：字天锡，明朝时临川（今江西抚州）人，正统年间举人，历任咸宁教喻、陕西按察副使。伍福风格高迈，诗文典雅，篆、隶、真、行、草书，流利俊美。编著有《咸宁县志》《陕西通志》《南山居士集》《云峰清赏集》等。

伍廷芳：字文爵，号秩庸，广东省新会人。曾创建了中外新报，为中国有日报之始。他还到英国学习法律，开中国法律新纪元。

伍修权：曾用名吴寿泉，湖北武汉人，中国人民解放军高级指挥员、开国上将、中华人民共和国外交部副部长。著有《往事沧桑》《我的历程》《回忆与怀念》《在外交部八年的经历》等。

【国学小百科】

端午节的由来

每年农历五月初五是端午节，端午节又叫端五节，是中国民间流传久远、士庶人家非常注重的传统节日。端，开始的意思，一个月中有三个五日，头一个五日就是端五。按地支顺序推算，五月就是午月，所以五月初五也叫“端午”。唐代时因避唐玄宗八月初五生辰之讳，将“端五节”正式改称“端午节”。

端午节始于春秋战国时期，流行于汉代，到唐代已十分隆重。到了宋代，朝廷追封屈原为忠烈公，传谕全国每年五月五日端午节纪念屈原，并让人们佩带荷包，表示屈原的品德节操犹如馨香流世，流芳千古。

据《荆楚岁时记》记载，端午节并不是仅仅纪念屈原一个人。春秋晚期的吴国大臣伍子胥，曾因力谏吴王夫差勤理国政，防备外患，而触怒夫差，被夫差逼迫自杀，尸体被装进皮袋扔入浙江。人们痛惜他的不幸，敬仰他的忠义，于是在他自杀的农历五月初五，驾舟在江上奏乐舞蹈，以慰死者。

【相关链接】

伍夫人问姓

明代文学家冯梦龙在《古今谭概》书中讲了这样一个笑话：

山南县县令的夫人姓伍，平日里很是骄横。有一天，伍夫人会见丈夫下属官员的妻子。她指着其中的一位问道：“请问夫人贵姓呀？”那位夫人回答说：“免贵姓陆。”县令夫人听了很不高兴，心想：我男人的官比你男人的大，我才姓“伍”，你怎么姓“陆”，是不是想压我一头呀？于是她又指着另一位夫人问：“你姓什么呀？”那位夫人不紧不慢地答道：“回县令夫人的话，鄙姓戚。”

县令夫人一听，不由得怒气冲天，跑到丈夫那里说：“我才姓

‘伍’，你下属的妻子却姓‘陆’‘戚’的，再问下去，说不定还有姓‘八’‘九’‘十’的呢！”

元

【姓氏来历】

据说，商朝末年，纣王的父亲帝乙在当太子时，他的妃子生了个儿子叫微子，名启。帝乙继位后，微子的母亲被立为王后，不久又生了个儿子，取名受辛。受辛长大后，既聪明口才又好，且力大无穷，仅凭双手就可以击死猛兽，因此深得帝乙的喜爱。帝乙想立他为太子，可想到他的大儿子微子在前，立之无名。

太史元铣知道后，就对帝乙说：“按古法，王后有子，就不能立妃之子。微子与受辛虽是一母所生，但微子生时，其母尚未立后，所以只能立受辛为太子。”帝乙大喜，就立受辛为太子。帝乙死后，受辛继位，就是商纣王。元铣因有迎立之功，成为商末重臣。其子孙就以他的名为姓，就是元氏，奉元铣为元姓始祖。

另外，北魏时，皇族本姓拓跋，为胡人，后入主中原建立北魏皇朝。传到孝文帝时，因古文中，元有开始、始祖之意，即改拓跋为元，意思是天下第一姓，成为另一支元氏。

【姓氏分布】

我国的元氏虽然来源众多，但仍可归划为两大主流：一支为汉族的周文王之后，一支则为后来融入汉族的鲜卑族拓跋氏之后，如纥骨氏、是云氏这两支鲜卑族人均改为元氏，后来繁衍的人数比较少，主要活动于我国北方。他们最初的活动地区，都是在黄河流域的河南和河北一带。如今，元姓主要分布在河南省洛阳市。

【姓氏名人】

元勰：本名拓拔勰，别名彦和，北魏著名诗人。太和九年封为始平王，后转中书令，改封彭城王。宣武永平元年被迫自杀，死后追赠使持节、侍中、都督中外诸军事太师领司徒公，谥号武宣王。

元稹：字微之，唐朝时河南洛阳人。元稹的创作，以诗成就最大。与白居易为好友，他们二人共同提倡新乐府，时称“元白”。著有《元氏长庆集》100卷，今存60卷。所著的《会真记》，记张生与崔莺莺爱情悲剧故事，为后来《西厢记》蓝本。

元结：字次山，号漫叟，河南鲁山人，唐代文学家。天宝年间进士。他继承陈子昂反对六朝矫俪文风，致力于古文写作，是唐代古文运动的先驱者之一。著有《浪说》7篇、《漫记》7篇等。

元好问：字裕之，号遗山，金代秀容（今山西省忻县）人，世称遗山先生。他是我国金朝最有成就的作家和历史学家，是宋金对峙时期北方文学的主要代表之一。著有《中州集》《遗山集》《遗山乐府》等。

中国古代姓氏的来源

中国古代姓氏有4个来源最为常见。

1. 以居住地为姓：如西门氏，春秋时齐国、郑国的士大夫居住在都城的西门，后代便以西门为姓；东郭氏，春秋时齐国的公族士大夫分别住在都城的东郭、西郭、南郭、北郭，这四郭后来都成了姓氏。

2. 以职业为姓：如上官氏，战国时楚国的子兰出任上官大夫之职，其后代便以上官为姓；籍氏，春秋时晋国有人专门管理典籍，其父子相传，后人就以籍为姓。此外，还有司马氏、司寇氏、司徒氏、司空氏等也都是以职业为姓。

3. 以山河名为姓：如黄帝，本姓公孙，因生于姬水之滨，改姓姬；乔氏，黄帝死后葬于桥山，后代为他守陵，就以桥为姓，后来又去掉了木字旁，成了乔姓。

4. 来自祖先名号的姓：如孔姓有几个来源，其中一支出自春秋时宋国的孔父嘉。孔父嘉字孔父，名嘉。其后代避祸，以其字为姓，改姓孔。

【相关链接】

宁为玉碎，不为瓦全

“宁为玉碎，不为瓦全”一语最早出自《北齐书·元景安传》。

南北朝时期，东魏的孝静帝（即元善见）只是名义上的皇帝，朝廷大权掌握在丞相高洋手中。公元550年，高洋代魏自立，建立了北齐王朝，年号天保。为了巩固自己的统治，他杀害了孝静帝和他的三个儿子，但这之后他还是很担心，怕失去自己篡夺来的皇位。

公元559年的一天，天空出现了日食。掌管天文的太史对高洋说：“今年应当除旧布新。”高洋听后很是疑虑，他把彭城公元韶召来，问道：“西汉末年王莽夺取了刘家的天下，为什么很快又让刘秀夺去了？”元韶说：“因为当初王莽并没有杀光刘氏宗室。”一句话，勾起了高洋的杀心。后来，他下令杀掉了原皇室的宗室近亲近700多人，就连婴儿也没有放过。

高洋的残忍手段，使原魏帝的远房宗族非常恐慌，他们聚在一起，商量对策。定襄令元景安提出，咱们不如脱离元氏，请求高洋赐姓高。可元景安的堂兄元景皓坚决反对。他说：“大丈夫宁愿玉碎，不为瓦全，我们不能抛弃自己的宗族，改为他人的姓氏。”谁知胆小怕死的元景安，竟然把元景皓的这些话告诉了高洋。结果，景皓被处死，元景安得以苟且偷生。

“宁为玉碎，不为瓦全”意思是指宁做玉器被打碎，不做泥瓦而保全自己。后来，人们用这句成语比喻宁愿保持高尚的气节死去，也不愿屈从失节而苟全。

顾

【姓氏来历】

顾姓是以邑为姓。传说上古五帝之一的颛顼帝的玄孙陆终，有6

个儿子，其长子樊继父为帝。樊的子孙中有一支封于顾国（今河南范县东南），称顾伯。到了夏朝末期，顾国被商汤攻灭，散居到各地的顾伯子孙便以国为姓。

另据《元和姓纂》所载，顾姓以封地为姓，源于姒姓。战国末期，越王勾践的七世孙瑶因助刘邦灭项羽有功，西汉建立后，高祖刘邦封瑶继祖业为越王，瑶的儿子余被封于顾，人称顾余侯。汉武帝时，越国又被灭，顾余侯的子孙留居会稽（在今浙江省绍兴市），以顾为姓。

【姓氏分布】

顾姓分为两支，一为北顾，发源于河南省范县的顾伯后裔；另一为南顾，发源于浙江省绍兴的顾瑶后裔。春秋战国时期，两支顾姓发展缓慢；三国至唐代，顾姓一直是江东四大姓之一；明初，顾姓作为洪洞大槐树迁民姓氏之一，被分迁于河北、山东、安徽、江苏等地；到了清代，在福建及广东居住的顾姓有迁居到台湾及海外。如今，顾姓尤以江苏、浙江等省为多。

【姓氏名人】

顾恺之：字长康，晋陵（今江苏无锡）人，晋代著名画家。其工诗赋、书法，尤精绘画，著有《论画》《凫雁水鸟图》《列女仁智图》《魏晋胜流画赞》等，对中国画的发展有很大影响。

顾野王：字希冯，南朝陈吴（今江苏苏州市）人，当时著名的文字训诂学家、史学家。著有《通史要略》《南史》等。所著有的《玉篇》，为我国文字训诂学重要著作，也是我国现存最早的一部楷书字典。

顾璘：字华玉，号东桥，明朝著名官吏、文学家。少有才名，以诗风调胜，与同里陈沂、王韦号为“金陵三俊”。著有《浮湘集》《山中集》《息园诗文稿》等。另著有《顾尚书书目》，今已遗失。

顾炎武：明末清初人，他学识渊博，对音韵训诂颇有研究。著有《日知录》《音学五书》等，是我国历史上最受尊崇的学者之一。

顾贞观：字华峰，亦作华封，又字远平，号梁汾，初名华文，江苏无锡人，清朝著名词人。著有《弹指词》等。

【国学小百科】

东林书院

东林书院位于江苏省无锡市。北宋时杨时曾在此讲学，当时叫“龟山书院”，元至正年间废为东林庵。到了明代，顾宪成和弟弟顾允成重建书院，院内设有中和、丽泽、依庸三堂。

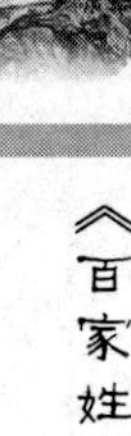

东林书院重建后，顾宪成同高攀龙、钱一本、薛敷教、史孟麟等在此讲学。该书院公开批评朝政，反对当时太监魏忠贤，被人称为“东林党”。后来，魏忠贤下令拆毁天下书院，东林书院名列第一。崇祯六年，虽有修葺，但“未能一反其旧”。后来，直到明末才开始修复。

【相关链接】

渐入佳境的顾恺之

“渐入佳境”一词出自《晋书·顾恺之传》：恺之每食甘蔗，恒自尾至本，人或怪之。云：“渐入佳境。”

东晋晋陵无锡人顾恺之学识渊博，很有才气。他尤其擅长绘画，当时很多名家都很器重他。顾恺之的性格与常人不同，比较怪异，人们都称他“三绝”，即才绝、画绝、痴绝，这从某种角度表现了这位浪漫才子的豪放不羁。

据说，顾恺之喜欢吃甘蔗，但是他吃甘蔗与常人不同。吃甘蔗时，一般人先吃主干后吃末梢，而顾恺之是先吃末梢吃到主干再往下直至根部。有人对他的这种吃法感到很好奇，他则回答说：“我已‘渐入佳境’。”

“渐入佳境”原指甘蔗下端比上端甜，从上到下，越吃越甜。后来，人们比喻为境况逐渐好转或兴趣逐渐浓厚。

孟

【姓氏来历】

中国的孟氏，发源于春秋的鲁国公族。鲁国的开国君主是周公旦的长子伯禽，周公旦是周武王之弟，那么孟氏应该是周文王的姬姓子孙。

春秋时，鲁庄公的弟弟公子庆父连续杀死两个鲁君，这激怒了鲁国臣民，庆父逃往莒国的汶水边。鲁庄公的同胞弟季友扶立僖公继位，这时，庆父派公子渔向季友请求宽恕，季友对公子渔说：“如果庆父自杀，那么我可以让他的子孙继承他的禄位，否则就要把他全家都赶出鲁国。”公子渔一路哭着回来，庆父远远听到他的哭声，知道已无希望，就在树上吊死了。

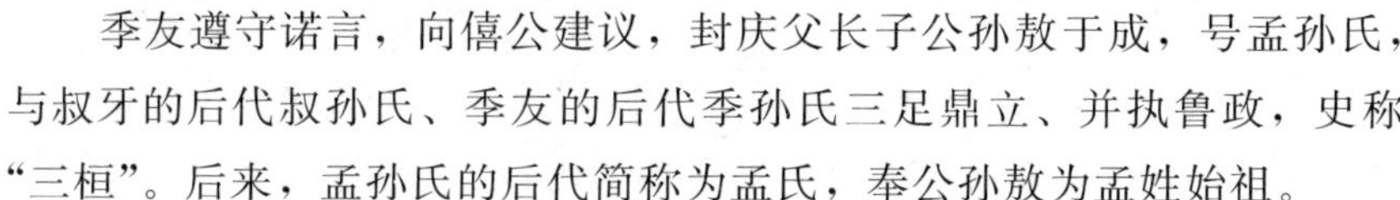

季友遵守诺言，向僖公建议，封庆父长子公孙敖于成，号孟孙氏，与叔牙的后代叔孙氏、季友的后代季孙氏三足鼎立、并执鲁政，史称“三桓”。后来，孟孙氏的后代简称为孟氏，奉公孙敖为孟姓始祖。

【姓氏分布】

孟氏早期主要是在其发源地山东、河南及其近邻的河北发展和繁衍。三国时期，孟姓分布于湖北、云南、甘肃、湖北等地；五代后晋时期，孟姓分布于四川、福建等地。今日孟姓主要分布在山东，此外在河南、河北、辽宁、黑龙江、吉林等省亦多此姓。

【姓氏名人】

孟子：名轲，字子舆，邹县（今山东邹县东南）人，是战国时期的思想家、政治家和教育家，有“亚圣”的称号。他的学说对后来宋儒有很大影响。

孟浩然：本名浩，字浩然，襄州襄阳（今湖北襄樊）人，唐代诗人。其诗多写山水田园的幽清境界，却不时流露出一种失意情绪，所以诗虽冲淡而有壮逸之气，为当世诗坛所推崇。著有《孟浩然集》。

孟称舜：字子塞、子若、子适，号卧云子、花屿仙史，山阴（今绍兴）人，明末清初戏曲作家。他的诗文多已散佚，有杂剧和传奇10种，现存8种，其中成就较高的有杂剧《死里逃生》《桃花人面》《英雄成败》等。杂剧有《柳枝集》《酹江集》等。

【国学小百科】

儒家亚圣——孟子

孟姓尽管是王公贵族的后代，但成为天下著名姓氏还是因为在战国时期出了大思想家孟子的缘故。

孟子最初师从孔子弟子子思，后继承和发展了孔子的德治思想，发展为仁政学说，成为其政治思想的核心。他把“亲亲”“长长”的原则运用于政治，以缓和阶级矛盾，维护封建统治阶级的长远利益。

孟子哲学思想以“天”为最高范畴。他继承了孔子的天命思想，剔除了其中残留的人格神的含义，把天想象成为具有道德属性的精神实体。孟子这样说：“诚者，天之道也。”孟子把“诚”这个道德概念规定为天的本质属性，认为天是人性固有的道德观念的本原。孟子的思想体系，包括他的政治思想和伦理思想，都是以天这个范畴为基石的。

在儒家学派中，孟子是仅次于孔子的人，所以，孔子后来被称为“圣人”，孟子则被称为“亚圣”，在历朝历代中享受仅次于孔子的待遇。

【相关链接】

水深火热

战国时期，群雄争霸，齐国势力强大，自打败了燕国后，齐宣王想彻底吞并燕国。有的人劝他趁机吞并燕国，也有人劝他不要攻打燕国。齐宣王左右为难，于是便去请教大学者孟子。孟子回答说：“如果你吞并燕国，燕国百姓欢迎你，那就吞并它。古人有此先例，周武王灭商就是如此。如果燕国人不欢迎你，那么就不要吞并它，文王之所以不灭商也是这个缘故。”

孟子举了这两个例子后，指出：“当初齐军打败燕国后，燕国的百姓举双手迎接你的军队，那是因为燕国百姓想过上好日子；而今如果齐国进而吞并燕国，会给燕国人民带来亡国的灾难，使他们陷入水深火热之中，那么，燕国人就会起兵反抗你，那样，你也无法统治下去。”后来，人们便用“水深火热”来比喻处境非常差，无法生存下去。

黄

【姓氏来历】

据《说文解字》记载，汾水之黄的少昊为黄姓始祖。少昊称“白帝”，其母“女节”，又称“皇娥”。传说皇娥来到一个叫穷桑的小镇，遇到了太白星化身的俊美少年。两人一见钟情，后来皇娥怀有身孕，生下圣子少昊挚。少昊挚长大后，当上东夷部落联盟首领，迁都曲阜。

金天氏少昊的后裔台骀，在颛顼时受封于汾川，做了一个水官，后世尊为汾水之神。春秋时，台骀的后人曾建立沈、姒、蓐、黄诸国，春秋中期都被晋国灭掉。其中黄国公族子孙以国为姓，称为黄姓。

【姓氏分布】

黄姓最早发源于今河南省潢川县西部一带。秦汉之时，黄姓已兴盛于长江中游及河南、安徽等地；魏晋至隋唐时期的不断迁徙和繁衍，黄姓形成了河南、湖北、四川、广西等地望族；宋元时期，黄姓在福建、广东地区发展成为望族；明末清初，开始移居台湾，后来又有不少人播迁至海外。现今，黄姓分布尤以广西、四川、湖南和江苏等地居多。

【姓氏名人】

黄盖：字公覆，零陵泉陵（今湖南省零陵）人，南阳太守黄子廉之后，三国时期吴国著名将领、郡守、偏将军。

黄庭坚：字鲁直，号山谷道人，又号涪翁，宋代分宁（今江西修水县）人，北宋著名诗人、词人、书法家，为盛极一时的江西诗派开山之祖。著有《山谷内集》《外集》《别集》《山谷词》等。

黄道婆：为元朝时善于纺织技术的女工艺家。曾随崖州黎族学习纺织技术，学成后返乡从事纺织工作，促成棉纺织业的进步，使元明以后的松江细布闻名于四方。纺织业者遂立祠祭之，以感其功，亦称为黄婆。

黄慎：清朝著名画家。善画人物，兼工花鸟，山水，为“扬州八怪”之一。

【国学小百科】

江　夏　堂

江夏堂是为北宋分宁（今江西修水）黄氏的杰出子孙黄庭坚所立，位于江西分宁双井。祠堂门前写有“世泽浚源长，孝友无双，千秋俎豆昭前列；家声遗韵远，文章第一，百代衣冠推后贤”的对联，歌颂江夏黄氏源远流长和兴旺繁荣，又突出孝友家风和文章勋业。此为分宁黄氏建祠之始。

【相关链接】

诸葛亮择妻黄月英

东汉时期，湖北沔阳人黄承彦生性豪放不羁，与诸葛亮相交很好。黄承彦有一个不同寻常的女儿，头发枯黄，颜面黝黑，长得十分难看，因此很多青年男子都不敢娶她。虽说黄氏长得丑，却颇有才干，品德极佳。

有一天，黄承彦见到诸葛亮，听说他想娶妻，便对他说：“我有一个女儿，虽然黄头发黑皮肤，但才能与你绝对相配。”没想到诸葛先生竟然真的重才轻色，当即同意迎娶。于是黄承彦便将女儿黄月英嫁给了诸葛亮。

听说诸葛亮娶了一个丑妻，当地人都拿这件事做笑料。而诸葛亮自得到黄月英这位贤内助后，受益匪浅，不但使他一生无后顾之忧，更使他在事业发展上获得了一个强有力的支柱。诸葛亮择妻的故事，千百年来一直广泛流传于民间。

萧

【姓氏来历】

萧姓是以国名为姓氏，源于子姓。据《元和姓纂》记载，春秋时期，宋国有一个十分勇猛的大将叫南宫长万，曾被鲁国俘虏过，宋闵公多次以俘虏的事取笑南宫长万。公元前682年秋的一天，宋闵公在后宫时再次嘲笑了南宫长万。恼羞成怒的南宫长万，一拳就把宋闵公打死了。接着他又杀死大夫仇牧和太宰华督，另立公子游为君。宋国公子纷纷逃往萧邑（今安徽萧县）。

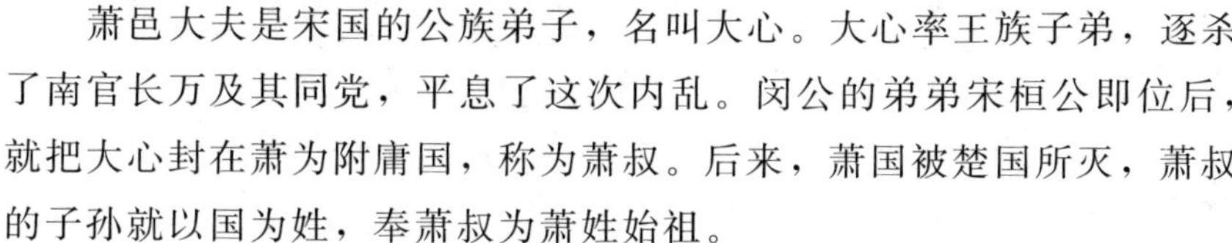

萧邑大夫是宋国的公族弟子，名叫大心。大心率王族子弟，逐杀了南官长万及其同党，平息了这次内乱。闵公的弟弟宋桓公即位后，就把大心封在萧为附庸国，称为萧叔。后来，萧国被楚国所灭，萧叔的子孙就以国为姓，奉萧叔为萧姓始祖。

【姓氏分布】

萧姓最早发源于今山东省。秦汉时期，萧姓进入第一个发展迁徙时期；三国魏晋时期，战乱频繁，萧姓大举南迁；唐宋时期，萧姓已广布于山东、河北、安徽、福建等地；元明清时期，萧姓徙居于四川、湖南、江西等地。今日萧姓在我国分布较广，尤以湖南、江西、湖北、四川、广东、山东等省多此姓。

【姓氏名人】

萧何：沛（今属江苏沛县）人，西汉初期政治家，汉初三杰之一。他是汉高祖刘邦的重要谋臣。

萧统：字德施，南兰陵人，南朝梁著名的文学家，梁武帝之子。少时遍读儒家经典，善辞赋，编辑成《文选》30卷，为我国现存最早的文章总集。

萧朝贵：武宣县河马乡人，太平天国将领，金田起义的核心领导人之一，后被封为西王。

萧良有：明代汉阳（今湖北省武汉）人，少时聪颖异常，被人称为“神童”，万历中会试第一。著有《玉堂遗稿》。

萧太后：名绰，字燕燕，契丹人，历史上被称为“承天太后”，辽史上著名的女政治家、军事家。

萧统

【国学小百科】

萧衍提倡僧人吃素

汉朝时，佛教传入中国。佛教规定，脱俗为僧人入寺须遵守“五戒”。佛门“五戒”中的首戒即是“不杀生”。佛教的“不杀生”是指自己不直接或间接杀生，只要你不见、不闻、不疑是杀生，就不算犯了杀戒，这种肉也就是可以吃的“净肉”。

“僧人吃素”的戒律是由南北朝时梁武帝萧衍大力提倡才形成的。萧衍是历史上著名的信奉佛教的皇帝。他为了维护其统治，控制佛教，曾三次舍身入建康（今南京）寺院，出家食素。每次都是由臣子们集资把他从寺中赎回继续当皇帝。

萧衍曾撰写过《断酒肉文》《与周舍论断肉敕》等，极力鼓吹僧人不得食酒肉。因为他是皇帝，僧人怎敢不遵而行之？所以在南北朝梁武帝萧衍以后，“僧人吃素”才成为汉族僧人特有的戒律。

【相关链接】

成也萧何，败也萧何

“成也萧何，败也萧何”出自宋·洪迈《容斋续笔》。

西汉年间，萧何向刘邦推荐了善于用兵打仗的韩信做大将军，使之为汉朝的建立立下汗马功劳。汉高帝十一年，刘邦当时在前线讨伐陈希，有人密告韩信与陈希通谋，要杀吕后和太子。随后，吕后与萧何商议，由萧何出面对韩信说，陈希已被击败，让韩信立即入朝相贺。韩信相信萧何，便入了宫。吕后就命令武士把韩信捆绑起来，不经审讯，就斩首了。

韩信的成功是由于萧何的大力推荐，韩信的败亡，也是萧何出的计谋。因此民间有“成也萧何，败也萧何”一句俚语，比喻事情的成败、好坏都由一个人或一件事情造成的。

邵

【姓氏来历】

邵姓主要以封地为姓氏，出自姬姓。据《通志·氏族略》所载，周文王之子召公奭，封邑于召（今陕西省东岐山西南），称为召公，后又封于燕国（今河北北部）。他派长子去管理燕国，自己留在镐京（今陕西省西安市长安区）任太保。在整个周王朝时代，召公的子孙在周王室中地位一直十分显赫。公元前 222 年，秦国灭掉了燕国，于是召公的后裔就以原封地“召”为姓。汉代以后，召姓后裔又把“召”改成“邵”，从此诞生了邵姓。

【姓氏分布】

据有关史籍记载，燕国灭亡后，其王族子孙主要散居在中原地区，包括今河北南部、河南、安徽西部；三国魏晋时，邵姓主要聚居于河北安平及河南安阳、汝南一带；唐宋时期，浙江、安徽、福建多有邵姓居住；明初，邵姓作为洪洞大槐树迁民姓氏之一，被分迁于安徽、浙江、山东等地；清朝开始，有邵姓迁至台湾及海外地区。如今，邵姓主要分布在甘肃、江苏、安徽等省。

【姓氏名人】

邵雍：字尧夫，谥康节，范阳（今河北省涿州）人，北宋著名哲学家。精研周易，创立象数之学。著有《宋史》《皇极经世》《伊川击壤集》等。

邵光祖：字弘道，河南人，元朝著名学者。好儒学，非圣贤之书不读。吴中学者称其为“五经师”。

邵普涵：浙江余姚人，清代著名经学家、历史学家。他还擅长经学，撰有《尔雅正义》，成为训诂学的重要著作。他还曾参与纂修《继三通》《八旗通志》等书。今天的《四库全书》史部典籍，多出自他手。

邵飘萍：浙江金华人，近现代著名记者、报人。曾因反袁流亡日本，后加入中国共产党，1926 年被奉系军阀杀害。著有《新闻学总论》《实际应用新闻学》等，是我国最早的一批新闻理论著作。

【国学小百科】

邵雍墓

邵雍墓位于河南省洛阳市伊川县平等乡西村的山坡上。墓地东临伊水，西依紫荆山，南北长 89 米，东西宽 48 米，占地面积 1764 平方米。自宋代起，经明、清、民国时期多次修整，规模宏大。

邵雍墓呈圆锥状，高 2 米，周长 10.8 米，沿墓冢底部砌有高 1 米的八角形青砖护冢墙。墓冢墙南侧平面上砌石碣一块，上刻“新安伯”三字。石碣南为墓碑，上书“宋先儒康节邵夫子墓”。墓南建有石坊，始建于明宣德三年，后毁。清乾隆十七年重建。石坊由青石砌成，底柱四根，呈正方形，石坊檐下，挂有“安乐佳城”匾额。

墓园中央有按堂三间，是 1968 年在原址上重建。最南端是山门，始建于明宣德三年，清乾隆六年重修。山门面南而开，青砖门墙两边均嵌有石刻对联，上联为“删后无诗啸月嘲风留青壤”，下联是“画前有易蹑根探窟见先天”。山方有石刻匾额，上书“邵夫子墓”。在山门通往墓冢的神道两侧有石狮一对，威武庄严。1963 年，被河南省公布为重点文物保护单位，1986 年又进行了修葺并建围墙。

【相关链接】

甘棠遗爱

“甘棠遗爱”出自《诗经・周南・甘棠》。

周初，召公出任太保一职，与周公旦分陕而治。陕以西由他治理，陕以东的地方归周公旦治理。相传，召公在汉水流域了解民间疾苦时，曾在一棵甘棠树下自己搭了一个草棚，在那里办公、过夜。召公把自己分管的地方治理得有条有理，经济繁荣，百姓安居乐业。因此，召公备受辖区及周境内百姓的爱戴。

后来召公死后，人们都很怀念他，精心保护这棵甘棠树，并编了一首歌谣《甘棠》来颂扬他。歌谣的大致意思是：茂盛的甘棠树，不要剪它，不要砍伐它，不要攀折它，因为召公在这里搭过草棚休息过。这首歌谣不但体现了召公广施仁政的博爱之心，而且也留下了“甘棠遗爱”的千古美谈。

汪

【姓氏来历】

汪姓最早源于商代汪芒氏之后。传说上古时大禹治水成功后，舜就把皇位让给了大禹。有一次，大禹出巡时，见路上有一队囚犯。他下车询问，了解事情的经过后，自己流下了眼泪。左右人员问他：“罪人不守法，你为什么哭呢?”大禹说：“尧、舜是圣人，他们管理天下时，百姓都向他学习，所以天下没有犯人。现在到了我的手下，百姓却各人只管各人，所以犯法，我能不痛心吗?”

后来，他在会稽召集天下诸侯研究天下大势，各路诸侯都到了，唯独汪芒国国君防风氏没有来。这个部落是一个巨人部落，每个族人都身高三丈有余，且个个力大无穷，所以防风氏恃勇而骄，不把大禹的命令放在眼里。

最后防风氏才姗姗而来，并且口出狂言，大禹就把他处死了。后来他的子孙逃亡到湖州汪芒山里躲了起来，改称汪芒氏。战国时期，楚国灭越，汪芒氏也被攻破，他们的后代又逃到安徽南部的歙县一带，改称汪氏，至此就有了汪姓。

【姓氏分布】

汪姓发源地为山东、安徽歙县和浙江武康等地。唐代以后的江西、贵州、福建、广东、广西等地的汪姓，大多是从安徽迁徙过去的；两宋时，汪姓继往开来之昌盛，并已成为全国大姓之一；元末明初，汪姓作为洪洞大槐树的迁民姓氏之一，被分迁于湖北、河南、东北等地；到了清代，福建及广东地区的汪姓陆续有人移民台湾及海外。如今，汪姓分布很广，主要分布于安徽、湖北、江苏、浙江等省。

【姓氏名人】

汪伦：又名凤林，唐开元间任泾县令。卸任后，他搬到了泾县的桃花潭畔居住。大诗人李白游泾县桃花潭时，还为其提诗《赠汪伦》。

汪元量：字大有，号水云，晚号楚狂，钱塘（今浙江杭州）人，南宋著名诗人。著有《醉歌》《湖州歌》《越州歌》等。

汪中：字容甫，江都（今江苏扬州）人，清代学者、骈文家，对经学、方志学等均有著述，尤精于先秦诸子之学，著有《述学》《广陵通典》《容甫先生遗诗》等。

汪文升：长洲（今江苏苏州）人，清代诗人、书法家。康熙年间进士，工诗、古文，尤善书法，与两兄一弟合称“吴门四汪”，著述甚丰。

【国学小百科】

族规家训

族规家训在家谱中名称各异，有家诫、家教、家约、家法、家言、家书、家规、家议、家范、家训、宗禁、祖训、族规、族约、规范、规矩等数十种。它要求所有家族成员必须遵守各种行为规范和规章制度，其目的是为了使子孙后代永远存续家族，光大族望，不致因行为失当而败坏家业。

族规家训分为两类，一是强制性的法规，另一是诱导性的说教。其内容包括财产继承、婚姻、祭祖祀宗、忠君孝亲、家庭教育、日常生活，甚至还包括水源保护、森林保护等等，几乎涉及家族生活的各个领域。如以忠孝节义为本、以勤俭耕读为家的江州义门陈村，成为古代封建家族的典范。宋真宗曾题诗“聚居三千口人间第一，合炊四百年天下无双”。在他们的家法中，关于吃饭问题的家规就有六七条，从烧饭到吃饭、从日常吃饭到节日会餐都有详细的具体规定，真是令人叹为观止。

【相关链接】

《赠汪伦》

汪伦自泾县卸任后，一直留恋附近的桃花潭，后来他将全家由黟县迁往泾县。有一次，汪伦听说大诗人李白旅居南陵叔父李冰阳家，便写信邀请李白来家里做客。

李白爽快地答应了，并如邀而至。汪伦留李白连住数日，每日以桃花潭水酿成的美酒相待，还送给李白八匹名马和十段官锦。后来，李白在东园古渡乘船去万村，然后再登旱路去庐山。汪伦为李白专门设宴送行，并歌唱民间的《踏歌》相送。李白被汪伦此番盛情深深感动，临别时作诗一首：“李白乘舟将欲行，忽闻岸上踏歌声。桃花潭水深千尺，不及汪伦送我情。”

这首《赠汪伦》也道出了两人之间的情谊。汪伦也因而名留千古，无论是大人还是小孩没有不知道的。

毛

【姓氏来历】

毛姓以国名为姓氏，源出于姬姓。据《通志·氏族略》所载，周武王灭商以后，封八弟叔郑于毛国（今陕西扶风一带），人们便称叔郑为“毛伯”。毛伯在周成王时曾任司空，又称毛公。后来，毛伯的子孙就以国为姓，就是毛氏，奉毛伯为毛氏的始祖。

【姓氏分布】

毛姓早期主要是在北方发展繁衍。春秋时期，由于发生内乱，毛姓大举南迁；唐末五代以后，毛姓多居于河南、河北、山东、甘肃等地。如今，毛姓主要分布在我国南方的浙江、江苏、安徽、江西、湖南、广西、四川等地。

【姓氏名人】

毛遂：战国时赵公子平原君的门下食客。他曾自荐求助于楚国，后获得了“三寸之舌，强于百万之师”的美誉。

毛亨：鲁（今山东曲阜）人，西汉时期著名学者，也是“毛诗学”的开创者，曾作《毛诗训诂传》，世称“毛诗”，流传千古的典籍《诗经》就是由《毛诗》传下来的。

毛晋：原名凤苞，字子晋，常熟人，明朝著名学者。他博学多识，传刻古书，流布天下。著有《苏米志林》《明诗纪事》《毛诗陆疏广要》《海虞古今文苑》等。

毛庚：原名雝，字西堂，钱塘（今杭州）人，清朝著名书法家、篆刻家。

毛泽东：字润之，湖南湘潭韶山人，中国共产党、中国人民解放军和中华人民共和国的主要缔造者和领导者。1976 年 9 月 9 日，83 岁的毛泽东在北京逝世。

【国学小百科】

毛氏祠堂

毛氏祠堂是韶山毛氏家族的总祠堂，最初建于 1758 年。整个祠堂的建筑面积大约 700 平方米。祠堂的房屋分为三进。第一进为戏楼：楼的中部是戏台，能容纳数十人登台表演。楼两侧是化妆室。楼下中部有一个小厅，两侧各有一个厢房，左边是庖厨地，右边是酒饭舍。第二进为中厅：这里是全族办公、讲约、祭祀和摆酒设宴的地方。第三进是敦本堂：堂中摆放历代祖宗的牌位。堂的左边是住宿处，右边是钱谷、祭器等物的收藏处。

1925 年，毛泽东曾在此祠办过农民夜校。杨开慧是该夜校的负责人，并在夜校讲过课。1968 年，有关部门对祠堂进行了维修，使其保持 20 世纪 20 年代原貌并对外开放。1972 年 9 月，湖南省将祠确定为省级文物保护单位。2006 年定为全国重点文物保护单位。

【相关链接】

毛遂自荐

公元前 257 年，秦国攻打赵国，包围了赵国的都城邯郸。此时赵国的形势非常危急。平原君为了挽救自己的国家，决定去楚国求援。平原君准备从自己的三千门客中挑选文武兼备的随从 20 人。但左挑右拣，只有 19 人符合平原君的要求。

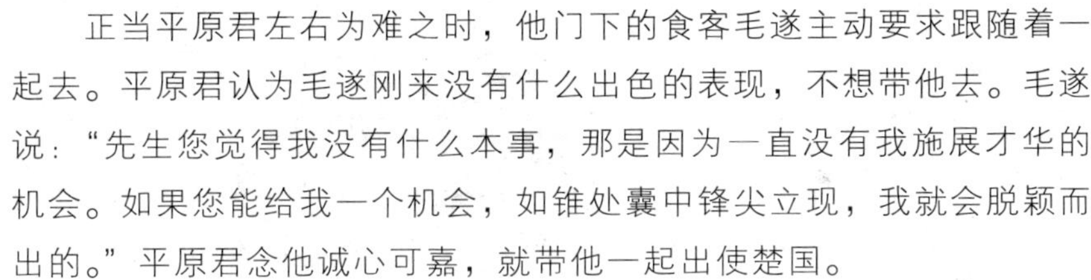

正当平原君左右为难之时，他门下的食客毛遂主动要求跟随着一起去。平原君认为毛遂刚来没有什么出色的表现，不想带他去。毛遂说："先生您觉得我没有什么本事，那是因为一直没有我施展才华的机会。如果您能给我一个机会，如锥处囊中锋尖立现，我就会脱颖而出的。"平原君念他诚心可嘉，就带他一起出使楚国。

来到楚国，见了楚王以后，平原君与之商讨合纵抗秦之事。他晓之以理，动之以情，痛陈利害，但是谈了很长时间也没谈出什么结果。此时毛遂恼火，按着佩剑走上台阶，对平原君说："合纵抗秦一事，利害得失一句话说清楚就可以定夺，怎么从日出谈到中午还不能决断?"楚王见毛遂倨傲无礼，怒斥说："还不下去?我和你主人讲话，你来干什么?"

毛遂按剑，继续向前说："您大声呵斥我，只不过依仗楚国人多，可是现在您的命运掌握在我的手中。"毛遂语带威胁，咄咄逼人，楚王不敢轻心。于是毛遂力陈秦国侵略楚国的史实，以此唤起楚王的耻辱之感。最后楚王终于同意与赵国结盟，共同抵抗秦军。

听到楚国要发兵救赵的消息后，秦国就撤了兵，赵国终于化险为夷。平原君感叹："毛遂以三寸之舌，强于百万之师!"

"毛遂自荐"由此而来，后人比喻不经别人介绍，自我推荐担任某项工作。

戴

【姓氏来历】

戴姓以谥号为姓氏。据《元和姓纂》记载，周王朝时，宋国的第十一位君主死后，奉谥号为戴公。其后他的子孙以其谥号为姓。

另据《左传》所载，戴姓源出于姬姓，以国号为姓。周初，周武王分封诸侯时，封有戴国（在河南民权县东）。春秋时戴国被楚国所灭，失国后的戴侯子孙以国为姓。这就是与周王室同宗的戴氏。

【姓氏分布】

早期戴姓主要发源于豫东一带。先秦时期，戴姓主要在其发源地豫东一带繁衍发展；三国两晋南北朝时期，戴姓不仅在江浙一带分布更为广泛，而且还有徙居今安徽、湖北的；盛唐之际，戴姓在陕西、湖南、江西等地均得以发展繁衍；宋元之际，由于战乱，戴姓人大举南迁；明朝时期，戴姓迁于陕西、安徽、河北等地；清代时有福建戴姓陆续迁往台湾及海外。如今，戴姓尤以江苏、浙江两省居多。

【姓氏名人】

戴复古：字式之，号石屏，台州黄岩（今属浙江省）人，南宋诗人。他的部分作品指责当时统治者苟且偷安，表达了收复中原的愿望。著有《石屏诗集》《石屏词》。

戴名世：字田有，一字褐夫，号南山，安徽桐城人，清朝著名史学家。因家居桐城南山，后世遂称“南山先生”。他曾任翰林院编修。他刊行有《南山集》，其中有很多明朝正史以外的史事，触怒了清王朝，遂以“大逆”罪被杀。

戴望舒：原名戴朝宷，笔名艾昂甫、江思等，浙江杭县（今余杭区）人，现代派诗歌的重要代表人。其主要诗集有《雨巷》《望舒草》《寻梦者》《灾难的岁月》等。

【国学小百科】

五百年前是一家吗

许多人认为，同姓是一个老祖宗传下来的，几百年前是一家子。其实这种说法是不完全正确的。

中国的姓氏产生的原因很多，许多同姓不是同出一源。比如说，戴姓是一支周王朝初年封的戴国后裔；另一支是宋国宋戴公的子孙。再比如说，夏朝有个甘国，位置在现在陕西省户县一带，甘国国君的子孙就以甘为姓；周朝周襄王的弟弟王子带破封在甘，这个甘是现在河南省洛阳一带，其子孙也以甘为姓。

以上所说的戴、甘两个姓，其来源是不相同的。也就是说，很多同姓在五百年前也不是一家人，尤其是人口多的大姓，大多数有好几个来源。

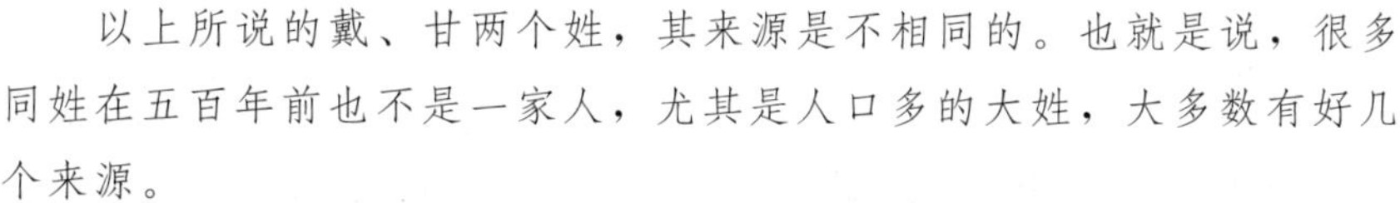

【相关链接】

《南山集》案

自满清南侵以来，对中原民族不但在军事上予以残酷杀戮，而且在经济上和文化上大肆掠夺和破坏，尤其是大量炮制文字狱，大搞文化压迫。

清朝文字狱集中发生在号称盛世的康熙、雍正、乾隆时期。其中戴名世《南山集》案就是最为著名的一例。时任翰林院编修的戴名世对清廷随意篡改明朝历史十分气愤，后来他通过访问明朝遗老和一些历史参考文字资料，编写了一本记录明末历史的《南山集》。

康熙五十年，《南山集》印出 10 年后，有人将戴世名告发，说其书中用南明年号并涉及多尔衮的一些内幕。康熙知道后大怒，于是下令凌迟处死戴名世。不仅如此，还要戴氏家族凡男子 16 岁以上者立斩，女子及 15 岁以下男子，统统发给功臣家族做奴仆。

与戴名世同乡的方孝标也难逃一劫，因为他曾为其提供过参考资料《黔贵记事》，遂与戴名世同样治罪。戴氏同族人有职衔者，一律革去。当时给《南山集》作序的汪灏、方苞、王源等处斩刑。凡与《南山集》有关的人，不是被杀问斩，就是沦为奴隶或被发配。最后由《南山集》牵连的多达300人。

很多历史学家认为，产生文字狱的心理背景，其实很简单。当权者内心有潜在的罪恶感和自卑感时，自顾形惭之余，对别人的一言一语，都会硬拉到自己头上，于是恼羞成怒，并采取强烈的报复。可以说，每一个文字狱，都是当权者神经衰弱、做贼心虚的反应。

宋

【姓氏来历】

宋氏起源于周代。周武王灭商后，以仁德为怀，并没有对前朝王室“赶尽杀绝”，反而为了奉祀商汤，把大片土地封给纣王的哥哥微子，从而建立了宋国。公元286年，宋国被齐所灭，其后宋国公族子孙有一支则以国为姓，即为宋氏，奉微子为宋姓始祖。

【姓氏分布】

宋姓的发源地在今天的河南商丘一带。秦汉时期主要繁衍于北方地区；隋代以前，宋姓分布于今河南、陕西、山东、浙江等省；唐初，有河南宋氏随陈政、陈元光父子入闽开漳，在福建安家落户；到了清代，广东及福建地区的宋姓陆续有人移居台湾，进而又有远播海外地区。如今，宋姓分布广泛，山东、四川、河北等省亦多此姓。

【姓氏名人】

宋玉：又名子渊，战国时鄢（今襄樊宜城）人，因曾任阑台令，故又称为阑台公子。他善辞赋，作九辩、招魂，与屈原并称为“屈宋”。流传作品有《风赋》《九辩》《笛赋》《登徒子好色赋》等。

宋慈：字惠父，建阳（今属福建）人，我国古代杰出的法医学家。曾任广东、湖南等地提点刑狱官。他所编的《洗冤集录》是世界上第一部法医学专著，对法医学的发展起了重大贡献。

宋教仁：近代著名民主革命家，是为宪法流血的第一人。1913年，进行国会选举时，他进行了多方游说，提出以多数党资格组织责任内阁，以制约袁世凯，后被袁世凯杀害。

宋庆龄：又名庆琳，原籍广东文昌（今属海南省），生于上海。1915年，她同孙中山结婚。历任中华人民共和国中央人民政府副主席、中华全国民主妇女联合会名誉主席、全国人民代表大会常务委员会副委员长、中华人民共和国副主席、名誉主席等。

【国学小百科】

宋姓楹联

宋姓家族专用楹联，即宋姓家族常用族中名人嵌作楹联，以事彰扬，并表明自己是正宗的宋姓之后。以前曾有联云“文苑英华”，“明廷圭璧”，典出宋白、宋璟。“节高拒马”，“理悟谈鸡”，典出宋纤、宋处宗。

宋氏通用楹联还有：“广平守法，皇嗣延师。”上联典出宋璟，唐开元十七年拜尚书右丞相。授府仪同三司，晋爵广平郡开国公，经武宗、中宗、睿宗、殇帝、玄宗五帝，在任52年，善守法以持正；下联典出宋濂，明太祖为郡学五经师，曾受命授皇太子经，官至翰林学士。

此外，还有联云“父子同馆，兄弟联科”。上联典出宋代宋皋、宋绶父子，同值集贤馆，世以为荣；下联典出宋代宋庠、宋祁兄弟，同举进士，皆以文学著名。

【相关链接】

空穴来风

有一次，宋玉跟随楚襄王在兰台宫游玩，忽然有一阵凉风呼呼地吹来。楚王觉得让风吹着很舒服，不禁感叹：“这风吹得我好畅快呀！这是我和百姓共同享受的风吗？”

宋玉说：“这风只是大王独自享有的风罢了！百姓哪能与您相比

呢？”楚王听后惊讶地说：“风是从天上吹过来的，不管高尚的，还是低下的，都会吹他们身上。如今你却说风是我独有的，这又有什么道理呢？”

宋玉答道：“我听我的老师屈原说过，树分杈的地方，常有鸟来筑巢；有空隙的地方，就会引来风吹。由于地位不同，风自然就两样了。”

后来，人们根据宋玉所说的话概括出了“空穴来风”这个成语，用来说明人说话或者做事不谨慎、不周密，就会给人找到责怪的借口，也比喻流言乘机传开。

【姓氏来历】

纪姓以国为姓，出自姜姓。据《元和姓纂》记载，夏、商时期，中原有一个诸侯国纪国（今山东省寿光市纪台镇），乃是炎帝神农后裔的封国。春秋时期，纪国被齐国所灭，纪国王族子孙就以国名为姓，世代相传姓纪。

【姓氏分布】

纪姓发源于今山东寿光一带。春秋时，纪姓在甘肃天水发展成望族，世称天水望；唐宋时，纪姓向沿海迁移；到了明清时期，纪姓更进一步向台湾迁移，逐渐发展成为大姓。如今，纪姓在全国分布较广，尤以北京、江苏、山东等省市多此姓。

【姓氏名人】

纪昀：字晓岚，一字春帆，晚号石云，直隶献县（今属河北）人，清朝名臣、目录学家、文学家。乾隆年间任《四库全书》总纂官，并主持写定《四库全书》总目提要及简明目录。另著有《阅微草堂笔记》《纪文达公遗集》。

纪信：字成，成纪（今甘肃天水市）人，是楚汉之争时保护刘邦有功的著名将领。在一次楚汉交锋中，为掩护刘邦逃跑，假扮刘邦，后来被项羽生擒斩首。

【国学小百科】

《阅微草堂笔记》

清朝短篇志怪小说《阅微草堂笔记》是当时的文学家纪昀所编，于清朝乾隆五十四年开始编写，至嘉庆三年完成。全书虽谈狐说鬼，不脱旧时迷信习性，但正文结构谨严，论断精确，可谓是一部传奇之作。

全书借由一些志怪的描写，以折射当时官场腐朽昏暗堕落的百态，进而反对宋儒的空谈性理疏于实践之理气哲学，并且讽刺道学家的虚伪、矫作、卑鄙，旁敲侧击地揭露了社会人心的贪婪及保守迷信。

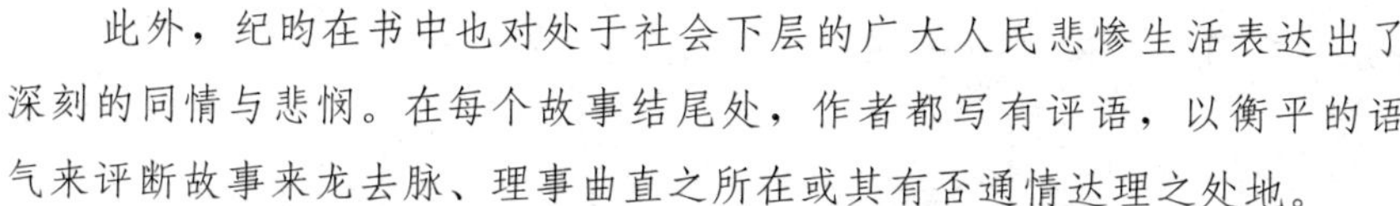

此外，纪昀在书中也对处于社会下层的广大人民悲惨生活表达出了深刻的同情与悲悯。在每个故事结尾处，作者都写有评语，以衡平的语气来评断故事来龙去脉、理事曲直之所在或其有否通情达理之处地。

在清代大量的笔记小说中，《阅微草堂笔记》可谓独树一帜，鹤立鸡群，成为唯一能够与《聊斋志异》相媲美的作品，人们把这两部作品誉为清代笔记小说中的“双璧”。

【相关链接】

梦笔生花

纪少瑜是南朝有名的文士，他从小就爱读《六经》，善于谈吐，对答如流，深受当时读书人的钦佩，后来做了东京大学士。

相传，纪少瑜小时候并没有太出众的才华，但是他学习很用功。他的诚心感动了文神。有一天晚上，纪少瑜做了一个很奇怪的梦，他梦见著名的文人把一支笔送给了他，并告诉他用这支笔能够写出最好的文章。纪少瑜梦醒之后，果然在枕边发现一支特别精致的毛笔。从此，纪少瑜的文章真的大有长进。最终，他成了一位著名的文士。

“梦笔生花”也写作“梦笔”，用来表示才思日进。张孝祥在《鹧鸪天》就用到此典：“忆昔彤庭望日华，匆匆枯笔梦生花。”

祝

【姓氏来历】

古代的人们很迷信，很多军国大事，事先都要进行占卜再决定是否行动，所以古代巫师的地位很高。巫师分为占卜、记录和致辞三种，分别叫巫、史、祝，合称巫史祝。其中负责致辞的祝，不但需要伶俐的口齿，而且还要有渊博的知识，因而担任祝的人，往往为世袭，久而久之，人们就以职称呼，逐渐变为祝氏，这是最早的祝氏。

另据《元和姓纂》记载，周初，周武王分封诸侯时，封有祝国（故城在今山东省长清东北祝阿故城），祝侯是黄帝的后裔，后来祝侯的后代子孙就以国为姓，这是祝姓的另一支来源。

【姓氏分布】

祝姓发源于今山东长清。唐时，特别是安史之乱和黄巢起义之后，祝姓由河南避居湖北，或由陕西越秦岭进入四川；两宋时期，祝姓在北方趋于沉寂，而南方之祝姓却日益兴盛起来；明初，山西祝姓作为洪洞大槐树迁民姓氏之一，被分迁于今山东、陕西、湖南等地；清初，两湖之祝姓伴随湖广填四川的风潮入迁四川。如今，祝姓在全国分布较广，尤以安徽、四川等省多此姓。

【姓氏名人】

祝允明：字希哲，号枝山，长洲（今江苏苏州）人，明朝文学家、书画家。与唐伯虎、徐真卿、文徵明并称“吴中四才子”。著有《前闻记》《九朝野记》《祝氏集略》《怀星堂集》等。

祝世禄：字世功，江西德兴人，著名明朝学者。明万历年间进士，官至尚宝司卿。著有《环碧斋》《祝子小言》《环碧斋小言》《环碧斋诗集》等。

祝嘉：字明甫，号西涧，浙江秀水人，清朝著名诗人、画家。善画梅，工诗。著有《西涧诗钞》。

祝大椿：字兰舫，江苏无锡人，清末著名民族资本家。曾开设源昌号，经营煤铁五金，兼营轮船运输，开办机器缫丝厂、源昌机器碾米厂、机器五金厂等，工业资本总额达上百万。

【国学小百科】

领谱字号

古代的家谱只允许在家族内部收藏，严禁随便外传。为了确保族人能够悉心收藏，不遗失、不外传，家谱修成以后，每部家谱都编定一个特定的号码，各房的领谱人按号码领取家谱，称为领谱字号。

领谱字号就是家谱的编号，与此相对应，家谱上还记载着印谱的总数、分发各房谱数及领谱人的姓名等内容。一旦领谱字号出现外传或损坏，就能清楚地找到责任人；同时，领谱字号也能有效地防止外族人伪造家谱，冒认宗亲。领谱字号有的套用现成的字书如《千字文》，也有自己编写的。

只恨妾身生太晚

明代的浮白斋主人在其著作《雅谑》中讲述了一个有趣的故事。

相传，有一个人叫卢公，晚年丧偶，后来又娶了年轻漂亮的祝氏为妻。但是这个祝氏不太喜欢卢公，她觉得卢公年龄、容貌跟自己相差太远，根本不相配，所以她为了此事整天愁眉苦脸，郁郁寡欢。

卢公看祝氏不开心的样子，就体贴地问道："娘子，你是不是嫌我老了？"祝氏回答道："不是。"卢公又问："那你是不是嫌我的官职太低了？"祝氏摇了摇头说："也不是。"卢公百思不得其解，又问道："既然不嫌我年纪大，不嫌我官小，那么你为什么整天不开心呢？"最后，祝氏忍不住了，就吟了一首诗："不恨卢郎年纪大，不恨卢郎官职卑，只恨妾身生太晚，不见卢郎少年时。"

项

【姓氏来历】

项姓以国名为姓，源于姬姓。周初，周武王分封诸侯时，封有项国（今河南项城）。春秋时期，齐国将其吞并。失国后的项国子孙以国名为姓，即为项氏。

另一支是以封邑为姓。战国末年，楚国有一位大将叫公子燕，他的父亲随楚考烈王灭鲁国，因功被封在项（今河南省项城市），其后人以封邑为姓，即为项氏。

【姓氏分布】

项姓发源地在河南项城境内，后来项姓辽西国郡发展成望族，世称辽西望。当今，项姓成为比较常见的姓氏，其分布很广泛，尤以湖南、湖北、贵州、浙江等省多此姓。

【姓氏名人】

项羽：名籍，字羽，秦末农民起义领袖，著名军事家、中国古代第一武将。秦二世元年，陈胜、吴广在大泽乡发动了大泽乡起义，项羽随叔父项梁在吴中刺杀太守殷通举兵响应。入关后，自立为西楚霸王，继与刘邦争天下。公元前202年，被刘邦困于垓下，后突围至乌江，自刎而死。

项羽

项元淇：字子瞻，秀水（今浙江嘉兴）人，明代著名文学家、书法家。工诗、古文辞。小楷严整，尤善草书。著有《少岳集》4卷，《四库总目》传于世。

项忠：字荩臣，号乔松，浙江

嘉兴（今属江苏）人，明朝著名兵部尚书。明英宗正统七年进士，授刑部主事，进员外郎。

项元汴：字子京，号墨林山人、香岩居士，秀水人。明朝著名书画鉴赏收藏家。工墨竹、兰草、梅花，精于鉴赏，好收藏金石遗文、书法名画，所藏书画主要印记有《神品》《天籁阁》《世济美堂》等。著有《宣德鼎谱》《宣炉博论》等传世。

项英：原名德隆，后化名江俊、江钧，湖北黄陂人。抗日战争时期，任中共中央东南局书记，新四军副军长兼政治委员。“皖南事变”期间，被叛徒杀害。

【国学小百科】

“楚河汉界”的由来

经常玩象棋的人都知道“楚河汉界”，真正的“楚河汉界”指的是河南省荥阳市黄河南岸广武山上的鸿沟。沟口宽约 800 米，深达 200 米，是古代的一处军事要地。“楚河汉界”是由何而来呢？

汉高祖二年初，刘邦引兵东向，出函谷关；三月，刘邦与诸侯会盟洛阳，集 50 多万人马一同伐楚。乘楚霸王项羽率兵征齐后方空虚之机，一举攻下楚都彭城（今徐州）。项羽闻讯，立即回师，集结军队大败汉军。刘邦退到荥阳，楚军乘胜追击，在荥阳一带互相攻伐长达两年之久。

后来，刘邦先后兵分两路，一路在荥阳与项羽对峙，另一路由大将韩信率领抄楚军后路，占领河北、山东一带。从此，汉军有了更为巩固的后方，关中的萧何更是源源不断地运来兵员和粮饷。而此时项羽则补给困难，危机四伏，形势发生了逆转，楚军越来越弱，汉军越来越强盛。

公元前 202 年秋，楚军弹尽粮绝，无奈之下与汉军讲和。项羽被迫提出了“中分天下，割鸿沟以西为汉，以东为楚”的要求，这就是历史上著名的“楚汉相争，鸿沟为界”故事。

【相关链接】

项刘斗联

相传楚汉相争之后，刘姓人和项姓人结下了世仇，他们总是相斗不止，结果既影响了生产发展，又影响了社会稳定。

某地有两个村庄，一是刘姓，一是项姓，中间隔着一条河。刘项两村人生活上从不来往，但是他们之间却经常斗联。有一年，刘姓人早早就挂出了这么一副对联：两朝天子，一代军师。“两朝天子”是指汉高祖刘邦创立西汉，汉光武帝刘秀创立东汉；“一代军师”是指明朝军师刘基。这样项姓人要想再高过刘姓人，看来很难了。

此时，刚好有一位上京赴考的秀才路过项姓村庄。他听说此事，觉得双方争来争去，也不是办法，便想促成他们和解。于是他来到刘姓村庄，劝说刘项和解。刘姓人以为项姓人想不出对联，才派人来说和，便要求对方出示对联，才肯言和。秀才没有办法，只好出了一副对联：烹天子父，做圣人师。“烹天子父”是说项羽曾擒获刘邦的父亲，后派人告诉刘邦，要是刘邦不肯投降，他就要将刘父烹熟了吃。后来，刘邦对来人说，如果烹了他父亲，请分一杯羹，他也要尝尝味道。最终项羽不忍心，便放了刘父。这事对刘姓人来说，极不光彩。“做圣人师”说的是孔子东游，路遇小孩项橐，与他一番交谈后，孔子说，小项橐“可以为师矣”。

刘姓人看到秀才出了这副对联，很是佩服，就同意和解。自此，刘项两村和睦相处，共同发展，相安无事。

董

【姓氏来历】

传说上古时期，有个名叫父的人，从小就喜欢龙，只要听到哪里养了龙，他就跑去，千方百计向人请教养龙的知识。就这样他学到一身养龙的本领。恰在这时，天上降下两条龙，圣帝舜很高兴，就向全国征养龙高手。父知道后自告奋勇前去应征，圣帝舜听他说得有道理，就让他饲养这两条龙。父不负众望，把两条龙驯得十分听话。每当诸侯向舜朝拜时，父就让这两条龙为大家起舞助兴，博得天下诸侯的称赞。舜很高兴，就赐父以董姓，人称董父，又叫豢龙氏，又封他为诸侯，后来董父就成了董姓的始祖。

另有一支是以世职为姓。春秋时周王朝有大夫辛有，他有两个儿子，都在晋国担任管理典籍史册的官员。古文字中，“董”有管理的意思，所以人们称他们为董史，世袭晋国史官。他们的后代，就以职业董为姓。

【姓氏分布】

据史料所载，董姓的发源地在山东定陶北部、山西西南部、山东平原县一带。秦汉时，董姓在今山西、甘肃、河北较为集中；魏晋南北朝时期，董姓迁往安徽、江苏、湖北等地；隋唐时期，福建、广东又有董姓迁居者；宋元时期，由于战乱，董姓大举南迁；明清之际，台湾地区、南洋群岛及欧美一些国家均有董姓居住。今日董姓以山东、云南、浙江、河北、辽宁等省最为集中。

【姓氏名人】

董解元：金朝戏曲家。他根据唐人元稹的《莺莺传》创作了《西厢记诸宫调》，为后来元曲作家王实甫创作《西厢记》奠定了基础。

董其昌：字思白，号玄宰，松江华亭（今上海松江）人，明代著名画家、书法家、美术评论家。以他为代表的“华亭派”在山水画方面影响尤大。著书有《画旨》《画眼》《容台集》《容台别集》《画禅室随笔》等。

董存瑞：河北怀来人，中国人民解放军战斗英雄。1945 年参加八路军，曾多次立功受奖。1946 年加入中国共产党。1948 年 5 月 26 日，在解放热河隆化战斗中舍身炸碉堡壮烈牺牲。朱德为他题词：“舍身为国，永垂不朽。”

董必武：原名贤琮，字洁畲，号壁伍，学名用威，湖北黄安人。

中国共产党和中华人民共和国的重要领导人之一，新中国法制工作的奠基人。

【国学小百科】

古代的谥号

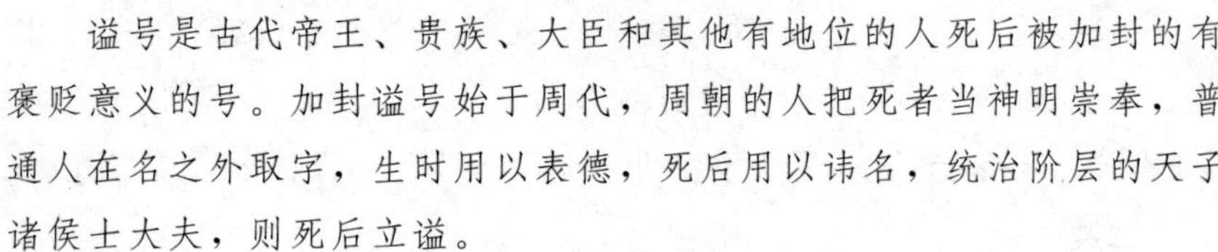

谥号是古代帝王、贵族、大臣和其他有地位的人死后被加封的有褒贬意义的号。加封谥号始于周代，周朝的人把死者当神明崇奉，普通人在名之外取字，生时用以表德，死后用以讳名，统治阶层的天子诸侯士大夫，则死后立谥。

春秋时期，由于社会动荡，作为上层建筑的谥，也受到了冲击。原先的诸侯死，天子赐谥；君王死，礼官议谥；高官重臣死，朝廷赐谥的古礼遭到破坏，于是，诸侯的谥多由子弟大臣议定，不必天子亲自制谥。就连一般的卿、大夫也有了谥号。战国时代的谥法虽然日臻完善，但是秦统一以后公开宣布废谥。

汉代建立后，不仅恢复了谥法，而且使其制度更加严密。唐宋则是谥法的鼎盛时期。此时对谥法有严密的规定，并有专书论考，其中集大成者有宋苏洵的《谥法》4 卷，共收 168 谥，311 条。谥法的内容主要是两个部分，一是考察一个人的行为、德操，由此而做结论，有德则褒，失德则贬。二是以个人的运遇、品性做结论。这是因为有些人一生的行为、德操没有显著特点，并不好由此做出结论，而从运遇、品性方面则比较容易盖棺论定。

辛亥革命后，除极少数的遗老之外，人死之后，再也不用谥了。从此，谥自动退出了历史舞台。

【相关链接】

直书不讳的董狐笔

春秋时期，群雄争霸。晋国的国君晋灵公刚即位，由于年龄尚小，暂时还不能料理朝政，于是让赵盾、士会和荀林父三人辅佐。晋灵公年长即位后，昏庸无道，残暴荒淫。作为相国的赵盾，一心想让晋灵公恢复霸业，多次劝阻晋灵公为晋国着想。

可是晋灵公却嫌赵盾碍手碍脚，就想派刺客去暗杀赵盾。这个事被赵盾的卫士提弥明发现后，就保护赵盾脱离险境。不过在他们尚未逃出境外时，赵盾的族人赵穿便起兵杀了晋灵公。赵盾听到这件事，又返回了晋国，把晋灵公的儿子拥立为王，这就是晋成公。

赵盾登上相位后，想知道史官对这件事的评价，于是就把太史令董狐找来，询问他有关情况。董狐把大事记录给赵盾自己看。赵盾看到上面写着："赵盾杀了国君，并且这件事在朝廷上已经做了公布。"

赵盾看后大为生气，就质问董狐："我并没有杀国君，为什么史官司让我承担罪名呢？"董狐说："你身居相位，逃亡没有出境，国君被杀了，你回来并没有惩办凶手。这是不是与你有很大关系呢？"赵盾听后叹气说："《诗经》上都说过，因为我怀恋君主，所以给自己带来忧伤。大概说的就是我这样的人吧！"

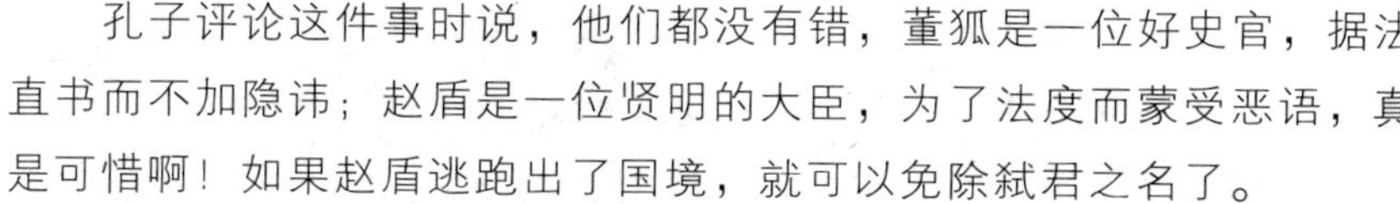

孔子评论这件事时说，他们都没有错，董狐是一位好史官，据法直书而不加隐讳；赵盾是一位贤明的大臣，为了法度而蒙受恶语，真是可惜啊！如果赵盾逃跑出了国境，就可以免除弑君之名了。

这个故事出自《左传·宣公二年》。董狐不畏权势、坚持直书实录的史笔传统，自古以来，是史家以及一切士人的榜样，后来人们用"董狐笔"比喻直书不讳。

梁

【姓氏来历】

梁姓是以国名为姓，源出于嬴姓。传说伯益后代中有个叫非子的人，因养马有功，被周孝王封于秦地，后逐渐强大，建立了秦国。到了周宣王时，非子的曾孙秦仲因为在征伐西戎时不幸阵亡，他的 5 个儿子为报父仇，奋勇杀敌，打败了西戎，恢复了大片失地，因功均被封侯，次子康被封于夏阳梁山（今陕西省韩城南），人称梁康伯。到春秋末期，秦穆公派兵灭梁，收回了梁的地盘。后来，失国后的梁伯子孙，就以国为姓，奉梁康伯为始祖。

【姓氏分布】

据史料记载，梁姓最早发源地是今天的陕西一带。晋代以前，梁姓多集中于北方地区，以西北为主要分布点；秦汉时期，梁姓散居于山西；魏晋南北朝时期，战乱频繁，梁姓为避战祸大举南迁；隋唐时期，梁姓在南方又有了大的发展；宋元时期，由于战乱，致使梁姓又一次大举南迁，进一步推动了梁姓在南方的繁衍发展。明清至今，广东、福建、浙江为梁姓主要聚居地。

【姓氏名人】

梁红玉：楚州（今江苏淮安）人，南宋名将韩世忠之妻，宋朝著名抗金女英雄。在抗金斗争中，多次立功，被封为安国夫人、杨国夫人。

梁诗正：字养仲，号芗林，浙江钱塘（今杭州）人，清代东阁大学士，官至礼部、刑部、户部、吏部侍郎，兵部、工部尚书。著有《矢音集》。

梁红玉祠

梁启超：字卓如，号任公，别号饮冰子、哀时客等，广东新会人，著名的资产阶级改良主义者、学者。与康有为一起“公车上书”，倡导维新变法。

梁实秋：笔名秋郎、子佳，北京人，现代文学家。著有《雅舍小品》《雅舍杂文》《雅舍谈吃》等作品。

【国学小百科】

安定堂

东汉时期，居住在安定乌氏（今甘肃平凉西北）的梁商在朝廷做官，后官至大将军。他的两位女儿分别被汉顺帝、汉桓帝立为皇后，他的儿子梁冀也官至大将军。当时梁家一门之中，前后共有 7 人封侯，3 个皇后，6 个贵人，2 个大将军，拥有很多财产。他们不仅完全控制着朝政，而且还废立了冲、质、桓三位皇帝。

在东汉中期的几十年中，是梁姓人最为风光的时候，形成了郡望安定，即现在所称的安定堂。

【相关链接】

梁储慧眼识唐寅

明朝人梁储从小就才思敏捷，聪慧过人。明成化十四年，21 岁的梁储中举，25 岁上京赴考得第一名，后来殿试中（皇帝亲自主持的进士考试）他只得了第四名，此后从政长达 40 多年。

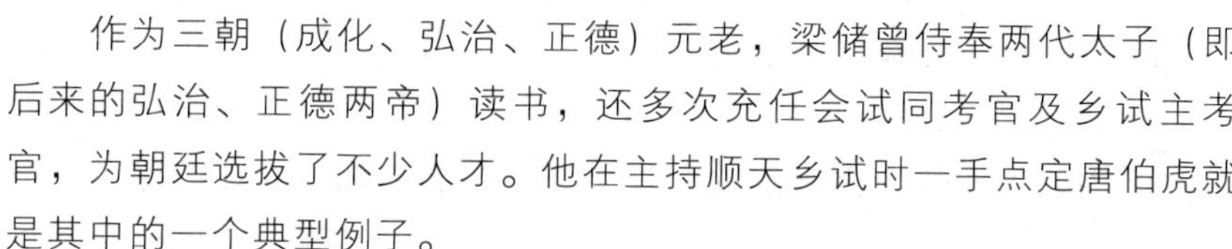

作为三朝（成化、弘治、正德）元老，梁储曾侍奉两代太子（即后来的弘治、正德两帝）读书，还多次充任会试同考官及乡试主考官，为朝廷选拔了不少人才。他在主持顺天乡试时一手点定唐伯虎就是其中的一个典型例子。

唐伯虎，名寅，他在青年时代虽然和大多数读书人一样热衷于功名富贵，但受成化年间文坛上复古主义浪潮影响，日渐对枯燥而又束缚思想的八股文失去兴趣。后来唐伯虎在好友祝枝山的规劝下，继而发奋学习。

弘治十一年，唐伯虎成竹在胸赴南京参加乡试，主考官梁储看完他的答卷后惊叹为异才，将其录为第一名，梁储也就成了唐伯虎的恩师。

杜

【姓氏来历】

杜姓有两支来源，一支以国名为姓。周宣王时，唐杜国君桓在朝中任大夫，人称杜伯。据说周宣王有个宠妃叫女鸠，她看上了英俊的杜伯，就想方设法引诱他。杜伯是个正直的人，拒绝了女鸠的勾引，结果女鸠恼羞成怒，在宣王面前诬告杜伯，对她施行强暴。周宣王听信了女鸠的话，就把杜伯杀了。杜伯的子孙被迫逃往外地，就以国名为姓，奉杜伯为杜姓始祖。

另一支以祖辈名为姓，源于杜康。传说大禹有一个手下叫杜康，能把黍米煮熟后酿成酒。后来大禹喝了这种酒后，感觉甘美异常，但他却因此而忧心忡忡："这实在不是个好东西，将来必定有人因它而亡国。"为此，他下令全国禁止造酒。杜康无奈，只好逃往外地。大禹死后，禁酒令无人理会，杜康再次造酒并不断改进方法，使其更具特色而迅速流传各地，因而被后世尊为"酒神"，其子孙以他的名为姓，就是杜氏，奉其为杜姓始祖。

【姓氏分布】

杜姓以陕西西安为发源地。先秦至汉之际杜姓主要繁衍于陕西，其播迁过程，从陕西至山东，再至河南，终又复归陕西；魏晋南北朝时，社会动荡，杜姓为避战乱大举南迁；明清之际，杜姓已遍布于东南亚、欧美等地。如今，杜姓分布广泛，尤其在河南、甘肃、河北、山东、四川、辽宁等省人口较多。

【姓氏名人】

杜甫：字子美，自号少陵野老，河南巩义人，唐代伟大的现实主义诗人，称为"诗圣"。一生写诗1400多首，代表作有《自京赴奉先县咏怀五百字》《北征》《羌村》等，有《杜工部集》传世。

杜甫

杜牧：字牧之，号樊川，杜佑之孙，京兆万年人，唐代著名文学家、诗人。其诗风豪迈不羁，在晚唐时期成就颇高。其代表作品有《阿房宫赋》《泊秦淮》等。

杜荀鹤：字彦之，号九华山人，池州石埭（今安徽省池州市）人，唐末著名诗人。其诗语言通俗，风格清新，后人称"杜荀鹤体"。著有《唐风集》《题所居村舍》《自江西归九华有感》等。

杜堇：丹徒（今江苏镇江）人，明代画家。工诗文，通六书，人物亦白描能手，花草鸟兽并佳，又能作飞白体。传世作品有《竹林七贤图》《绿蕉当暑图》《梅下横琴图》《东坡题竹图》等，均藏于故宫博物院。

【国学小百科】

“杜撰”的由来

现在谁若是凭空乱说，人们就会说他又在杜撰了。其实，这个“杜撰”的“杜”，指的是唐代大诗人杜牧。杜牧的诗造诣很深，但他写诗爱用典故，而且用起来不顾及历史真相。

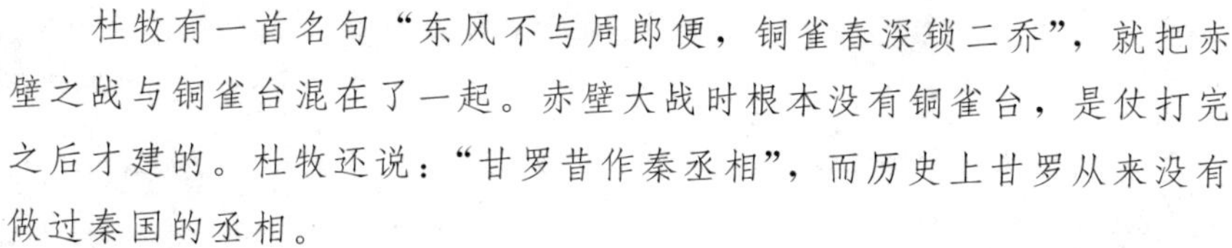

杜牧有一首名句“东风不与周郎便，铜雀春深锁二乔”，就把赤壁之战与铜雀台混在了一起。赤壁大战时根本没有铜雀台，是仗打完之后才建的。杜牧还说：“甘罗昔作秦丞相”，而历史上甘罗从来没有做过秦国的丞相。

当然，杜牧写的是诗，并不是历史，不认为是过错。但杜牧是大诗人，他说的人人信以为真，也就都跟着错了。《三国演义》就是跟着杜牧大写铜雀台和赤壁之战。

后人说，杜牧好编造故事，于是称所有不实之言为“杜撰”。再后来，“杜撰”就被引申为不真实地、没有根据地编造。

【相关链接】

杜康酿酒

大禹时，杜康原本是一个负责管粮食生产的大臣，后因屡无政绩被降为粮食保管。

有一天，杜康在森林里发现有几棵大树枯死了，树干里边空空如也。杜康灵机一动，他想，如果把粮食装在树洞里，可能就不会霉坏了。于是，他把树林里凡是枯死的大树，都一一进行了掏空处理。然后，他把打下的粮食全部装进树洞里了。

两年以后，树洞里的粮食，经过风吹、日晒、雨淋，慢慢地发酵了。有一天，杜康来此查看粮食时，突然发现一棵装有粮食的枯树周围躺着几只山羊、野猪和兔子。他走上前一看，这些动物都在睡大觉。杜康百思不得其解，这时野猪、山羊、兔子纷纷醒来逃走了。

一会儿，他又发现另外两只山羊在装着粮食的树洞跟前低头用舌头舔着什么。杜康便躲在树边观察，这两只山羊舔了一会儿，就摇晃起来，走不远就躺倒在地上了。这时杜康跑过去查个究竟。原来装粮食的树洞裂开一条缝，里面有水不断往外渗出，山羊、野猪和兔子就是舔了这种水才倒在地上的。

杜康用鼻子闻了一下，渗出来的水特别清香，不由得也尝了一口。味道虽然有些辛辣，但却美味无比。他越尝越想尝，最后连喝了几口。喝着喝着，他就不由自主地倒在地上昏昏沉沉地睡着了。不知过了多长时间，当他醒来时，感觉精神饱满，浑身是劲。

后来，杜康就对这种水做了进一步处理，就成了今天人们常饮的酒了。后世人为了纪念杜康，将他尊为酿酒的始祖。

【姓氏来历】

季姓出自姬姓，为春秋时鲁桓公之子季友的后裔。春秋时，鲁庄公的弟弟季友平定了庆父之乱，又扶立鲁僖公继位。后来，鲁僖公把费邑封给他，史称季孙氏，在鲁国世代执政。季孙氏之孙行父以王父字为氏，后来简称季氏。季文子、季武子、季平子三代执掌国政。当时几代鲁君都昏庸无能，以致时人只知道有季氏，不晓得有鲁君。季友的后人中分为两支，一支以封地为姓，是为费氏，一支以名为姓，即季氏，奉季友为季姓始祖。

【姓氏分布】

季姓发源于春秋时期的鲁国。东汉到魏晋南北朝时，季姓曾经昌盛于今河北、山东、安徽一带；隋唐以前，社会激剧动荡，北方之季姓大举迁衍到江南；两宋时，江苏、浙江成为季姓人的主要聚居地；宋元时期，部分季姓迁衍于广东、福建、湖北等地；明清两代，江浙一带季姓繁衍日盛。如今，季姓在全国分布甚广，主要分布在江苏、浙江、湖南等省。

【姓氏名人】

季广琛：寿州人，唐代大臣。历瓜州刺史、荆州刺史，曾率兵赴河南，拜青徐等五州节度使。后因兵败贬温州刺史，不久升浙江西道节度使，官至右散骑常侍。

季开生：字天中，泰兴人，清代书画家。其工于书画，亦工诗。作品有《图绘宝鉴续纂》《墨林韵语》《桐阴论画》《季沧苇书目》《静思堂诗集》等。

季羡林：山东临清人，当代学者、古文字学家、历史学家、作家。曾被聘为北京大学教授，创建东方语文系，当选为中国科学院哲学社会科学部委员，后任北京大学副校长。著有《季羡林文集》共24卷。

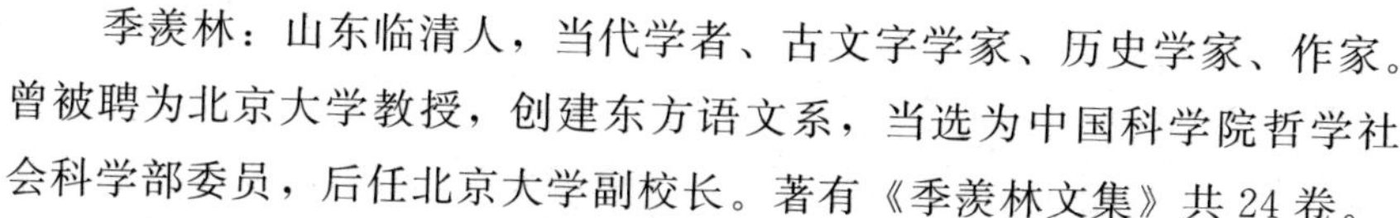

【国学小百科】

家谱的纂修

家谱是一个家族、宗族全面详细的记录，堪称家族、宗族史或家族、宗族百科全书，同时家谱又起着敦宗睦族、凝聚血亲的功能和作用，所以纂修家谱可以说是中国古代家族生活中的一件大事。

古人对纂修家谱可以说是谨慎而又隆重的，将修谱视为宗族中的头等大事。如浙江东阳一些大族，大概每隔三四十年才重修或续修一次家谱，由族长牵头，以族产收入和新丁交纳的谱银做经费，在宗祠内建立谱局，由乡绅志士按世系续写旧谱或重修新谱。新谱修成后，族人按房、厅顺序和字辈大小，焚香提灯，在宗祠内用八抬大轿把新谱迎回自家厅堂，祭拜后再收藏起来。由此可见，古代家族纂修家谱的礼仪之盛和对家谱的重视程度。

有些家族在纂修家谱时请本族或族外有名的文人学士撰写部分内容或题写序言，如欧阳修撰有《欧阳氏谱图》，苏洵撰有《苏氏族谱》，曾肇撰有《曾氏谱图》，王安石撰有《许氏世谱序》，文天祥撰有《跋李氏谱》等。

请本族或族外有名的文人学士撰写谱序或谱中一部分内容，主要目的当然是借以扬名和炫耀，但从另一侧面也保证了族谱的严肃性和权威性。正是由于这一部分谱序和内容才使我们对古人的修谱思想、做法有了进一步的了解和认识。

【相关链接】

南辕北辙

战国时期，魏王想去攻打邯郸。正出使别国的季梁听说后，走到半路赶紧折回来，急急忙忙去见魏王。他对魏王说："在回来的路上，我遇到一个人要去楚国，可是却驾着车子飞快地向北方驶去。我问他：'您既然要到楚国去，为什么往北走呢？'谁知他却说：'我的马儿跑得快。'我说：'你的马虽然跑得快，但这不是去楚国的路呀！'他却说：'我有很多的路费。'我又告诉他：'路费多，方向不对，也不能去楚国啊！'接着他又说：'我的车夫善于赶车。'我最后说：'这几样越好，反而会使您离楚国越远！'如今，大王的每一个行动都想建立霸业，每一个行动都应该让人信服；如果我们依仗国大兵多，而去攻打邯郸，以树立自己的威望，扩大我们的国土面积。大王这样的行动越多，距离大王的事业反而越来越远，这与那位想到楚国去的人不是很像吗？"

魏王听后，认为他说得有理，于是就取消了攻打赵国的计划。后来，人们把那个要去楚国的人的行为称为"南辕北辙"，用来比喻背道而驰、目的同行动相反的做法和行为。

贾

【姓氏来历】

贾姓以采邑为姓，源于狐姓。据《姓氏考略》所载，春秋时，狐射姑的父祖都是晋国重臣，他本人又追随文公在外逃难多年，晋囊公把贾邑封给狐射姑。狐射姑字季，所以后又称贾季。

秦晋淆谷大战后，晋襄公先是以贾季为中军元帅，让赵盾做他的副手。当时，晋国太傅阳处父是赵盾的父亲赵衰提拔起来的，阳处父对赵氏感恩戴德，所以到晋襄公面前说应该让赵盾做元帅。晋襄公就改任赵盾为元帅，贾季为副手，这引起了贾季的嫉恨。

晋襄公去世后，在继位问题上赵盾和贾季发生矛盾。贾季派人去接公子东回国，半路上公子东被赵盾派人杀死，贾季就叫族人狐鞠居刺杀阳处父，赵盾查出真凶，处死了狐鞠居，贾季被迫逃往翟国。后来，他的后代就以封地为姓，就是贾氏，奉贾季为贾姓始祖。

【姓氏分布】

贾姓最初发源于今山西襄汾县西南，并以其为繁衍中心。先秦时期，贾姓迁至河南、山东两地；两汉时，已有贾姓迁居陕西；南北朝时，贾氏继续外迁；五代时贾氏有人迁居福建及四川；唐宋时期，江南的许多地方都已有贾姓居民；清代，贾姓部分移居海外。如今，贾姓仍以长江以北地区为其主要的分布地。

【姓氏名人】

贾谊：又称贾太傅、贾长沙，洛阳（今河南洛阳市东）人，西汉时期著名的政治家、文学家。18 岁由河南郡守吴公推荐，被文帝召为博士，后又被破格提为太中大夫。其著作主要有散文和辞赋两类。散文有《过秦论》《陈政事疏》《论积贮疏》等；辞赋有《鹏鸟赋》《吊屈原赋》等。

贾思勰：今山东益都人，北魏农学家，曾任北魏高阳郡（治所在今山东淄博市临淄西北）太守。他曾以文献中搜集到的资料和访问老农及自己观察、实验的心得，写成《齐民要术》一书。

贾耽：沧州南皮（今属河北省）人，唐朝宰相、地理学家。撰有《海内华夷图》《古今郡国县道四夷述》等。

贾兰坡：字郁生，河北玉田人，近代著名考古学家。著有《中国猿人》《旧石器时代文化》《中国的旧石器时代》等论文或专著共300余篇。

【国学小百科】

中国最早的农书——《齐民要术》

《齐民要术》是北魏贾思勰所著的一部综合性农书，是中国现存的最早、最完整的农书，也是世界农学史上最早的专著之一。

《齐民要术》分为序、杂说和正文三大部分。正文共 92 篇，分 10 卷。一般认为，杂说部分是后人加进去的。书名中的“齐民”，指平民百姓。“要术”指谋生方法。

《齐民要术》把北魏所在的地方即黄河流域一带的农副业生产方式、过程全部记载了下来，还尽量把长江以南的农业、副业生产方式记载下来。书的内容非常丰富，从粮食、蔬菜的种植到水果树木的栽培，从家禽家畜的饲养到糖酒的酿造等都写在书中，特别对农业耕种的科学知识记载得最为详细，许多道理到今天看来，仍然非常有用。

《齐民要术》对农业技术的详细记录，体现了我国古代劳动人民对农业的重视，也反映了我国古代农业的发达。

【相关链接】

最早的“舌耕”——贾逵

“舌耕”源于东汉经学家贾逵的故事。古时候，读书人教学生念书，以此为生，被称为“舌耕”。东汉时的贾逵便是我国历史上最早被称为“舌耕”的人。

贾逵是东汉时著名的经学家，出身于书香门第，他是西汉时著名文学家贾谊的后代。贾逵从小聪慧过人，5 岁那年，隔壁老先生教学生念书，贾逵隔篱笆一边静听，一边小声朗诵。一年四季，从不间断，贾逵隔篱偷学了 5 年。10 岁时，已经熟读《诗》《书》《礼》《乐》《易》《春秋》六部儒家经典。

由于家境贫寒，无钱买纸，贾逵就剥下庭院中桑树皮做书板，有时还把字写在门扇或屏风上，边诵边记。不到一年的时间，他又把《左传》和《五经》读完。

贾逵长大出仕后，很多人慕名而来，做他的学生。贾逵口授经文，诲人不倦，但他得到的酬劳却是粮食。为什么会这样呢？原来有的学生交不起学费就用粮食作为学费。由于贾逵的学生多，送来的粮食堆满了粮仓。因为他的报酬是以口授经文而获的粮食，所以，人们就把教书的老师称作“舌耕”。

江

【姓氏来历】

传说圣帝舜手下有个贤臣叫伯益，因助大禹治水有功，大禹继位后又协助大禹执掌国政，是我国上古时著名的贤臣。据说，大禹临死时曾遗命伯益继位，伯益不愿，于是就跑到箕山躲了起来，大禹之子启乘机继位。到了周初，周武王分封诸侯时，伯益的后裔镇封为江侯（今河南省信阳）。春秋时，江国被楚国灭掉。江国灭亡后，江侯的子孙就以国为姓，就是江氏，奉伯益为江姓始祖。

【姓氏分布】

江姓发源于今河南省信阳，早期主要在河南发展繁衍。唐朝时，江姓已遍布北方地区；宋初，南方江姓人口发展壮大；明初，江姓作为明朝洪洞大槐树迁民姓氏之一，被分迁于江苏、浙江、河南等地；明清之际，又有江姓移居到台湾及海外地区。如今，江姓分布以江苏、安徽、四川、广东、福建等省为主。

【姓氏名人】

江智渊：济阳考城人，南朝宋骁骑将军、尚书吏部郎。著有《江智渊诗选》《江智渊传》。

江参：字贯道，江南人，南宋著名画家。擅长山水画，笔墨细润。存世作品有《千里江山图》《图绘宝鉴》等。

江藩：字子屏，号郑堂，晚号节甫，甘泉（今江苏扬州）人，清朝著名经学家、目录学家、藏书家。著有《国朝汉学师承记》《汉学师承记》《隶经文》等。

【国学小百科】

白鹭洲书院

在江西古郡吉安市区东部，于赣江中双水夹流之处，有一座如中流砥石的绿洲，这就是著名的鹭洲，闻名遐迩的白鹭洲书院就建于鹭洲上。

白鹭洲书院，又称鹭洲书院、白鹭书院，是在南宋淳祐元年，由当时任江西吉州（今吉安）宰相的江万里所创建。其中设有文宣王庙、云章庙、道心堂、风月楼、斋舍等，并建有六君子祠，祀周敦颐、程颢、程颐、邵雍、张载、朱熹。

书院初建时，江万里自任主讲，继有郭公度、欧阳守道等先后主讲。文天祥、刘辰翁等曾就读于此。元代至元十九年，书院被洪水冲毁，吉安路总管刘珏重修。至正十二年，红巾起义军与元兵战于吉安，书院大部被烧毁。明嘉靖五年，吉安知府黄宗明重建书院。嘉靖二十一年，知府何其高迁府治于南关外仁寿山慈恩寺，改名“白鹭”。隆庆六年，巡抚任长，请定书院科举额，书院规模及讲学活动得以重振。清初，被省城大吏立为江西四大书院之一。

康熙年后，许多著名学者如施闰章、毛奇龄、杨洪才等都曾会讲于此，一时称盛。清道光五年，《庐陵县志》载有“白鹭书院图”。另有清同治间状元刘绎所撰《白鹭书院志》。今为白鹭洲中学。

【相关链接】

江郎才尽

江淹原是我国南北朝时南朝的著名作家，他年轻的时候曾写过不少感人的诗赋。可是，等到年纪大了以后，江淹的文章却退步了。他的诗写出来了，但文句枯涩，内容平淡得一无可取。

传说有一次，江淹乘船停在禅灵寺，夜里梦见一个自称张景阳的人，向他讨还一匹绸缎，他就从怀中抽出几尺绸缎还他。从此，他的文章便不精彩了。又有传说称，江淹有一次住在冶亭，梦见一个自称郭璞的人，郭璞对江淹说："我有一支笔在你那儿已经很多年了，现在应该还给我了！"江淹听了，向怀中一摸，竟真的有一支五彩笔，只好归还郭璞。

据说，经过这两个奇特的梦境以后，江淹就文思枯竭，再也写不出什么好文章了。后人便以"江郎才尽"形容一个人的才思渐退。

郭

【姓氏来历】

相传在春秋时期，晋献公为了拓展自己的疆土，采纳了大夫旬息的建议，以垂棘所产的玉璧、屈地产的良马为贿赂，向虞国借路去攻打虢国。虞公因贪玉璧和良马，就答应了晋国的要求。虞国大夫宫之奇看出了晋国的企图，就以"唇齿相依"道理劝阻虞公，但虞公不听，不但应允借道，还自愿做攻虢先锋。结果晋国灭掉虢国后，班师回朝时又顺道把虞国也灭掉了。这就是历史上著名的"假途灭虢"的故事。虢国本是周王朝同宗，其始祖为周武王的三弟。西周初，周武王的三弟封于虢（今河南荥阳东北），建立了虢国。因虢与郭同音，所以又叫郭公。虢国灭后，郭公的后代就以郭为姓，就是郭氏。

【姓氏分布】

郭姓族人发源地在今天的河南、山西、陕西等地。先秦两汉时期，郭姓族人繁衍之地仍以山西、陕西、河南为主；魏晋南北朝时期，为避战祸郭姓大批南下；隋唐时期，山西、山东以郭姓为第一大姓；明清至今，郭姓人已是散布全国各地，尤以河南、河北、山东、湖北、四川等省居多。

【姓氏名人】

郭玉：广汉郡（今四川广汉北）人，东汉时期著名医学家，是继扁鹊之后又一个对医疗与心理有研究的医家。

郭子仪

郭子仪：华州郑县（今陕西华县）人，唐朝名将。在中唐平息安史之乱，德宗时被尊为尚父，亦称郭令公。郭子仪戎马一生，屡建奇功，以84岁的高龄告别沙场。

郭若虚：宋代太原（今属山西省）人，著名书画评论家，所著《图画见闻志》集中体现了他在绘画上的主张及见解。

郭沫若：原名郭开贞，号鼎堂，四川省乐山人，现代史上杰出的作家、诗人、历史学家、考古学家、革命活动家。著有《女神》《牧羊哀话》《中国古代社会研究》等许多著作。

【国学小百科】

汾阳郭氏

汾阳，本是春秋时代晋国的古邑名。西汉时置汾阳县，治所在今山西省中部的静乐西，位于太原盆地南沿，汾河支流文浴河流贯其间。因其位于汾河之阳，故名汾阳。据有关史籍记载，唐代将领郭子仪因平定“安史之乱”有功，被封为汾阳王，因此，汾阳郭氏便形成望族，汾阳也成为郭姓的一个著名堂号。近现代人邓迅之也在《客家源流研究》一书指出：“唐中叶，陕西华阴郭子仪，平安史之乱，中兴唐室，封汾阳王，其后遂以‘汾阳’为堂号。”此书也说明，山西汾阳郭氏也是陕西华阴郭氏的分支。

【相关链接】

死马当活马医

相传晋朝年间，大将军赵固有一匹心爱的宝马突然死了，死因不明。为此，赵固很伤心，好几天都没有吃饭。

赵固有一好友名叫郭璞，是位很有名气的兽医。得知赵固失去宝马以后郁郁寡欢，就急忙来到赵府。郭璞看了看死马，然后对赵固说："赵兄，骏马虽死，但我能够救它，你不要太难过了。"赵固疑惑地看着郭璞："老兄不是在开玩笑吧？死马怎么能医得活呀？"

郭璞一本正经地说："赵兄你就放心吧！请你派人到山上捉一只猴子来。有了它，我就有办法将死马医活。"赵固马上差人去捉猴子。猴子捉来以后，郭璞将猴子放在死马的鼻子旁边。猴子见周围站了很多人，有点儿好奇，就对着死马的鼻孔，吹起气来，好像在做"人工呼吸"。不一会儿，奇迹真的发生了。死马竟然慢慢苏醒过来，又过了一阵儿这匹宝马竟然一跃而起，奔出门外。

赵固看到宝马死而复活，心里特别高兴。他拉住郭璞的手，激动地说："郭兄呀，你真有起死回生的医术，了不起啊！"郭璞谦虚地说："其实我并没有什么高超的医术，只不过将死马当活马医罢了。"

后来，人们就用"死马当活马医"这句话比喻在毫无希望的情况下尽力挽救，寄希望于万一。

林

【姓氏来历】

相传林姓是由商朝末年的名臣比干而来。少师比干被暴君纣王挖心而死，夫人陈氏为躲避官兵追杀，逃难于长林山（今河南卫辉、淇县一带），生子名坚，因生于林，后被周武王赐以林为姓，史称林坚，被后人尊为林姓始祖。

除上述一支外，林姓还有一支来源。相传东周时，周平王有庶子名开，字林，人称林开，他虽贵为王子但平易近人，淡泊名利，生前从不参与争位争利的纠纷。死后他的儿子以他的名为姓，奉其为林姓始祖。

【姓氏分布】

林姓最初发源于河南省境内。唐朝末年生活在北方的林姓人大举南迁，定居地福建各地，以后发展成林姓望族。如今，林姓是我国比较典型的南方姓氏，尤以福建、广东、台湾三省分布较多，而且还远播到港澳与国外。

【姓氏名人】

林良：字以善，广东南海人，明代著名画家，擅长花果翎毛。其代表作品有《双鹰图》《松鹤图》《灌木集禽图》等。

林则徐：字元抚，又字少穆，谥号文忠，福建侯官鼓东街（今福州市）人。他一生清正廉洁，忧国忧民，以“虎门销烟”的爱国之举而留名青史。

林语堂：原名和乐，后改玉堂，又改语堂，福建龙溪人，是20世纪享誉中外的著名学者及作家。著有《开明英文文法》《生活的艺术》《京华烟云》《中国与印度的智慧》《无所不谈合集》等。

林彪：湖北黄冈人，中国人民解放军十大元帅之一，著名军事家。

【国学小百科】

《元和姓纂》

《元和姓纂》是中国唐代谱牒姓氏之学的专著。原本10卷，今有10卷本、18卷本两种。此书是由唐代林宝所修撰的。林宝是唐宪宗时济南人，官居朝议郎、太常博士。

《元和姓纂》是目前存世的唯一以姓、望、房三级结构条贯姓氏、家族以及人物的唐代官修谱牒。因本书成于宪宗元和七年，因此名为《元和姓纂》。其内容先列皇族李氏，余者依唐韵206部，分别排列，每韵之内以大姓为首，记载姓氏来历及各家谱系，对唐人姓氏尤为详尽，共计收录姓氏1232个。

林宝在编写该书时，历时仅200余天，其考辨、援引还存在谬误、缺漏之处。且当时矜尚门第之风盛行，取材多以各家谱牒所陈述的为根据，附会攀缘，难免会有差错。

【相关链接】

林则徐虎门销烟

鸦片俗称大烟，是用罂粟汁液熬制而成的，它有催眠、镇静、止痛等作用。鸦片是毒品，吸食以后很容易上瘾，使人一辈子离不了它。吸食鸦片的人，面黄肌瘦，精神不振，最终会完全丧失劳动能力。

17 世纪，吸食鸦片的恶习，从南洋传入中国。输入中国的鸦片，主要是产于印度的孟加拉鸦片、麻洼鸦片以及土耳其和波斯鸦片。1757 年，英国占领孟加拉后，迅即夺去其他各国商人和印度商人在孟加拉收购鸦片的权利，于 1773 年从加尔各答向中国试销鸦片成功。从此，英国成为最大的鸦片贩子。

多年来，英国资本家向中国走私大量的鸦片，毒害了成千上万的中国百姓，严重地影响了国家的经济发展。道光十八年（1838 年），鸿胪寺卿黄爵滋请求查禁鸦片烟，道光帝让朝廷内外大臣商议。林则徐请求使用严厉的法典，说："这种祸患不除，10 年以后，不仅没有可供筹措的军饷，而且没有可以使用的士兵。"道光帝以为他说得很对，让他进见，反复讨论 19 次。后又授他为钦差大臣，赴广州查办鸦片。林则徐来到广州，严令所有鸦片贩子交出全部鸦片，并要他们保证今后绝不再夹带鸦片来中国。同时，林则徐还组织人员修筑炮台，招募水军，以加强防卫。

林则徐将收缴的鸦片集中在虎门外的海滩上，公开销毁。他们将鸦片用海水浸泡，再加进石灰，将它全部销毁，然后冲入大海。林则徐的这次虎门销烟，大大增长了中国人民的志气，给帝国主义以极大的打击。

钟

【姓氏来历】

钟姓出自子姓，以邑为氏。相传商纣王的庶兄微子见商朝腐败暴虐，劝诫纣王未果，便离朝出走。周武王灭商后，微子投奔了周武王，后来被封为宋，称宋桓公。他的儿子敖在晋国任职，敖的孙子伯宗为晋国大夫之职，后因勇于直言遭人嫉恨而被害。伯宗的儿子州犁逃到楚国，因其熟悉晋国的情况，楚晋之争中多次为楚王出谋划策，因功拜为太宰，食采钟离（在今安徽省凤阳县）。后来，伯宗的子孙就以地名为氏或称复姓钟离。

【姓氏分布】

无论是复姓的钟离还是单姓的钟，都发源于今安徽省境内。先秦时期，钟姓主要居住在今湖北、湖南一带；汉晋之际，则以河南为其繁衍中心；唐代，钟姓还分布于今四川、山西、广东、安徽一带；宋元明时期，福建、广东等地均有钟姓人的聚居点；到了清代，广东及福建地区的钟姓陆续有人迁至台湾，后又有人迁往海外。如今，钟姓尤以广西、湖南、浙江、四川等省居多。

【姓氏名人】

钟子期：春秋时期楚国（今湖北汉阳）人，精于音律。相传伯牙鼓琴，他能分辨是志在高山还是志在流水，因而被伯牙称为知音。

钟嗣成：大梁（今河南省开封）人，元末戏曲家。著有《章台柳》《钱神论》等 7 种。又有《录鬼簿》2 卷，全书记述元初以来元曲作家 150 多人的生平事迹及剧作目录，对元曲研究有重大贡献。

钟惺：字伯敬，号退谷，湖广竟陵（今湖北天门）人，明末文学家。曾任工部主事，官至福建提学佥事。后辞官归家，晚年入寺院，研读史书。他与同里谭元春共选《唐诗归》和《古诗归》，在当时形成“竟陵派”，世称“钟谭”。另著有《史怀》。

钟荣光：字惺可，广东中山人，著名教育家。清光绪二十二年加入兴中会，并创办宣传革命的报纸。1928 年任岭南大学第一任校长，次年改任岭南大学荣誉校长。

【国学小百科】

越国流芳

“越国流芳”是钟姓宗祠门楣题词中的一句，它源自钟绍京。钟绍京是唐代兴国人，曾是唐睿宗的宰相。唐朝中期有一段武则天篡位夺权，改国号为“周”的阶段，后被推翻，唐中宗复位。当时韦皇后与武则天的侄子武三思勾结，利用中宗的懦弱，再度篡夺朝政大权，毒死了中宗，杀害了左羽林郎大将李多祚。

那段时期，朝廷黑云翻滚，朝纲难于维续。时任官苑总监的钟绍京与后来成为贤君的唐玄宗李隆基共同密商大计，一举铲除了“韦武集团”，为其后唐室中兴立了大功，族谱云“平内难”即指此事。钟绍京拜为中书令，加光禄大夫，封越国公。这种职务后世均称为宰相。据查考，钟绍京是江南的第一位宰相，“越国流芳”即颂扬钟绍京的风范。

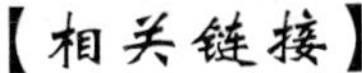

钟馗捉鬼

相传，钟馗是中国民间传说中驱鬼逐邪之神，他生得豹头环眼，黑面粗须，相貌奇丑。虽说他丑，但却满腹经纶，提笔成章，很有文采。

唐高祖武德年间，钟馗进京会试，考中头名状元。但唐高祖却以貌取人，取消了他的头名状元之位，一气之下钟馗上吊而死。唐高祖觉得对不起钟馗，就封钟馗为驱魔大神，让他斩妖驱邪，并以状元之礼将他埋葬。

有一天，唐明皇梦见一个大鬼捉食一小鬼，于是他上前询问原因。大鬼说：“在下钟馗，生前曾应举未中，死后决心除尽天下妖孽。”唐明皇醒后，把名画家吴道子召到宫内，将梦境绘声绘色地学说一遍，命吴道子把梦中所见画一幅图，悬于宫殿。从那时起，民间不仅出现了钟馗画像，还据此附会演绎出许多故事，如《天中驱邪》《钟馗嫁妹》《钟馗斩妖》等。

徐

【姓氏来历】

传说上古时圣帝舜的贤臣伯益有个儿子叫若木，被封在徐国（今江苏省北部，安徽省东北部一带），夏、商、周世为诸侯。后来到了周穆王时，因穆王喜欢游玩，有时一出去几年不归，国政无人管理，所以诸侯意见很大。

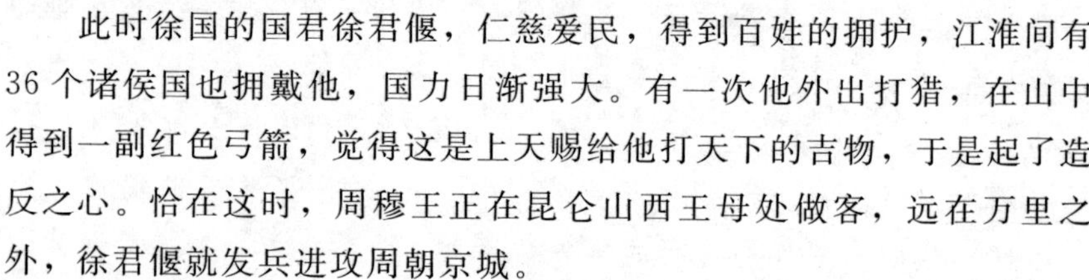

此时徐国的国君徐君偃，仁慈爱民，得到百姓的拥护，江淮间有36个诸侯国也拥戴他，国力日渐强大。有一次他外出打猎，在山中得到一副红色弓箭，觉得这是上天赐给他打天下的吉物，于是起了造反之心。恰在这时，周穆王正在昆仑山西王母处做客，远在万里之外，徐君偃就发兵进攻周朝京城。

周穆王得知后，乘造父驾的车，一日千里赶到了京城，派出大军前去镇压。徐君偃不忍生灵涂炭，于是主动收兵，躲到彭城（今徐州）一带的深山之中。由于他很得人心，很多人都跟他一起进了山，这座山也因此叫徐山，附近的地名也因此叫徐州。穆王见他这么得人心，赦免他造反之罪，还让他的子孙继续管理徐国。公元512年，徐国被吴国灭掉。他的子孙就以国为姓，就是徐氏。

【姓氏分布】

徐姓人最早繁衍于今江苏徐州、安徽泗县，后扩至凤阳。秦汉时期，徐姓迁居到安徽、江西、浙江一带；南北朝时，北方徐姓避居江南；到隋唐时期，在我国南方又有了进一步的繁衍；宋时，有徐姓人由江南石城迁居福建长汀、连城两县；元时，有徐姓人从江西、福建迁居今广东部分地区。明清至今，徐姓已广布于我国的大江南北。

【姓氏名人】

徐光启：字子先，号玄扈，谥文定，上海徐家汇人，明代杰出科学家。研究范围广泛，以农学、天文学、数学较为突出。著有《诗经六帖》《农政全书》，译有《泰西水法》《几何原本》等。

徐霞客

徐霞客：名宏祖，字振之，霞客是他的号，南直隶江阴（今属江苏）人，明代杰出的旅行家、游记文作家，后人根据其日记整理成富有地理学价值和文学价值的《徐霞客游记》。

徐悲鸿：原名寿康，江苏宜兴人，中国现代美术事业的奠基者之一，杰出的画家和美术教育家。他创作的《九方皋》《巴人汲水》《愚公移山》《田横五百士》等系列画作对现代中国画、油画的发展有着巨大影响。

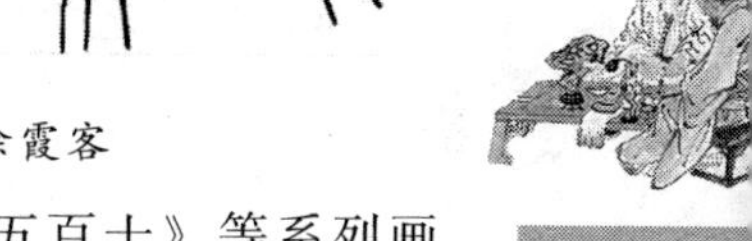

徐向前：山西省五台人，伟大的革命家、军事家，十大元帅之一。中国共产党、中华人民共和国和中国人民解放军的重要领导人，为中国革命的胜利和军队的建设立下了赫赫战功。

【国学小百科】

《徐霞客游记》

中国自古以来地大物博，地理学一直颇为发达。入明以后，地理学探索虽然稍显沉寂，但自明中叶始又兴起。明后期至清中叶，各种地理学著作络绎不绝地产生。来华的传教士输入的西方地理学知识，更促进了这一时期地理学的发展。《徐霞客游记》堪称这一时期最伟大的地理学著作。

徐霞客自幼受父亲影响，喜爱读历史、地理和探险、游记之类的书籍。这些书籍使他从小就对祖国的壮丽河山非常神往，立志要遍游名山大川。后来，徐霞客寻访名山大川，并坚持把自己考察的收获记录下来。他写下的游记有240多万字，可惜大多失传。留下来的经过后人整理成书，就是著名的《徐霞客游记》。

《徐霞客游记》以日记体为主，书中写有天台山、雁荡山、黄山、庐山等名山游记 17 篇和《浙游日记》《江右游日记》《楚游日记》《粤西游日记》《黔游日记》《滇游日记》等著作。除佚散者外，遗有 60 余万字游记资料。

《徐霞客游记》世传本有 10 卷、12 卷、20 卷等数种。主要按日记述作者 1613 年至 1639 年间旅行观察所得，对地理、水文、地质、植物等现象，均作详细记录，在地理学和文学上卓有成就。

此书是中国最早的一部比较详细记录所经地理环境的游记，也是世界上最早记述岩溶地貌并详细考证其成因的书籍。

【相关链接】

徐阶为官，屈己下人

徐阶，字子升，号少湖，又号存斋，明松江府华亭县人。早年即工诗文，善书法。嘉靖二年以探花及第，授翰林院编修。

徐阶曾在吏部任职，当时是协助选拔官员。按照旧例，吏部大员接见一般官员，谈话一般也说不了几句话，以此显示自己的威严冷峻。徐阶私下对人说："像这样，怎能选拔贤才呢？"

于是，为了选拔贤才，他一改旧例，屈己下人，对人态度温和，与人娓娓而谈，久坐不倦。后来，他又走访边境要塞，了解吏治民生，希望能够选拔出德才兼备的人来。由此，下级官吏都很愿意与他接近，反映吏治实情。礼部尚书熊浃也很器重他。当时天下贤士也对他大加称颂。

高

【姓氏来历】

高姓的来源有两支。传说上古时，黄帝有个大臣叫高元，他通过不断摸索和思考，终于想出了在地上架木为巢的方法，这就是最早的房屋。房屋的发明，可以说是人类文明的一大进步。后来高元被黄帝封为侯，他的后代以他的名为姓，这是最早的高氏。

另外一支出自姜子牙的八世孙高奚。高奚是齐国重臣，他的妹妹是齐襄公的夫人。后来，襄公的孙子由于无知谋杀了齐襄公篡权，高奚利用自己在宗室中的威望，联合诸大臣一齐平定内乱，迎立齐桓公继位。齐桓公论功行赏，高奚被封为上卿，并赐他以祖父公子高的名为姓，称为高氏。

【姓氏分布】

高姓虽然发源于今河南省境内，但春秋以后却以齐鲁之地高氏居多。秦汉三国时期，高姓人活动于黄河上、下游，淮河流域，长江上、下游地区；两晋南北朝时，战乱频繁，高姓人大举南迁；隋唐时，今河北省仍是继东汉以来高姓主要的聚居地；两宋时期，高姓人为避战乱由中原向江南迁徙；元明清时期，高姓人多集聚于东南地区。如今，高姓主要分布在江苏、福建、广东、江西、云南等地。

【姓氏名人】

高适：字达夫，沧州（今河北省景县）人，唐朝著名诗人。代表作有《燕歌行》《塞下曲》《登百丈峰二首》《封丘作》等。

高崇文：渤海（今黑龙江宁安南）人，唐朝著名将领。贞元年间跟随韩全义镇守长武城，管理军队很有成绩。吐蕃侵犯宁州时，他率兵前往营救，大获全胜，被封为渤海郡王。剑南西川节度使谋反，高崇文被推荐为左神策行营节度使，领兵征讨，八战皆胜，刻石记功，封南平郡王。

高怀德：字藏用，五代时常山真定（今河北正定）人，宋初将领，以忠厚倜傥、威武勇敢而著称。

高克恭：字彦敬，号房山道人，大都（今北京）房山人，元朝画家。擅长画山水、墨竹，有非凡技艺，与赵孟頫齐名，时人有“南有赵魏北有高”之称。其代表作有《云横秀岭》《墨竹石坡》《春云晓霭图》等。

高翔：字凤岗，号西唐，又号樨堂，江苏扬州人，清代画家，为“扬州八怪”之一。擅长山水，画梅风格疏秀，兼能画像。著有《西唐诗抄》。

【国学小百科】

毗陵高氏宗谱

毗陵是今江苏省武进区的古称。据此谱前的序文说，此谱明朝成化年间初创，一修于清朝乾隆三十二年，二修于清朝道光三年，三修于清朝咸丰九年，四修于清朝光绪九年，五修于民国四年。

从修谱间隔时间看，初创至修订相隔数百年，基本符合 30 年一修谱的惯例。这支高姓奉琼台公（即高彻）为始祖。高彻是唐朝高士廉十二世孙，春秋时高傒后裔。高彻本是庐州合肥人，宋高宗时落籍晋陵（今江苏武进），这支高姓是他的后裔。

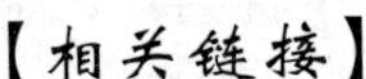

【相关链接】

高亮入赘改姓

从前有个叫高亮的人，是北齐高氏的后代。他年轻时在海宁游学。有一天，他走路走累了，就在赵家桥边坐下来休息，没想到一坐下来就睡着了，结果一头就栽到河里去了。

此时，在桥边磨豆腐的一个陈老汉正在午睡。他梦见有一条青龙掉到了河里，赶快爬起来看，一看不是青龙而是一个书生掉到河里了。他就把高亮救了起来，一问才知道他原来是北齐高姓的后代，也是名门之后，但现在书剑飘零，就他一个人了。

陈老汉有一个女儿，于是他就把高亮留在家里当女婿，把女儿嫁给了他。这个磨豆腐的老汉姓陈，所以高亮的子女后来也就姓陈。慢慢地他们就在海宁那个地方繁衍起来，发展成了一个大家族。后人将此故事称为“入赘改姓”。

蔡

【姓氏来历】

蔡姓出自姬姓，为周文王后裔。周初，周武王伐商成功后，封商纣王之子为殷侯，又将胞弟管叔、蔡叔、霍叔分封在殷的周围以监视，史称“三监”。武王去世后，“三监”乘成王年幼，勾结封王之子武庚发动叛乱。最后周公率兵东征，经三年苦战，终于平定了叛乱，武庚、管叔被杀，蔡叔被放逐于郭邻，霍叔降为庶人。蔡叔放逐后郁郁寡欢，不久就死去。蔡叔的儿子仲，认识到父亲的过错，并没有因父亲放逐而死有怨恨，他安分守己，学会了放牧驯马的技术。周公知道后，又建议成王，把仲封回蔡国（今河南省上蔡县西南）。战国后期，蔡国被楚国吞并，失国后的蔡侯子孙就以国为姓，就是蔡氏，奉仲为蔡姓始祖。

【姓氏分布】

蔡姓得姓之初，主要繁衍于现在的河南省境。秦汉时期，蔡姓人主要在中原地区发展，且以河南、山东等地为其繁衍中心；魏晋南北朝时，战乱频繁，迫使蔡姓族人大举南迁，辗转定居于江浙各地；唐宋时期，社会逐步安定，经济逐渐发展，蔡姓宗族逐渐发展成望族；到了明清时期，蔡姓远播于海外地区。如今，蔡姓尤以广东、浙江、四川等地居多。

【姓氏名人】

蔡邕：字伯喈，陈留圉（今河南省杞县南）人，东汉时期著名文学家、书法家。他擅长散文辞赋，又工隶书，曾创“飞白”书，且擅画，是东汉四大画家之一。

蔡伦：桂阳（今湖南省郴州）人，东汉宦官，改进了造纸术，他总结西汉以来用汀质纤维造纸的经验，创造用树皮、麻头、破布、渔网造纸之法，时称蔡侯纸。

蔡襄：字君谟，兴化（今福建仙游）人，北宋书法家。其正楷端重沉着，行书淳淡婉媚，草书参用飞白法，谓“散草”“飞草”，自成一体。与苏轼、黄庭坚、米芾并称“宋四家”。传世墨迹有《自书诗帖》《郊燔帖》《蒙惠帖》等，书法杰作有《茶录》。

蔡伦

蔡元培：浙江省绍兴人，早年参加民主革命运动，积极倡导科教育人，实行先进办学方针，提倡民主、科学。曾先后出任北京大学校长、中央研究院院长、司法部长等职。教育论著有《蔡元培教育文选》《蔡元培教育论著选》等。

【国学小百科】

蔡伦与造纸术

在造纸术没有发明以前，人们用石刀把字刻在乌龟壳或兽的大骨头上面，叫作“甲骨文”。后来，人们又改用来源广泛的竹片、木板作为刻字的材料。发明了毛笔后，人们就在竹简、木简上写字，然后把这些竹简、木简用绳子穿起来，却显得太笨重。

周代末年，有人开始用丝织的白绢代替竹简、木简来写字，这虽然简便、轻巧，但价格昂贵，一般人用不起。到了东汉，太监蔡伦总结了西汉以来造纸的经验，进行了大胆的改革与创新。在原料上，除采用破布、旧渔网等废旧麻类材料外，同时还采用了树皮，从而开拓了一个崭新的原料领域。在技术工艺上，也较以前更加完备和精细。除淘洗、碎切、泡沤原料之外，还开始用石灰进行碱液烹煮。这项重要的工艺革新，既加快了纤维的离解速度，又使植物纤维分解得更细更散，从而大大提高了生产效率和纸张的质量。

到了唐朝时期，中国的造纸术传到日本，不久又传到阿拉伯、欧洲和非洲，为世界文化的发展做出了巨大的贡献。

【相关链接】

蔡邕救琴

东汉灵帝时期，有个大臣名叫蔡邕。蔡邕为人正直，眼里容不下半粒沙子，对于一些不好的现象，他总是敢于对灵帝直言相谏。后来，灵帝竟渐渐讨厌起他来；再加上灵帝身边的宦官经常在灵帝面前说蔡邕的坏话。蔡邕知道自己处境越来越危险了，随时有被加害的可能，于是他偷偷地逃出了京城，远远来到吴地隐居起来。

蔡邕尤擅弹琴，对琴很有研究。在吴地隐居时，蔡邕常常弹琴，以此来抒发自己的悲愤之情。有一天，蔡邕坐在房里抚琴，女房东在隔壁的灶间烧火做饭。当她将木柴塞进灶膛里，木柴被烧得“噼里啪啦”地响。这时，听到清脆响声之后的蔡邕，心中不由得一惊，抬头竖起耳朵细细听了一会儿，忽然间他跳起来就往灶间跑。

蔡邕来到炉火边，伸手就将那块刚塞进灶膛当柴烧的桐木拽了出来，大声喊道：“快别烧了，别烧了，这可是做琴的一块好材料啊！”蔡邕的手被烧伤了，但他仍惊喜地在桐木上又吹又摸。好在抢救及时，桐木还很完整，蔡邕就将它买了下来。经过他精雕细刻之后，这块桐木做成了一张琴。这张琴弹奏起来，音色美妙绝伦，简直盖世无双。

后来蔡邕遇害，但是他的这把琴却流传下来，成了世间稀有的珍宝。由于它的琴尾被烧焦了，人们叫它“焦尾琴”，此琴是我国古代四大名琴之一。

【姓氏来历】

田姓是圣帝舜的后裔。周初，周武王封舜的后裔胡公妫满为陈侯。到陈桓公时，他的弟弟佗乘桓公病逝之机，借蔡侯之兵杀死太子免而篡位，自立为陈厉公。太子免的两个弟弟欲报杀兄之仇，就趁陈厉公去蔡国时把他杀了。兄弟二人相继为君，是为庄公和宣公。宣公在位时，怀疑太子御寇要谋反，就把他杀了。厉公的儿子陈完与御寇很要好，怕受牵连，就逃到齐国去了。于是齐桓公就把他封于田邑，人称田敬仲。他的子孙就以封地为姓，就是田氏，奉田敬仲为田姓始祖。

【姓氏分布】

田姓以今山东临淄为发源地。先秦时期，田姓已分布于今山西、河南、北京、湖北等地；三国两晋南北朝时，由于社会动荡，田姓避乱南迁；宋代，田姓主要在中国的北部和中部播迁；明清之际，田姓已播及大江南北广大区域。如今，田姓在全国分布广泛，以河南、四川、山东、河北等省为多。

【姓氏名人】

田文：号孟尝君，山东滕州人，战国时期齐国重臣、四公子之一。

田承嗣：平州卢龙（今属河北）人，唐末时军阀，为河北割据势力，也曾两度叛乱，死后由其侄田悦继位，曾一度自称魏王。

田锡田：襄城人，明朝著名书法家。喜欢收藏金石文字，著有《书学偶录》。

田汝成：浙江钱塘（今杭州）人，明代文学家。他博学、工文，尤善叙述，撰写有《辽记》《炎徼纪闻》《西湖游览者》《田叔禾集》等。

田汉：字寿昌，笔名陈瑜，湖南长沙人，现代著名文学家、剧作家、诗人。创作过电影剧本《风云儿女》《义勇军进行曲》。

【国学小百科】

数字姓多为田姓后代

说到田姓，后来又有很多分支。秦统一六国后，田姓诸侯纷纷前来投降，后来他们又帮助项羽反秦，秦灭后又帮项羽打刘邦。刘邦夺得天下后，田姓诸侯就倒霉了，成了刘邦的主要打击对象。刘邦不断削弱田族的势力，并把田姓分成8批，后来这8批发展成为8大家族。

不仅如此，刘邦还不许他们姓田，要他们改姓第一、第二……一直到第八。现在台湾地区还有人姓“第五”，就是田姓分支的后代。当时，“第一”到“第八”都分布在西安附近。汉武帝时期，汉武帝的母亲姓田，他的舅舅就是历史上有名的田蚡。此时田姓与刘家的皇室结亲，才算正式翻了身。

【相关链接】

田单火牛败燕军

战国时期，燕国的大将军乐毅率军攻打齐国。他攻下了齐国的大片城池，只有莒城、即墨没有攻下来。即墨人为了保卫自己的城池，一致推举田单为将。

当时田单看到敌军无数，自己也无计可施，后来他终于想到了一个好主意。他收集了即墨城里的1000多头牛，给牛披上绛红色的龙纹彩服，在牛角上绑扎利刃，在牛尾上系着浇注油脂的芦苇，然后又将城墙凿开了几十个大洞。

到了夜晚，他让人点燃芦苇，牛尾便烧了起来，又叫人将几千头牛从十几个大洞中赶出去。这些牛被火烧着后，发疯似的冲向城外燕军的营寨。燕军从火光中见到了被化妆的牛之后，以为是从天而降的怪兽，赶紧逃命。在混乱中燕军士卒死的死伤的伤。这时跟在牛阵后面的由田单带领的5000名士兵发起反攻，燕军惨败而逃。

胡

【姓氏来历】

周初，周武王将前代圣贤之后分别封为诸侯，其中圣帝舜的后裔妫满被封为陈侯，建立了陈国（今安徽省北部的阜阳、河南省中部的郾城等地）。妫满死后，谥号为陈胡公，所以史又称为胡公妫满。公元前478年，陈国被楚国所灭。其后，他的子孙分为两支，一支以国为姓，是为陈氏，一支以妫满谥号为氏，是胡氏，奉胡公妫满为始祖。

【姓氏分布】

胡姓的起源地是周初的封地陈国。汉时，胡姓迁入陕西、甘肃、山西等地；西晋末年，因“永嘉之乱”，胡姓大举南迁。当今胡姓分布很广，山东、四川、湖北、江西、安徽、浙江多此姓。

【姓氏名人】

胡安：汉朝初期著名教育家，司马相如便是他的得意门生之一。

胡瑗：字翼之，世称安定先生，江苏姜堰人，北宋著名学者、教育家。曾官至太常博士。提倡“明体达用”之学，开宋代理学的先声。

胡瓌：契丹族，河北涿州人，唐朝著名画家。尤善于画马，用笔清劲细密，而骨骼体状都生动有神。所传世作品《卓歇图》，是一幅难得的传世珍画，现藏故宫博物院。

胡适：字适之，安徽绩溪人，中国现代学者、思想家及新文化运动的著名人物。著有《中国古代哲学史》《章实斋年谱》《先秦名学史》《白话文学史》等。

【国学小百科】

胡 公 祠

胡公祠位于河南省郑州市人民公园南门内，1936年落成，为庙宇式建筑，占地23亩，主要建筑有门房和大殿。大殿建在青石护砌的高台上，高台四周有汉白玉石柱，上雕狮头。大殿面阔五间，红墙绿瓦，飞檐斗拱，画栋雕梁，四角悬有风铃。殿门上雕有各种花卉图案，雕工精细，殿内正中有暖阁一座，内设胡景翼等人牌位。

胡景翼是陕西富平人，曾加入同盟会。武昌起义后，在陕西举兵响应，任新军第一标统带。民国成立后，赴日本求学，回国后在陕军陈树藩部任营长、团长及陕西陆军宣一师师长。第一次直奉战争后，至河北归附曹锟、吴佩孚。在第二次直奉战争期间，与冯玉祥一起发动北京政变，并组织国民军，任副司令兼第二军军长，不久任河南省军务督办。胡公祠即为他而设。

【相关链接】

胡趱为驴请假

胡趱是唐昭宗时代以乐舞谐戏为业的艺人。他这个人有一个爱好，就是爱下棋。每次都是骑着一头毛驴，去找朋友下棋。他这位朋友十分热情，见他一来，便对家童说："快将驴子牵到后院去喂。"胡趱见此情景深受感动。

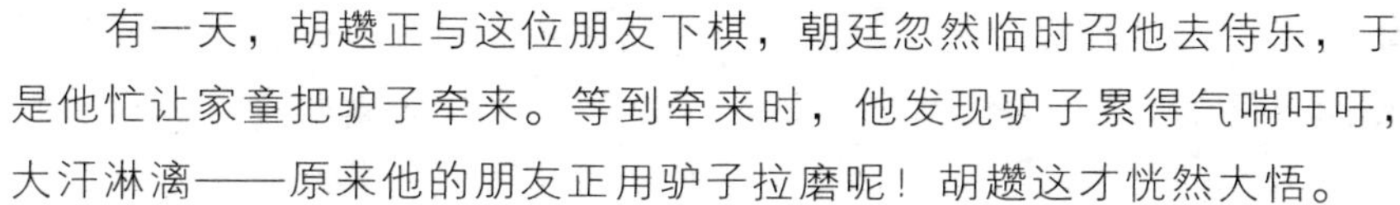

有一天，胡趱正与这位朋友下棋，朝廷忽然临时召他去侍乐，于是他忙让家童把驴子牵来。等到牵来时，他发现驴子累得气喘吁吁，大汗淋漓——原来他的朋友正用驴子拉磨呢！胡趱这才恍然大悟。

次日，胡趱步行来到这位朋友家，朋友见他没骑驴来，忙问原因。胡趱对朋友说："自从昨天回去后，我的驴生病了，头晕恶心，不愿动弹，今天暂请假休息一下。"朋友听胡趱这么一说，知道他发现了自己的"小聪明"，感到不好意思，他马上向胡趱道歉，胡趱便也原谅了他。

万

【姓氏来历】

"周初四圣"之一的毕公高的后人中有个叫毕万的，在晋国当大夫，因功被封于魏。毕万的后代中，有一支以他的名为姓，是为万氏，奉毕万为万姓始祖。

另外，周初有个芮国（今山西省芮城县），是周王室同姓诸侯国。春秋时期，芮国有个国君叫苗伯万，因其好女色，宫中养了很多美女。他的母亲知道了这件事后很生气，就把他赶到魏城去了。后来他的后代就以他的名为姓，就是万氏，是另一支万氏。

【姓氏分布】

早期万姓发源于山西、陕西省境，这两省亦为后世万姓支系主要源头。魏晋南北朝时，北方战火四起，万姓有避居南方者，此次南迁，奠定了后世万姓盛于南方的基础；唐时，浙江、安徽万姓发展比较旺盛；宋元时期，北方时有战争，致使万姓再次南迁；明清时期，是历史上万姓最盛阶段，四川、江苏、广西亦有万姓足迹。如今，尤以江苏、江西、湖北等省多万姓。

【姓氏名人】

万修：字君游，东汉茂陵人。更始年间任信都令，迎光武帝，拜偏将军。平河北，因功封槐里侯，为“云台二十八将”之一。

万宝常：隋朝著名音乐家。擅长诸多乐器，尤精琵琶，曾奉诏造诸乐器，以自制的水尺为律尺，以调乐音，撰有《乐谱》。

万表：定远（今属安徽省）人，明正德年间武进士，通经术，熟知先朝典故，为明代武臣通儒之佼佼者，著有《灼艾集》《海寇议》《万氏家钞济世良方》等。

万寿祺：明末书画家，万历年间举人。明朝灭亡后，仍以遗民自居，着儒士服，戴和尚帽，人称“万道人”，与阎尔梅同称“徐州二遗民”，著有《隰西堂集》。

万家宝：笔名曹禺，祖籍湖北潜江，生于天津，现代史上杰出的文艺家、戏剧作家。作品有《雷雨》《日出》《原野》《北京人》等。

【国学小百科】

“万年历”的由来

相传很久以前，没有历法，没有节气。后来，有一个叫万年历的青年樵夫，发现树荫随着太阳移动，因而受到启发，设计了一个测日影、计天时的“日晷仪”。他上山采药，又受泉水有节奏地往下滴的启发，做了个“漏壶”，用漏水的方法计时。经过多年仔细观察，他发现每隔 360 天，天时长短就重复一次。万年历把这一发现告诉了天子祖乙。祖乙非常高兴，大兴土木，修建日月阁，请万年历带着他的“日晷”“漏壶”在阁上精心研究历法。

经过三年钻研，万年历终于制成草历，向宫中管这项工作的阿衡做了汇报：“日出日落三百六，周而复始从头来。草木荣枯分四时，一岁月有十二圆。”

阿衡嫉贤妒能，他收买一名刺客暗中刺杀万年历，但他的阴谋没有得逞。阴谋败露后天子下令将阿衡处以极刑，并亲自到“日月阁”看望万年历。万年历请求天子为他草制的历法定个名字。天子说：“你入阁三年，制出了历法，功德无量，就以你的名字命名，叫它‘万年历’吧！”

【相关链接】

偏偏姓万

从前，有一个财主不认识字，于是他为儿子请了一位教书先生。先生教他儿子写字，写上一划时，告诉他这是“一”字；写上二划时，告诉他这是“二”字；三划就是“三”字。

财主的儿子听了，感觉认字太容易了。于是他扔下笔高兴得跳起来说：“识字也太简单了，何必要请先生呢！”财主听从儿子的话，就把这位教书先生给辞退了。

过了几天，财主请一位姓万的朋友来家吃饭，叫儿子写个请柬。财主的儿子一大早就动笔写，可是到了中午还不见儿子写成。财主着急得很，接连去催。财主的儿子嘟囔着：“姓啥不好，偏偏要姓万。我从早上写到现在，才写了五百多划。”

【姓氏来历】

管姓以国名为姓，源出于姬姓。周武王灭商以后，封三弟叔虞于管国（今河南郑州），称管叔。武王死后，管叔与蔡叔、霍叔，一同勾结武庚发动叛乱。周公旦平息叛乱，管叔被杀，其子孙就以国名为姓，即为管氏。

另据《通志·氏族略》所载，周穆王之后管仲在齐国做宰相，帮助齐桓公建立霸业。管仲执政 40 余年，实行了改革，使齐国不断富强，使齐桓公成为五霸之首。其后，管仲的后代也姓管，称为管氏。

【姓氏分布】

管姓主要发源于今天的河南省郑州市。春秋时，管姓主要繁衍于山东；魏晋南北朝时期，因社会动荡，管姓避乱有西去甘肃，南及湖南一带；五代后唐年间，管姓繁衍于福建、广东、江西等地；明初，管姓作为明朝山西洪洞大槐树迁民姓氏之一，被分迁于河南、山东、陕西、天津、江苏等地；明末至清，管姓迁居到江苏、江西、浙江等地。如今，管姓在全国分布甚广，尤以山东、江苏等省多此姓。

【姓氏名人】

管仲：名夷吾，又名敬仲，字仲，是春秋时期著名的政治家。他的著作多收入《国语·齐语》和《汉书·艺文志》。《管子》便是后人摘录管仲的言行及稷下学派言论并大量附以齐国法家著作汇编而成。其中《轻重》等篇，是古代典籍中不多见的经济文作。

管鉴：字明仲，龙泉（今属浙江省）人，宋代官吏、词人。官至广东提刑，权知广州经略安抚使。著有《养拙堂词》。

管师复：龙泉（今属浙江省）人，宋朝诗人。为人讲义气、勇敢，擅长于写诗。著作有《白云集》。

管道升：字仲姬，德清县茅山村（今属干山镇）人，元代著名的女书法家、画家、诗词创作家。善于画梅兰竹，山水也画得很好。她在书法上也很有成就，擅长于书写行楷。代表作品有《秋深帖》。

管珍：字阳复，号松崖，江苏武进人，清朝著名画家。工花鸟，尤善设色牡丹。著有《松崖集》。

【国学小百科】

何谓五谷

五谷是我们历史上相传下来的名词，常见于我国古籍中。据研究，最早记载这一名词的是《论语》。当时的五谷是指：稻、稷、菽、麦、黍，即稻子、谷子、豆子、麦子、黍子，泛指粮食作物。后来《管子》曾将“稷”改为“秫”（指高粱）；《素问》中曾将“菽”改为“豆”，仍与之相同。

在古籍中，五谷还有不同的说法。如《礼月令》中把五谷释为“麻、黍、稷、麦、豆”；《楚辞王逸注》中说成：稻、稷、麦、豆、麻。而在比《论语》更早的《诗经》等书里，是没有“五谷”记载的，只提到“百谷”，意思也只是说明谷物品种数量很多，并非指一百种谷物。如今，人们普遍将“稻、黍、稷、麦、豆”称为“五谷”。

【相关链接】

管仲妙谏齐桓公

春秋时期，齐国打败鲁国后，齐桓公在谋士鲍叔牙的保荐下重用了管仲。有一天，齐桓公在管仲的陪同下，来到马棚视察养马的情况。他见到养马人就关心地询问：“马棚里的大小诸事，你觉得哪件事最难？”

养马人一时不好回答，其实，养马人心中是十分清楚的：一年365天，打草备料，饮马遛马，调鞍理样，接驹打掌，哪一件都不是容易的事儿！可是在君王面前，自己怎敢随意叫苦呢？管仲在一旁见养马人尚在犹豫，便代为答道：“从前我也当过马夫，依我之见，编排用于拴马的栅栏这件事最难。”

“为什么呢？”齐桓公问道。

管仲说：“这是因为，编栅栏时所用的木料往往曲直复杂，若想让所选的木料用起来顺手，使编排的栅栏整齐美观、结实耐用，开始的选料就显得极其重要。如果你在下第一根桩时用了弯曲的木料，随后就得顺着将弯曲的木料用到底。像这样曲木之后再加曲木，笔直的木料就很难启用。但是，如果一开始就选用笔直的木料，继之必然是直木，曲木也就用不上了。”齐桓公听后感觉很有道理。

管仲以“编栅栏建马棚”之事提醒齐桓公，要把编栅栏选料与兴邦用人联系起来，在选拔肩负重任的人才时，必须慎重行事，从一开始就要把握正直的标准，以便永远按这样的标准选贤任能。

卢

【姓氏来历】

卢姓出自姜姓，以邑为姓。据《元和姓纂》所载，春秋时期，齐国的公孙无知勾结他人杀了齐襄公而自立为王。齐襄公的两个儿子小白和纠逃往其他国家。公孙的这种行为引起齐国臣民的不满，只是群龙无首，难与之抗衡。最后群臣只好求助于老臣高傒，因为高傒世为齐国上卿，在大臣中有很高的威望。高傒接受了群臣的要求，设计杀了公孙无知等人。然后高傒迎立小白回来继位，就是后来成为春秋霸主的齐桓公。桓公继位后，把卢邑（今山东省长清）封赏给了高傒。他的子孙以地为姓，就是卢氏，奉高傒为卢姓始祖。

【姓氏分布】

卢姓发源于今山东省长清的西南，后又沿着黄河，在河北、河南繁衍发展。秦朝末年，卢敖裔孙卢绾随汉高祖起兵反秦，因功封燕王，封国在涿郡，后涿郡卢姓又称范阳卢姓，为五大望族之一；西晋末年的永嘉之乱，导致卢姓大举南迁；唐代时，卢姓在北方已称盛于黄河流域，其中以河南繁衍最为著名；元明清时，卢姓已遍及全国大江南北。如今卢姓尤以河北、广西、广东等地居多。

【姓氏名人】

卢植：字子干，涿郡（今河北涿州）人，东汉著名学者。著有《尚书章句》《三礼解诂》等。

卢思道：字子行，范阳（今河北涿州）人，隋朝著名大臣、文学家。著有《从军行》《听鸣蝉篇》。

卢照邻：字升之，号幽忧子，幽州范阳（今河北涿州）人，唐朝著名诗人。著有《卢升之集》《幽忧子集》。

卢文弨：字绍弓、檠斋，号弓父、矶渔，浙江余姚人，清朝古籍校勘学家。他校正《吕氏春秋》《白虎通》等古籍38种，纠正错误多处。著有《群书拾补》《钟山札记》《抱经堂集》等。

【国学小百科】

范阳卢氏

我国河北涿州城东拒马河畔建有卢氏宗祠，这里是范阳卢氏的发源地。宗祠大门的匾额上写着黄底墨字“范阳卢氏宗祠”。这里不仅是卢氏家族祭祖的地方，而且有广泛深远的社会影响。韩国的前总统卢泰愚所说“范阳卢氏”使“涿州名扬天下”，涿州是“世界卢氏祖先的基地”，他说的就是这个地方。

宗祠北面是卢氏先祖卢植的墓地，很多观光旅游的人都来此凭吊长眠于此的东汉名臣。当初，卢植凭着自己的才华与业绩，开创了卢氏家族“代代出名士”的基业，赢得了生前的名望和死后的不朽，名列中华民族古代圣贤之列。

以卢植为始祖的涿州卢氏家族，因有功于国家，后成为北方四个高门大姓之一。因当时的涿州原名为“范阳”，故而卢氏的郡望为“范阳”，涿州卢氏被称为“范阳卢氏”。在当时看来，家族的郡望是政治地位的标志和文化传承的徽章。因此，很多漂泊在外的卢姓族人，大都把自家堂号奉为“范阳堂”。

【相关链接】

卢多逊巧诗妙用

五代北宋间官吏卢多逊曾任集贤校理、中书侍郎平章事、兵部尚书等职。此人学识渊博，涉猎颇广，一生喜爱作诗。他的诗作构思精巧，富有新意，而且他作诗时思路快，联想巧妙，常常出乎人们意料。

有一回，宋太祖赵匡胤在皇宫后苑池畔摆宴席招待众位大臣。席间，宋太祖诗兴大发，以“些子儿”为韵，让众大臣以《新月》为题赋诗。没多长时间，卢多逊就吟出了一首诗，诗云：“太液池边看月时，好风吹动万年枝。谁家玉匣开新镜，露出清光些子儿。”

赵匡胤听完卢多逊吟诵的诗后特别高兴，立即叫人把宴席中所用的器皿全部奖给卢多逊。

房

【姓氏来历】

房姓源自于尧，传承相对单纯。相传尧有个儿子开始被封于丹水，人们称他为丹朱。后因丹朱没有治理天下的能力，尧就把帝位让给舜了。舜继位后，为感谢尧的恩德，把丹朱封于丹渊，国号唐，后来又把丹朱的儿子陵封到了房（今河南遂平县），为房侯，并创建了房国。其后，他们的子孙就以封地为姓，称房氏，奉房陵为房姓始祖。

【姓氏分布】

房姓虽不属大姓，但作为一个有着数千年传承历史的中华古姓，在中国历史发展中自有其不可忽视的地位。房姓最初发源于今河南遂平县，当今房姓分布较广，但尤以山东、陕西、江苏等省居多。

【姓氏名人】

房元庆：南朝宋建微府司马，清河人。武帝时，历七郡太守，后为青州建微府司马。

房茂长：清河（今河北清河）人，唐朝画家。擅长画人物，著有《商山四皓图》。

房玄龄：名乔，字玄龄，齐州临淄（今山东淄博东北）人，唐朝司空。居相位 15 年。著有《晋书》。

【国学小百科】

古代谦称和敬称

古人在文章和书信中，常常使用谦称词与敬称词。那么，古人都用哪些称谓呢？

古人对平辈或长辈的谦称，男性常常用仆、愚、小子、鄙夫、敝人等，表示卑己敬人。在现代汉语中，“愚”有时以“愚兄”“愚弟”用于书信中，“敝人”用的很少。年长的男性，多自谦为“老夫”“老朽”“老汉”等；而年长的女性，常用“老妇”“老身”表示自谦。古人还谦称己姓为“敝姓”，敬称他姓为“贵姓”；谦称己家为“寒舍”，今仍被沿用。

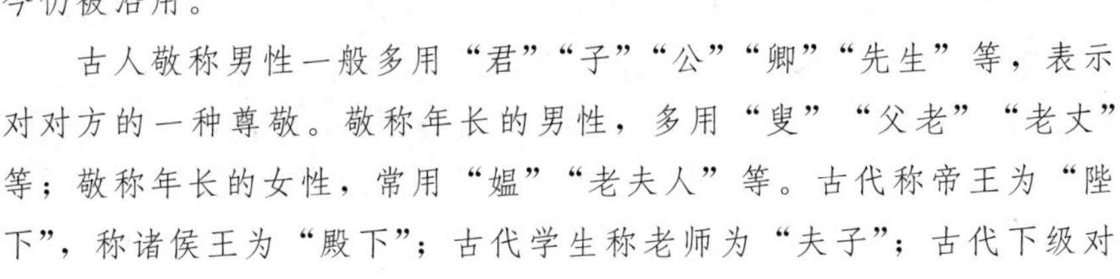

古人敬称男性一般多用“君”“子”“公”“卿”“先生”等，表示对对方的一种尊敬。敬称年长的男性，多用“叟”“父老”“老丈”等；敬称年长的女性，常用“媪”“老夫人”等。古代称帝王为“陛下”，称诸侯王为“殿下”；古代学生称老师为“夫子”；古代下级对上级或平辈相称，则常用“阁下”“足下”，以表示敬意。

【相关链接】

房玄龄荐举杜如晦

唐高祖武德四年，杜如晦在秦王府任曹参军，不久调往陕州任总管府长史。当时李世民府中人才虽然很多，但外调的也多，李世民为此很忧虑。

这时手下大臣房玄龄对李世民说：“其他人离开秦王府不可惜，只是杜如晦这人聪明练达，足以辅佐您成就帝王大业。如果您只想守住藩王地位，不想有所作为也就罢了，但要是想安抚四方，成就帝业，没有这个人是不行的。”

李世民于是奏请高祖李渊，又把杜如晦调回府中任属官。杜如晦经常与房玄龄出谋划策，运筹帷幄，两人都成为李世民的心腹。

丁

【姓氏来历】

丁姓以谥号为姓氏，源于姜姓。齐太公姜子牙有一子名伋，是周成王时的朝廷重臣，又是周康王的顾命大臣。姜子牙死后他继为齐侯，是齐国的第二代国君，对周王朝初期的政治生活起了重要作用，他死后谥号为丁公。其后，他的子孙就以他的谥号为姓，就是丁氏，并奉伋为丁姓始祖。

【姓氏分布】

丁姓的支源众多，但大致上，山东为其最早发源地。秦汉时期，丁姓聚居地主要在今山东、江苏、河南、河北、广东等地；三国两晋南北朝时期，北方战乱导致了丁姓频繁迁徙，可谓丁姓历史上播迁的昌盛时期；唐代，济阳丁姓有入居福建者；宋元时期，有江苏人丁谓后人分居于今广东省；清代，居于福建、广东一带的丁姓移居台湾地区、泰国、新加坡、美国等地。今日丁姓以福建、江苏、湖南、山东、贵州、吉林、辽宁等省较多。

【姓氏名人】

丁度：字公稚，祥符（今河南开封）人，北宋著名文字训诂学家。官至端明殿学士。曾与李淑等刊修《韵略》，又刊修《广韵》成《集韵》。奉诏与诸儒集体编撰《武经总要》40 卷，是中国古代著名的军事著作之一。

丁汝昌：原名先达，字禹廷，号次章，北洋水师提督。甲午战争爆发后，在黄海海战中受伤后仍指挥作战，后退守威海卫；当日军海陆围攻威海卫时，他拒绝投降，自杀身亡。

丁日昌：字禹生，亦作雨生、持静，广东省丰顺人，清代大臣。历任江苏巡抚、福建巡抚、督船政、节度水师兼理各国事务大臣等职，曾参与洋务运动，著有《抚吴公牍》。

丁敬：字敬身，号钝丁，钱塘（今浙江杭州）人，清朝著名篆刻家。喜好金石文字，善鉴别，工于诗、书、画，尤精刻印，开创了“浙派”，被誉为“西泠八家”之首。著有《武林金石录》《砚林诗集》等传于世。

【国学小百科】

驯鹿堂

相传，在东汉的时候，有个人叫丁茂，他从小家里就非常穷，他的父亲就是被饿死的。丁茂对母亲最为孝顺，母亲死后，他到很远的地方背来土，为母亲筑坟，又在坟旁栽了很多松柏。有时连白鹿都从山上到他母亲的墓旁帮他守护坟墓。后有太守举他为孝廉，但丁茂为了守孝，没有答应。后来丁姓便以“驯鹿”为堂号，称为“驯鹿堂”。

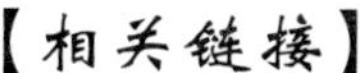

【相关链接】

目不识丁

从前，有个丁姓财主，他有一个儿子，都十多岁了，可什么都不懂，请了好几个先生，可怎么教他都不会。丁财主心里特别着急，于是他出榜文，声称若能教会丁少爷一个字赏银十两。

一位老秀才见了，心想：这孩子再笨，也不至于不知道自己这个简单的丁姓吧？于是，他便揭了榜。到了财主家后，老秀才每天都教丁少爷学习“丁”字。很快半个月的时间过去了，丁财主想考一考自己的儿子。老秀才怕丁少爷忘了，特意准备了一个钉子，让少爷拿着，嘱咐说：“万一忘了，就看看手里拿的这个钉子，这样就想起来了，知道吗？”少爷点了点头。秀才领着少爷去见丁财主，写了一个“丁”字说：“小少爷，这个字念什么呀？”

谁知少爷看了半天也不认得这个字了。老秀才赶紧提醒他：“你手里拿的是什么呀？”少爷低头一看，说：“是一根小铁棒。”秀才一听，生气地说道：“真是朽木不可雕也！你目不识‘丁’不要紧，我的十两银子可全泡汤了。”

从此以后，“目不识丁”之语便传开了。

邓

【姓氏来历】

邓姓以国名为姓氏，源于曼姓。殷商后期，商王武丁封其叔父曼季于邓国曼城（今河南省邓州），同时封其为侯爵，后来曼季建立了邓国（今河南省孟州西南），人称邓侯。邓国经西周、春秋共延续了600多年。西周时，邓国是周朝南方较为重要的诸侯国之一，后被楚国灭掉。其后，邓侯的子孙就以国为姓，这是最早的邓氏。

另外，北宋初年，南唐后主李煜第八子李从镒，曾被封为邓王。南唐被灭掉后，宋太宗赵光义下令缉拿南唐宗室，李从镒被捕，其子李天和逃脱。他为了躲避追捕，不敢姓李，就以父亲的封号为姓改为邓姓，这是另一支邓姓。

【姓氏分布】

邓姓发源于今河南省境，而后向紧邻的湖北、湖南一带迁徙。东晋十六国时，中原邓姓大举南迁，分布于江南、江西、江苏等地；唐代，南阳邓姓分衍出的支派更多，分别居于甘肃、山西、河南等一些地区；宋时，邓姓在南方已播及江西、湖北、福建、广西等地；明末，居住在广东及福建地区的邓姓又有一些人迁居到台湾。如今，邓姓人主要集中在湖南、江西、四川、江苏、福建、广东等地。

邓世昌

【姓氏名人】

邓石如：字行，号顽伯、完白山人、笈游道人等，怀宁（今属安徽）人，清朝杰出书法家、篆刻家，其书法以篆字成就最高。他的篆刻技艺突破陈规，自成一派，世称“邓派”和

“皖派”。

邓世昌：原名永昌，字正卿，广东番禺人，海军名将。1894 年中日甲午战争爆发后，在黄海海战中，虽弹尽舰伤，仍下令加快速度猛撞敌舰吉野，不幸被鱼雷击中，与全舰官兵 250 人壮烈牺牲。

邓颖超：祖籍河南省光山，是无产阶级革命家、政治家，著名的社会活动家、中国妇女运动的先驱、中华人民共和国的重要领导人。

邓小平：四川省广安人，马克思主义者，无产阶级革命家、政治家、军事家，中国共产党、中国人民解放军和中华人民共和国的主要领导人之一。他为社会主义革命和社会主义建设事业做出了杰出的贡献。

【国学小百科】

《古今姓氏书辨证》

邓名世是抚州临川人，他在北宋时期没有入仕，以教授著作为业，尤长于《春秋》和姓氏之学。后来到了南宋时期，他进书得到高宗召见，并入史馆任职。据有关专家考证，邓名世一生著作有《春秋四谱》《国朝宰相年谱》《皇极大衍数》等十多种，但存下来的只有《古今姓氏书辨证》一种。

其实，据史料考证，《古今姓氏书辨证》是邓名世与其子邓椿哀合编的。该书从北宋政和年间即开始着手编撰，成书于南宋绍兴四年。邓氏父子相继编撰，历时 20 余年，所以比其他姓氏书著作更为详细和精确。

《古今姓氏书辨证》全书共 40 卷。作者对《元和姓纂》一书采录，考辨尤为详细，同时又以《熙宁姓纂》《宋百官公卿家谱》二书互为参校，以补史传之不足，对有关姓氏著作，取其长而辨其误，故名《古今姓氏书辨证》。

《古今姓氏书辨证》是对汉唐以来姓氏谱牒书进行系统清理编纂并作事实考订的集大成著作，足以代表宋代谱学的最高水平。

【相关链接】

骄纵专横的邓太后

公元 106 年，年仅 13 岁的汉安帝即位，邓太后临朝执政。安帝长大后，邓太后仍不肯放权。郎中杜根与另一郎官上书说：“皇帝已长大成人，应亲自处理政事。”

邓太后闻讯后当即大怒，下令将两人装入袋中在殿上重打致死，然后丢于城外。没想到，杜根命大没有死，他醒后逃脱了。之后，邓太后将自己宗族皆封为侯，横行朝廷。

安帝本来在小时候深受邓太后喜爱，长大后就开始逐渐不合太后心意。太后征召济北王、河间王来京。河间王刘翼长相俊美、仪表堂堂，甚受太后宠爱，将其作为平原怀王的后裔留在京城。

司空周章多次上书，要求邓后将政权交还安帝，邓后却置之不理。周章担心皇帝被废，就经常提醒安帝注意。每次提醒，都使安帝充满了愤恨。

公元年 122 年，邓太后病死。她一死，安帝得以亲政。过去一些屡受邓太后处罚的宫女，便乘机在安帝面前揭发太后兄弟骄纵专权、曾向尚书令访求索取有关废帝资料及谋立平原王刘德为君等事。安帝听了大怒，令有关部门弹劾邓悝、邓弘、邓阊等人。

最后，安帝以大逆不道之罪废除西平侯邓广宗、叶侯邓广德、华西侯邓忠、阳安侯邓宗和都乡侯邓甫德等的爵位，贬为平民。接着邓后的兄长车骑将军邓骘因未参与密谋，只免去特进职位遣往封国。后来，邓骘与儿子邓凤一同绝食而死。其他邓氏宗族人员则全部免官，遣回故乡，并没收邓骘等人资财田宅。

由于郡县逼迫，邓广宗、邓忠等自杀。邓骘的从弟河南尹邓豹、舞阳侯邓遵、邓畅三人被迫自杀。邓氏子弟被迫自杀的有七人。其实，这都是邓太后纵容他们的结果，才使得她的这些亲戚最后落了个悲惨的下场。

左

【姓氏来历】

在古代，史官分为左史和右史，左史主要记录帝王诸侯大臣的言行，右史主要记录发生的大小事件。据考证，我国古代以左为尊，所以左史能到帝王身边记载其言行。这些左史，往往为世袭，慢慢的，人们就以左加名来称呼他们，逐渐演变成左姓。

【姓氏分布】

左姓发源于今湖南省。先秦时期，左姓已活动于今陕西、山东、山西一带；魏晋时期，左姓在今山东、河南繁衍迅速；南北朝至隋唐，左姓由于避乱，逐渐播迁于江东各地；宋元以后，左姓在江南分布更广；明初，山西左姓作为明朝洪洞大槐树迁民姓氏之一，被分迁于陕西、河南、东北三省等地；清初，两湖之左姓伴随湖广填四川的风潮入迁四川。如今，左姓主要分布在河北、山东、江苏、四川等省。

【姓氏名人】

左丘明：春秋时鲁国人，后人因其目盲，称之为盲左。相传他曾任鲁太史，为《春秋》作传，成《春秋左氏传》，简称《左传》。

左悺：河南平阴（今河南孟津东）人，东汉宦官。桓帝时为小黄门使，因与单超、具瑗、徐璜、唐衡合谋诛外戚梁氏，任中常侍，封上蔡侯，为“五侯”之一。他和具瑗等骄横贪暴，兄弟亲戚都为州郡刺史、太守。被司隶校尉韩演劾奏后自杀。

左光斗：字遗直，号浮丘，明朝桐城人。曾任浙江道监察御史，后任左佥都御史，参与杨涟弹劾魏忠贤，又亲自弹劾魏忠贤 32 斩罪。后来他与杨涟被诬陷死于狱中，后追赠太子少保，谥号忠毅。

左思：字太冲，晋代临淄人。博学能文，官秘书郎。曾作《三都赋》，十年乃成。豪贵之家，竞相传写，洛阳为之纸贵。其妹左芬，亦能文，以德见称。

左宝贵：山东省费县人，回族，清末将领。甲午战争时，以总兵之职率军赴朝鲜平壤拒日。督军浴血奋战，亲手燃放大炮，后中炮阵亡。

左宗棠：字季高，一字朴存，号湘上农人，晚清军政重臣，湘军统帅之一，洋务派首领。1885 年病故于福州。

【国学小百科】

《左传》

《春秋左氏传》简称《左传》，相传为春秋时左丘明所作，是中国古代一部编年体的历史著作。汉朝时又名《春秋左氏》《左氏》，汉朝以后才多称《左传》。

《左传》是用历史事实来解释《春秋》的著作。此书内容丰富多彩，是记录春秋时期社会状况的重要典籍，该书保存了许多宝贵的哲学思想资料，如唯物主义的阴阳五行说、无神论和朴素辩证法思想等等，反映了西周末期已开始动摇的宗教天道观的进一步瓦解；在伦理思想方面，《左传》反映了正由奴隶制向封建制转变的春秋时期，一种社会经济制度代替另一种制度过程中，社会意识形态深刻的内在冲突及转化趋向，即新的伦理思想和观念虽已开始产生，但尚零碎而不成体系，旧的奴隶制宗法等级道德尚未退出历史舞台。

【相关链接】

左光斗惜才助可法

明朝河南祥符人史可法，小时候就多才多艺，十余岁进入郡府学堂学习。天启元年，时任左佥都御史的左光斗视学京畿（国都及其附近的地区）。

有一天，风雪大作，左光斗带领几名骑从出行来到一座古寺中，发现一个书生在桌上伏案而睡。寒风吹动着刚草好的文章，左光斗悄悄走近，拿起文章浏览起来不禁大为赞赏。

书生还未醒来，左光斗解下貂裘给他披上，为他掩好房门又悄悄退出。左光斗叩问寺中僧人，才知此人是史可法。当时史可法年仅二十，刚行弱冠之礼，只因家中实在过于贫困才寄居寺中。左光斗爱惜他的文才，让他住在官邸的客舍中，并且每月给他母亲送去柴米。

每当史可法有空，左光斗就约他到家中谈古论今，评论时政，如同父子一般。后来史可法步入仕途，官至兵部尚书。清兵南下时，坚守扬州，城破被清兵所虏，不屈被杀。

石

【姓氏来历】

石姓出自姬姓，为石碏之后裔。据《元和姓纂》所记载，春秋时康叔的六世孙卫靖伯有个孙子叫石碏，是卫国的贤臣。其子石厚曾帮助公子州吁杀掉卫桓公，州吁自立为君。州吁上台后，为了树立威信，向外频频用兵，搞得卫国上下怨声载道。

后来，石碏设计将州吁和石厚两人骗到陈国，并暗中给陈桓公写了一封密信，派人事先送给陈桓公，历数州吁、石厚的罪行，请陈侯把他们抓起来。等州吁和石厚两人到陈国后就被抓了起来。石碏将两人处死后，迎立桓公之弟公子晋为国君，即卫宣公。

石碏在此次变故中表现得大智大勇，大义灭亲，为世人所称道。石碏本是卫国的宗室，因封地在石邑，故人称石碏。他的后代，就以他的封地为姓，即为石氏，奉石碏为石姓始祖。

【姓氏分布】

石姓最早发源于当时的卫国之地（今天的河南北部一带）。秦汉以前，石姓主要在黄河中、下游地区繁衍，同时有部分人徙居江南；魏晋南北朝时，形成渤海、平原两大郡望；唐初，有石姓人自河南固始随陈政、陈元光父子入闽开漳并落籍；五代十国，石姓在福建形成闽南望族；宋元以后，石姓已遍及江南大部分地区；明初洪武年间，石姓作为洪洞大槐树迁民姓氏之一，被分迁于山东、河北、陕西、甘肃等地。如今，石姓分布以河南、山东、四川、辽宁等省为多。

【姓氏名人】

石申：战国时天文学家，他与甘德所测定的恒星记录有 800 多颗，是世界上最古老的恒星表，著有《甘石星经》。

石守信：开封浚仪（今河南省开封）人，北宋名将。陈桥兵变，辅佐赵匡胤称帝，杯酒释兵权后，仅留虚职。

石玉昆：号问竹主人，清代说唱艺人。演唱时自弹三弦自唱，其唱调称为“石派书”。相传小说《三侠五义》《小五义》等均是别人根据他的唱本改写而成。

石达开：广西贵县人，太平天国的翼王。他有勇有谋，在太平天国前期的胜利进军和定都南京及率军西征中屡败清军。同治二年夏天，进至越厅紫打地（今四川省石棉县安顺场南），为大渡河所阻，又遭清军围困，进退无路，陷于绝境。他意图“舍命以全三军”，投入清营，后不仅部属惨遭屠杀，自己也在成都遇害。

【国学小百科】

世界上最早的天文学著作《甘石星经》

战国时期，楚国人甘德和魏国人石申在长期观测天象的基础上，各写出一部天文学著作，后人把这两部著作合起来，称为《甘石星经》。

《甘石星经》是世界上最早的一部天文学著作，可惜它在宋代就失传了，在唐代的《开元占经》中还保存一些片断。从这些片断摘录中可以看出，甘德和石申曾系统地观察了金、木、水、火、土五大行星的运行，发现了五大行星出没的规律；他们还记录了 800 颗恒星的名字，测定了 121 颗恒星的方位。

《甘石星经》比希腊天文学家伊巴谷测编的欧洲第一个恒星表大约早 200 年，后世许多天文学家在测量日、月、行星的位置和运动时，都要用到《甘石星经》中的数据。因此，《甘石星经》在我国和世界天文学史上都占有极其重要的地位。

【相关链接】

石庆数马

汉武帝时期，西汉丞相石奋（万石君）之子石庆曾担任太仆。有一次，石庆为武帝御车出行，武帝问他的车有几匹马驾车。尽管皇上所乘车驾马是有定数的（六马），石庆小心翼翼用马鞭逐个数完以后，举起手说：“六匹。”在万石君的子孙之中，石庆是最随便的一个，但在小事上还是这样认真。后来，他调任齐国丞相，全齐国的人都仰慕他们家的品行。

后来，人们用这个典故比喻在最简单的事情上也非常细心谨慎，一点也不马虎。

崔

【姓氏来历】

崔姓源于姜姓，相传是炎帝的后代。西周时，姜子牙因首功而封在齐国，其嫡孙季子不愿继位，把君位让给了弟弟叔乙，自己撤到崔邑（今山东章丘西北）住了下来，人称崔季。其子孙就以地为姓，即为崔氏，奉崔季为崔姓始祖。

【姓氏分布】

崔姓发源于山东境内。唐代，崔姓繁衍于山东、河北、河南、陕西、山西、甘肃等地；宋元时期，有较多崔姓南迁于江苏、安徽、浙江、江西等地；明朝初年，有山西大槐树崔姓移民于人迹稀疏之地；明末清初又有大批崔姓族人迁往辽东一带，多与朝鲜族杂居；清末又有入居东南亚国家者。今日崔姓主要居住在河南、山东、辽宁、黑龙江、江苏等省。

【姓氏名人】

崔鸿：字彦鸾，今山东平原人，北魏著名史学家。初仕魏中散大夫一职，后迁黄门侍郎，加散骑常侍、齐州大中正。撰有《十六国春秋》。

崔马因：涿郡安平（今河北涿州）人，汉朝著名学者、书法家。著有《达旨》等，有“儒家之林大才子”之称。

崔白：字子西，濠梁（今安徽省凤阳）人，北宋著名画家。擅画花竹、禽鸟，尤工秋荷凫雁。他的传世作品有《双喜图》《寒雀图》和《禽兔图》，为一级国家文物，藏于北京故宫博物院。

崔敦礼：南宋通州静海（今江苏南通）人，宋代文学家。有《宫教集》《刍言》《四库总目》等传于世。

崔述：字承武，号东壁，河北大名人，清代历史学家、考据学者。所著书以《考信录》为主，包括《三代考信录》《丰镐考信录》《洙泗考信录》等，近人汇印为《崔东壁遗书》。

【国学小百科】

《西厢记》

古典戏曲《西厢记》是一部关于男女爱情的千古绝唱，它主要叙述的是张君瑞与相国千金崔莺莺的一段爱情故事，这其中还隐藏着一段与姓氏有关的话题。

据考证，张君瑞的原形是唐代诗人元稹，他与崔莺莺一见钟情，难舍难分。但因为元稹门户太低，无法和当时身为名门望族的崔家匹配。最后，崔莺莺的母亲棒打鸳鸯，这对眷侣不得不分开。感情上的失意使元稹悲愤至极，写下了传奇的《莺莺传》。后来《莺莺传》就演化成了古典戏曲《西厢记》。

《西厢记》从侧面揭示了崔莺莺的恋爱心理，即想爱而不敢爱，不敢爱却不由得不爱；并且细致地展现了她内心的强烈要求逐步压倒、战胜外部的压抑、传统的禁锢和心理的樊笼的全过程。

【相关链接】

严厉的崔弘度

隋朝的崔弘度，历任州郡刺史、太守。此人身材高大，臂力过人，一脸胡须，十分魁伟，性情又十分严厉和残酷。崔弘度经常告诫自己的手下："做人应该诚实宽容，不能欺骗人，你们知道吗?"手下人哪有敢不听的。

有一次，崔弘度吃甲鱼，身边的侍者有七八个人。他边吃边问他们："甲鱼味道鲜美吗?"这些随侍的人不知何意，但平日惧怕惯了，顺口答道："味道的确很鲜美。"崔弘度听后，指着这些侍者大骂道："你们这些奴才竟敢当面欺骗我?你们没吃过甲鱼，怎么知道甲鱼味美?各赏给你们80棍。"从此以后，再没有人敢欺骗隐瞒他了。

程

【姓氏来历】

程姓以国名为姓氏，出自高阳氏。据《广韵》所载，相传上古时民间祭祀很乱，神鬼不分，氏巫混杂，社会秩序很不安定。后来帝颛顼派两个孙子分掌天地，哥哥重为南正，掌管祭祀天上神灵，弟弟黎为火正，掌管治理山川河流土地和民政事务。这样百姓就从杂乱无章的祭礼活动中解脱出来，天上地下各不相扰，人神分开，万物都有了秩序，百姓的生活也安定了。由于这些功劳，重和黎的子孙就世袭这个职务。商王朝时封其后裔为程侯（今河南洛阳市），程侯的子孙就以国名为姓，即为程氏。

【姓氏分布】

程姓在春秋时代已经分布于河北、河南、陕西一带。秦汉时期，程姓已在华北长城以南地区繁衍；魏晋南北朝时期，在今安徽、浙江两省交界处，程姓族人的分布日益稠密，逐渐扩散到江苏、江西、福建地区；南宋年间，洛阳程姓有些迁居桂林、贵州；明清时期，程姓便已分布于我国广大地区。如今，程姓主要分布在河南、安徽、四川、陕西、湖北、山东等省。

【姓氏名人】

程曾：字秀升，东汉豫章南昌（今属江西省）人。学习《严氏春秋》，后教授弟子数百人。著书百余篇，疏通《五经》的疑难，又作《孟子章句》。

程咬金：字义贞，又名知节，唐初济州东阿（今属山东省）人，唐朝大将。曾帮助李世民开创太平盛世，死于唐麟德二年。

程伟元：字小泉，江苏省苏州人，清代文学家、书画家。工诗善画，其作品已遗失。

程长庚：名椿，一名闻翰，字玉山，寓名四箴堂，安徽潜山人，清代戏剧家。代表剧目有《群英会》《战长沙》《文昭关》和昆曲《钗训大审》等。他与余三胜、张二奎并称“老生三杰”“三鼎甲”。

【国学小百科】

二　程

我国北宋时期的理学家程颢和程颐是两兄弟。程颢，人称明道先生，世称“大程”；程颐，人称伊川先生，世称“小程”。后来人们称二人为“二程”。

程颢和程颐两兄弟同时受业于周敦颐，后来都在洛阳讲学，世称“洛学”。两人所创建的理学，以“天理”为其全部学说的基础。认为“理在气先”，一切变数都发生在天理之后。因此制定封建社会道德伦常准则为“三纲五常”。

在认识天理的方法上，他们主张人们自我修养。认为“心便是天”，那么人欲会损伤或毁灭天理，于是他们的主张是“存天理，灭人欲”，并提出了寡妇“饿死事小，失节事大”的节烈观。著书有后人编的《二程集》。

【相关链接】

程门立雪

“程门立雪”这个典故出自《宋史·杨时传》：“一日见颐，颐偶瞑坐，时与游酢侍立不去。颐既觉，则门外雪深一尺矣。”

程颐是北宋时期著名的思想家、教育家，讲学三十多年，门人众多，而以杨时、谢良佐、游酢等最为著名。

相传他在洛阳居住时，他的弟子杨时和游酢前往拜见。正值隆冬时节，鹅毛大雪纷纷扬扬，他偶有倦意，就在房内闭目养神，杨时和游酢在一旁侍立。

过了大半天，程颐看天色已晚，就让游、杨两人改日再来，等他出门一看，门外积雪已达一尺多深了。

后来，人们将此作为尊师重道的典故，为世人所传颂。

【姓氏来历】

邢姓出自姬姓，以国名为姓氏，源于周公旦之后。据《左传》记载，周初，周公旦的第四个儿子被封为邢侯（今河北省邢台市西南）。春秋时期，邢国被卫国吞并，失国后的邢侯子孙就以国为姓，即为邢氏。

后来，卫国又被晋国吞并，晋就把邢邑（今河南省温县东）封给大夫韩宣子作为封地。后来韩宣子的后代就以地为姓，是另一支邢氏。

两支邢氏虽来源不同，但均源于周王室的姬姓。

【姓氏分布】

邢姓主要发源于今山西、河北、山东一带。魏晋南北朝之际，由于五胡乱华、军阀纷争等导致社会动荡，少数邢姓子孙避居江南；隋唐之际，邢姓播迁繁衍以北方邻近区域为主；北宋时，北方辽金等少数民族不断侵扰今冀、晋北部，邢姓因避乱徙居当时的首都开封及河南各地；元代，北方邢姓发展平稳，而南方邢姓因避乱散居江南各地；明初，山西邢姓作为明朝洪洞大槐树迁民姓氏之一，被分迁于河北、河南、陕西、东北等地。如今，邢姓主要分布在河北、河南等省。

【姓氏名人】

邢群：唐朝著名大臣。唐会昌年间在任户部员外郎处州刺史时，清正廉明，吏人畏之，百姓敬之，在其离任之日，百姓扶老携幼含泪送别。

邢焕：开封祥符（今属河南省）人，宋代大臣。其女为康王赵构之正妻。高宗即位后，封其女为皇后，其官历任枢密都承旨，庆远节度使。

邢侗：字子愿，临邑（今山东临邑）人，明朝著名书画家。善画能诗文，尤以书法著名。其字为海内所珍，与董其昌、朱万钟、张瑞图并称。著有《来禽馆集》。

邢契莘：浙江省嵊县（今嵊州市）人，清宣统二年考取清华第一期官费留学美国，入麻省理工学院选修造船造机系。

【国学小百科】

邢 文 化

远古时代，人类在河北的邢台植下了深深的根，从此这个根在邢台不断发展壮大起来。邢台的姓氏文化资源可谓十分丰富，这里有邢台邢氏、清河张氏、大唐李姓、柴氏后裔、崔氏后裔等等。

邢台的尧山是上古帝尧活动的重要区域之一，在这里曾发生了尧帝与舜的“禅让”，推进了人类文明的发展，得到后世子孙的无比尊崇和敬仰。尧山是尧、舜及大禹治水中心，与之产生的文化后人称之为“唐尧文化”。

邢台邢氏的族人最初以国名为姓，邢氏世代相传。邢为姓氏，又为地名，是邢台的根本，与之产生的文化称为邢文化。对邢文化的研究，近年来成果颇为丰硕。1994 年在邢台葛庄发现了邢侯墓地，这将邢文化的研究向前推进了一大步。邢文化的研究对邢台姓氏文化有着很重要的意义。

【相关链接】

邢进士智斗强盗

相传，明朝时有一个姓邢的进士，他长得非常矮小，然而生性却很幽默滑稽。有一次，他在去鄱阳县的路上遇到了一个强盗。这强盗不但搜去了他身上所有的钱财，而且还要杀死他以除后患。

正在强盗举刀之时，邢进士很认真地对强盗说："很多人都已经嫌我长得太矮，而称我邢矮子了，官人你如果再砍去我的头，我不就更矮了吗？"强盗听了不觉大笑，掷刀而去。

陆

【姓氏来历】

春秋时，陈厉公因为与表妹私通被故太子的弟弟杀死。陈厉公之子陈完闻讯后逃往齐国，因功封在田，后为田氏，陈完也改名田敬仲。到了战国初期，敬仲的后裔田和赶走齐君而自立为君，成为田姓齐王。田氏齐宣王的小儿子叫通，被封在平原县的陆乡（今山东省平原县），田通的子孙就以封为姓，即为陆氏，奉田通为陆姓始祖。

另外，据《魏书·官氏志》所载，南北朝时，北魏有鲜卑步陆孤氏，进入中原后改为汉字单姓陆氏。

【姓氏分布】

陆姓最早发源地为山东，早期陆姓亦是以山东为中心向四周传播。魏晋南北朝时，南北方各地的陆姓阵容都得到了大规模的发展；盛唐时期，陆姓势力呈巩固加强发展之态；宋元至明清时期，陆姓已广布各地，进而延伸至台湾地区、新加坡等地。今日陆姓分布以浙江、上海、江苏、广东、广西等为主。

【姓氏名人】

陆云：字士龙，晋吴郡华亭人，西晋著名文学家。官至清河内史，与陆机并称“二陆”，著有《陆士龙集》。

陆修静：字元德，南朝宋吴兴郡东迁人，为南朝著名道士，早期道教的重要建设者。与僧人慧远、慧永及陶潜等 18 人结社于庐山东林寺，同修静土之法，号曰“白莲社”。

陆游：字务官，号放翁，宋代越州山阴县人，南宋著名诗人。他才华横溢，尤长于诗，一生写诗近万首，为南宋大家。著有《渭南文集》《剑南氏稿》《放翁词》《南唐书》等。

陆心源：浙江吴兴人，清代藏书家，他收藏了两百本宋朝的珍善本书，因藏书扬名于天下。著有《潜园总集》。

【国学小百科】

生儿多以陆为名

晚年的陆游归隐山林后，与当地的老百姓一起参加一些力所能及的劳动。陆游略懂一些医术，于是他经常带着药囊，骑着驴来给村邻送药看病。

村邻们感谢陆游，都争着用酒饭款待他；也有的人把他当救命恩人，为了表达对陆游的敬意，甚至特地为孩子取名为陆。陆游在《山村经行因施药》中提到：驴肩每带药囊行，村巷欢欣夹道行，共说向来曾话我，生儿多以陆为名。

【相关链接】

庸人自扰

“庸人自扰”一词出于《新唐书·陆象先传》：“天下本无事，庸人扰之而烦耳。”

唐朝有一位大臣名叫陆象先，曾在益州任都督府长史兼剑南道按察史，后又任蒲州刺史。他为人宽厚，处理政事讲的是“仁恕”，反对严刑峻法。

有一次，有个小官吏犯了罪，陆象先只是责备了他几句，就把他打发走了。小官吏的上司说："按照条律像这样的罪犯应该判杖刑，大人怎么能放他走呢？"陆象先说："人情是相差不多的，我的话难道他不了解吗？如果要用杖刑，那就应从你开始。"

陆象先经常对人说："天下本来没有那么多的是非，只是庸人自己心里不安，把事情越弄越复杂。如果从心灵的源头上处理问题，那事情自然就简单了。"

后来人们用"庸人自扰"来比喻本来没有事，只是自己找麻烦。

翁

【姓氏来历】

翁姓出自周朝时期的姬姓，为西周昭王的后代。传说周初，周昭王有个儿子，生下来时两手紧握成拳，谁也掰不开，大声啼哭不止。宫人报告周昭王，周昭王不相信，跑去一看，正在啼哭的婴儿哭声顿时止住了，两只小手也张了开来。周昭王看其小手，不由得大奇。原来孩子两只小手的纹路与众不同，仔细一看，左手是个"公"字，右手是个"羽"字，于是昭王把两字合到一起即"翁"作为小儿子的名字。翁长大后，周昭王又把他封为侯，封地也取名翁（今浙江省定海县东），史称翁侯。后来，翁侯的子孙就以翁作为他们的姓氏。

【姓氏分布】

翁姓发源于广东省韶关市南部翁源县。秦时，翁姓主要繁衍于浙江的杭县。目前，我国北方的翁姓虽不多见，但在南方，特别是福建、广东、台湾一带却是名门大姓。

【姓氏名人】

翁肃：字彦恭，崇安人，著名宋朝大臣，官至朝散大夫。

翁方纲：字正三，号覃溪，直隶大兴（今北京）人，清代诗人、书法家。翁方纲尤善隶书，与刘墉、成亲王永瑆、铁保齐名，称“翁刘成铁”。著有《复初斋文集》35卷，《集外文》4卷、《复初斋诗集》42卷等。

翁大年：字叔均，江苏吴江人，清朝著名金石学家、书法家、篆刻家、考古学家。著有《官印志》《古兵符考》《陶斋金石考》《秦汉印型》等。

翁同爵：字玉甫，以父荫授官。在湖北巡抚兼署湖广总督任上去世，著有《皇朝兵制考略》。

【国学小百科】

六桂联芳

所谓六桂是洪、江、翁、方、龚、汪6个姓子孙联结的堂号，表示兄弟相称有血脉亲缘关系。

五代后期，翁氏后代乾度生了6个儿子，为避免战乱，将六兄弟分为洪、江、翁、方、龚、汪6个姓氏。这6个人在宋朝初年分别考中正榜进士，荣华显贵，光大门楣，人人赞美，盛极一时，故称为“六桂联芳”，当时皇帝曾赐建石碑，记载光荣事迹，这也是今天“六桂宗亲会”的由来。

为了使六桂的后裔不忘原是兄弟同宗，在其祖墓上铭诗为证：“落地三朝语不通，生枝是姓公羽翁。诸子传流分六姓，兄南弟北各西东。枝分南北东西省，六姓原来是一宗。但愿儿孙知同族，婚姻嫁娶无乱纲。”

【相关链接】

固执的翁心存

咸丰年间，官至体仁阁大学士的翁心存曾为朝廷力荐何桂清。他说何桂清通晓文武，如受重用必能削平贼寇，保障江南。可是事情并不是他说的这样。直到苏州、常州相继失陷，何桂清因弃城逃跑而被治罪。翁心存仍不醒悟，继续为何桂清开脱罪责。

庚申事变后，翁心存请假休闲在家。同治元年，朝廷征用元老旧臣时，他又重被任用。翁心存对时事很有见解，议论颇多，但都不是自己亲自上疏，而是请军机大臣代为转奏。

翁心存上疏的主要内容是说：现在楚军遍天下，曾国藩权力太大了，恐有尾大不掉之患。所以，他再三提出裁减楚军，削弱曾国藩的权力。而当时曾国藩的声誉很高，朝野都对曾国藩寄予厚望，皇帝也正需要曾国藩削平贼寇。因此，对翁心存的建议，就连军机大臣都当面嘲笑他。

从此，皇帝就疏远了固执的翁心存。后来，翁心存又被任命暂管都察院，他托病不就，不久就病死了。朝廷追赠太保，谥号文端。

段

【姓氏来历】

段姓出自姬姓，是春秋时郑武公的儿子共叔段的后代。

春秋初年，郑武公有两个儿子。大儿子是在其母姜氏睡梦中生下，所以取名寤生。姜氏以为怪，不大喜欢他；二儿子名段，长大后生得一表人才，面如傅粉且又多力，很讨姜氏的喜欢，就生偏心想立段为世子。但郑武公以长幼为序没有答应。

郑武公去世后，寤生即位，是为郑庄公。其母姜氏就逼庄公把京城（今河南省荥阳市）封给了段，人称京城太叔或太叔段。太叔段自恃母爱，公开招兵买马企图夺哥哥之位。群臣都为庄公担心，庄公却以母爱幼弟为由不予理会。其实他心中早已有数，故作糊涂，以促使太叔段的野心暴露，以便除之有名。

太叔段果然中计，在他即将行动时，早已有备的郑庄公采取先发制人的办法，突然袭击京城，太叔段只得逃入共国（今河南省辉县），所以又称共叔段。太叔段死后，他的子孙就以他的名为姓，即为段氏。

【姓氏分布】

早期段姓以陕西、甘肃一带繁衍最旺，以后段姓大致以此二地为主迁地，扩播四方。魏晋南北朝之际，段姓或因仕宦，或因避战乱而迁往各地；唐代段姓仍以北方人口居多；明代有山西大槐树籍段姓迁于山东、河南、甘肃、陕西等地；到了清代，段姓无大规模迁徙之举，各地段姓繁衍平稳。今日段姓以四川、山西、河北、云南等省多此姓。

【姓氏名人】

段干木：战国时魏国人，为魏国才士。他潜学守道，深受魏文侯敬重。据传文侯每过段干木家门，定站立伏于车前横木，以示尊敬。

段成式：字柯古，唐代临淄人，唐朝文学家。博学强记，多奇篇秘籍，其中他所著的《酉阳杂俎》，被后世誉为“小说之翘楚”。

段玉裁：字若膺，号懋堂，晚年又号砚北居士，长塘湖居士、侨吴老人，江苏省金坛人，清代著名经学家、文学训诂家。著有《诗经小学》《古文尚书撰异》《汲古阁说文订》《说文解字注》《经韵楼集》等书。

段祺瑞：原名启瑞，字芝泉，晚号正道老人，安徽合肥人，近代皖系军阀首领。曾任提督、国务总理等职。1936 年病逝于上海。

【国学小百科】

大理段氏

云南大理段氏，是段姓里面的代表。

段姓在云南经历的时间很长，最早是在汉代，以后大理段氏自称共叔段的后裔。来到云南以后，大理段氏就慢慢发展起来了。后来南诏大臣段思平在云南开创了大理国，成了大理国的第一任国王。一直到段兴智才结束，前后历经有 200 多年的时间。

元世祖忽必烈征服云南后接管了大理国，大理国的国王这一支段氏家族就变成了总管。大理总管这一代逐步到了元代的末期。大理总管段姓家族分成了几个支系：一个支系去了陕西的雁门关，一个支系到了腾冲、保山一带，一个支系到了临安一带，还有一个支系到了云龙，另外一个支系到了剑川。

在云南白族中有很多人姓段，因段氏祖先做过大理国王，而且其中有9位国王以帝为僧，流传下来了很多传奇故事，大理段氏因此声名显赫。

【相关链接】

段功与阿盖公主

大理第十世总管段功的妻子，是元朝末年镇守云南的蒙古王爷梁王巴匝拉瓦尔的女儿阿盖公主。

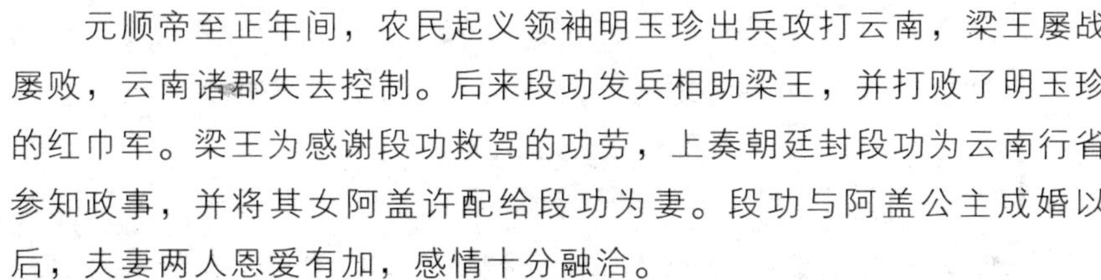

元顺帝至正年间，农民起义领袖明玉珍出兵攻打云南，梁王屡战屡败，云南诸郡失去控制。后来段功发兵相助梁王，并打败了明玉珍的红巾军。梁王为感谢段功救驾的功劳，上奏朝廷封段功为云南行省参知政事，并将其女阿盖许配给段功为妻。段功与阿盖公主成婚以后，夫妻两人恩爱有加，感情十分融洽。

元朝统治时期，梁王因听信小人的谗言，怀疑段功有谋反之心，于是想将他铲除。他逼迫自己的女儿阿盖毒杀丈夫，但是阿盖不忍心下手，反把机密告诉丈夫，劝段功马上回大理。段功宁死不肯离开阿盖，结果遭到梁王杀害。阿盖公主得知消息后，痛不欲生，终日以泪洗面，后郁郁而终。

后来，郭沫若根据段功与阿盖公主这一动人的故事，编写了历史剧《孔雀胆》。

侯

【姓氏来历】

侯姓源于黄帝轩辕氏姬姓的后代。周成王小弟唐叔虞的封国为晋，而侯氏正是出自晋国的公族。到了春秋末期，晋武公杀掉了晋国的国君晋哀侯和他的弟弟。后来他们的后代逃往他国，便以祖先的爵位为姓，是为侯姓。

侯氏中还有一支是少数民族姓氏所改。据《通志·氏族略》记载，随北魏孝文帝南迁洛阳的少数民族中，原为复姓侯莫陈氏，后来改为单姓侯氏。

【姓氏分布】

侯姓早期主要是在今河南、山西省境内，在其发展繁衍过程中，很快就播迁到河北等地。秦汉之际，在今河北省的中西部地区，侯姓成为当地的盛族；西晋至南北朝时期，侯姓迁居到四川、广东、内蒙古、辽宁等地；宋明时期，侯姓的聚居点已遍布今湖南、湖北、浙江、广西等地；从清初开始，福建、广东地区侯姓陆续有人迁至台湾地区。如今，尤以河南、湖南、安徽、辽宁等省多此姓。

【姓氏名人】

侯显：明朝著名的政治活动家、外交家。在促进中国和亚洲各国交流经济、文化方面及民族关系方面做出了积极的贡献。

侯恂：字大真，号若谷，河南商丘人，明代户部尚书。曾任兵部侍郎等职，后来朝廷中发生政变，被捕入狱。崇祯九年，李自成攻破北京后，他以按兵不救之罪遭到陷害。

侯芝：字香叶，号香叶阁主人、修月阁主人，江苏上元（今南京）人，清代著名女文学家。她写的许多词流传于世，其中最为著名的就是《再生缘》。

【国学小百科】

上谷堂

由于侯姓人主要发源于今山西、河南等地，所以在早期也以北方为中心发展、繁衍。汉朝末年，出自共叔段和侯宣多之后的侯姓人因故迁居到上谷（今河北怀来东），子孙世代留居，发展成为当地的一个强宗大族。

后来上谷被列作“郡望”，于是侯氏大多以“上谷”为堂号纪念族望。客家人的祖屋灯笼上都会书写“上谷堂”三个字，祖屋大门对联一般会写“乡贤世泽，上谷家声”，纪念梅州乡贤侯姓开基祖安国公。

【相关链接】

侯渊纵敌擒韩楼

北魏孝庄帝永安二年，柱国大将军尔朱荣派骠骑将军侯渊前往河北镇压韩楼领导的农民起义军，但只拨给他 700 名骑兵。有人对尔朱荣说：“侯渊的兵马这么少，恐怕完不成任务。”尔朱荣回答道：“随机应变是侯渊的特长；如果给他很多人马，未必能够很好地调用。而今天攻打的是韩楼的军队，所以只使用少量的兵力就行了。”

侯渊亲率 700 名骑兵，一直深入韩楼的腹地，本想先抓几个过路的人以探问敌人的虚实，不料却在距蓟城（在今北京大兴西南）百余里的地方遇上了韩楼部将陈周率领的五千步兵。侯渊先让大家潜伏起来，待敌军一过，立即向敌人发动了突然袭击。这一仗，侯渊大破敌军，俘虏很多人。

过了一会儿，侯渊让部下将马匹兵器全部退还给俘虏，并让俘虏返回蓟城。部下不知何意，因而纷纷劝他说：“既然已经捉住了众贼，为什么还要让他们回去呢？”侯渊说：“我们既然人少，就不能硬碰硬地去拼，必须用计来离间他们，才能取得胜利。”

侯渊估计释放的俘虏已经进入城内，就率领骑兵连夜急速前进。等到天快亮的时候，他们到达了蓟县城下，并开始敲打城门。韩楼果然怀疑回城的降兵已被侯渊收买作为内应，于是匆忙逃跑。侯渊乘胜追击，活捉了韩楼。

武

【姓氏来历】

武姓是以祖辈名字为姓，源出于子姓。

据史料记载，殷商自盘庚东迁后得以中兴，后来太子武丁继位。武丁想进一步振兴殷室，却因得不到贤臣的辅佐而发愁。他想起年轻时认识的一个叫傅说的奴隶，他和开国第一贤相伊尹一样有才能。为了能让其得以任命，他借梦使其拜为相。

武丁对傅说十分信任，君臣合作，使殷商达到了鼎盛时期，史称“武丁中兴”。武丁死后，周王室认为武丁有很大的功劳，可与商开国帝王成汤相比，应有自己的姓，因此他的子孙就以他的名为姓，即为武姓，奉武丁为武姓始祖。

【姓氏分布】

最早的武姓发源地在今河南省，其后武姓在此地得到不断繁衍，并迅速向邻近的山东及江苏等省迁徙。汉时，山东武姓大举繁衍至今河南、安徽、山西等地；魏晋南北朝时期，武姓大举南迁成为江苏一大望族；唐代，武姓达到极为昌盛的时期，遍及全国。今日武姓主要分布在河南、黑龙江等省。

【姓氏名人】

武则天：并州文水（今山西文水东）人，唐高宗皇后，中国历史上第一位女皇帝。公元 690 年建周代唐，在位 21 年。执政期间，政绩卓著，善用人才，开创殿试，重视农业，加强边防等。公元 705 年，武则天被迫让位于唐中宗，中宗遂复唐。

武宗元：字总之，白坡（今河南孟津）人，北宋著名画家。擅画道释人物，曾为开封、洛阳、嵩山、许昌等地寺观绘制宗教壁画。传世作品有描绘道教内容的《朝元仙仗图》。

武元直：号广莫道人，字善夫，金代书画家。善画山水，能诗文。

主要作品有《渔樵闲话图》《东坡游赤壁图》《莲峰小隐图》等。

武亿：字虚谷，一字小石，自号半石山人，河南偃师人，清代著名学者。曾创办范泉书院，精于金石文字考订。著有《经读考异》《金石三跋》《偃师金石记》等。

【国学小百科】

武安氏和武疆氏

在武姓家族中，还有两个以武字开头的复姓——武安氏和武疆氏。前者是战国时期秦国大将白起的后裔，相传白起因功曾被封为武安郡，其后子孙便以封爵“武安”两字为氏，称武安氏。后者，则有两支组成：一支是周顷王的孙子姬满的后裔，由于被封于武疆，因而以地为氏；另一支武疆氏，则是汉代武疆侯王梁的后裔，以官为氏。

武安氏和武疆氏的后裔，在我国并不多见。据有些学者判断，这是由于他们也陆续改姓单字武姓的缘故。由此可见，武氏家族的组成可谓多彩多姿。

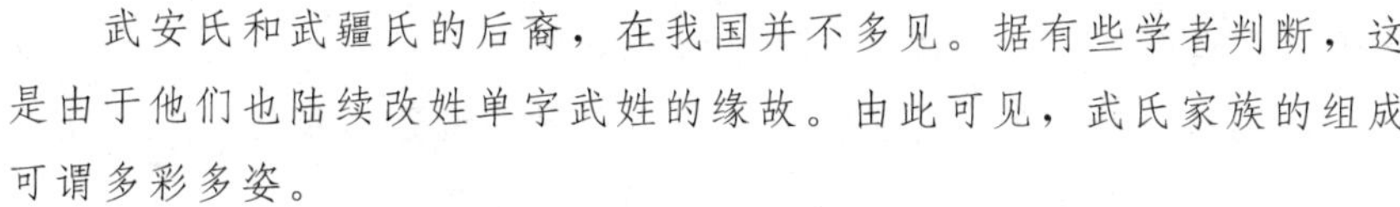

【相关链接】

武则天无字碑

在中国历代封建王朝的历史上，几乎每一个帝王都希望后世的人们能记住自己的名字和丰功伟绩，于是他们纷纷“把自己的名字刻入石头想不朽”。相比之下，乾陵女皇武则天墓的无字碑却像谜一样令人费解。其实，无字碑的来历也有很多曲折。

公元 704 年末，81 岁的武则天病倒在床。她在养病的几个月里不召见宰相，只有男宠张易之、张昌宗兄弟俩侍奉，左右朝政大事，这使大臣们六神无主。后来，宰相张柬之乘武则天年老病危，在公元 705 年正月杀死了张易之、张昌宗兄弟，迫使病中的武则天让位，拥立太子李显即帝位，是为中宗，重建唐朝。

公元 705 年正月二十五这一天，武则天不情愿地离开了她做了 15 年女皇的宫殿，搬到了洛阳宫城西南的上阳宫。中宗给她封了一个尊号“则天大圣皇帝”。同年冬天，82 岁的武则天死于上阳宫的仙居殿。

武则天临终时立下了遗嘱，包括去掉帝号，称“则天大圣皇后”，葬于乾陵。她本想要与高宗合葬，但是中宗只允许为她立碑，不允许立传，这就是武则天无字碑的来历。

刘

【姓氏来历】

相传，刘姓人是帝尧的后代，居住在刘国（今河北唐县）。后来，有个叫刘累的人跟古代豢龙名师董父学过养龙。他的技术非常高，远近闻名。因夏王孔甲喜欢龙，于是就让刘累为自己养龙。可是养了没多久，死了一条雌龙，刘累就偷着把死龙做成肉羹呈给孔甲吃。孔甲吃后觉味道鲜美无比，就问他是什么肉。刘累谎称是野味，孔甲就命刘累捕这种野味，并且点名要吃这野味的幼仔。刘累没有办法，又担心事发后受到惩罚，就偷偷跑到鲁县（今河南鲁山县）隐居起来。刘累子孙后来便以刘为姓，成为我国刘姓的最早起源。

【姓氏分布】

刘姓发源地在今河北省唐县。汉末三国之际，中原的刘姓为避“董卓之乱”不断向四方迁徙，主要是向东南投奔孙吴和向西南进入四川投奔蜀汉；魏晋南北朝时期，刘姓大举南迁；唐宋时期，刘姓已遍布大江南北，盛于全中国。今日刘姓在中国分布主要集中在河南、河北、山东、四川、湖南、湖北、安徽、辽宁和黑龙江等地。

【姓氏名人】

刘邦：即汉高祖，江苏沛县人。于公元前 211 年建国称帝，国号汉，定都洛阳，后迁都长安，史称西汉。

刘备：字玄德，涿郡（今河北省涿州）人，三国时蜀汉的建立者。

得诸葛亮辅佐，采用联吴抗曹策略，于建安十三年大败曹操于赤壁。公元221年正式称帝，建都成都，国号汉。

刘邦

刘渊：字元海，匈奴人，十六国时汉国建立者，西晋末年起兵反晋，称大单于，后改称汉王。永嘉二年称汉帝，建都平阳。

刘禹锡：字梦得，晚年自号庐山人，彭城（今江苏徐州）人，是匈奴人的后裔，唐代著名文学家、哲学家。所著《天论》3篇，为古代朴素唯物主义及辩证法哲学著作。

【国学小百科】

中药“刘寄奴”的由来

现在的“刘寄奴”是一种中药，原来的“刘寄奴”是一个人名。刘寄奴本是宋高祖刘裕的小名。

相传，刘寄奴小时候上山砍柴，在山上发现了一条巨蛇，便从背上取下弓箭，一箭射中，那条蛇负伤而逃。第二天他又上山，忽然听到远处传来一阵阵捣药声。他深感惊奇，便循声走去，只见草丛中有几个青衣童子捣药，便上前问道：“你们在为谁捣药？治什么病？”只见其中一个童子说：“我王被寄奴射伤，故遣我们来采药，捣烂敷在患处就好了。”寄奴一听，便大吼一声：“我就是刘寄奴，专来捉拿你们。”

青衣童子吓得弃药消失，原来他们是小青蛇变的。寄奴便将草药拿回家里，用此药给村里在劳动中受到创伤的人治疗，颇有奇效。后来，刘寄奴领兵打仗，凡遇到枪箭所伤之处，便把此药捣碎，敷在伤口，效果非常好。但士兵们都不知道叫什么药，只知是刘寄奴射蛇得来的神仙药草，所以就把它叫“刘寄奴”。

【相关链接】

乐不思蜀

三国时期，魏国灭蜀，蜀国后主刘禅投降。魏国的司马昭派贾充入蜀国，将刘禅押送到洛阳。后来，司马昭封刘禅为“安乐公”，这种封官，实际上是一种带有侮辱性质的戏弄，可刘禅却高兴得很。

有一天，司马昭在宫里举办大型宴会，叫刘禅也来参加。宴会中，刘禅喝酒吃肉，显得十分高兴。司马昭想试探一下刘禅的心思，让乐工吹奏蜀国的乐曲，让舞女们跳蜀国的舞蹈，可是刘禅听后却麻木不仁、嬉笑自若。司马昭见状感慨地说：“想不到刘禅竟糊涂到了这种地步，即使诸葛亮活到这时，也帮助不了这个昏庸的君主。”随后司马昭问刘禅想不想蜀国，刘禅高兴地说：“这个地方很快乐，我并不思念蜀国！”

刘禅就这样在洛阳安乐地度过了余生。后来人们用“乐不思蜀”比喻乐而忘返，或者表示身处快乐之中却忘了从前的痛苦。

【姓氏来历】

景姓源出于芈姓。春秋时，楚国对那些为国家做出贡献又品德高尚的宗室赐以“景”的称号。因在古文里“景”含有令人尊敬仰慕之意。为此，原来曾是相国的翠、理、阳、台等人被称作景翠、景鲤、景阳、景台。这些人的后代为记住先辈的功劳就以景为姓，即为景氏。

另外，景姓源出姜姓。春秋时齐国国君姜杵臼死后送号为“景”，史称齐景公，他的后代中有一支以谥号为姓，这是另一支景氏。

【姓氏分布】

景姓发源于今湖北宜昌一带。汉至晋朝，景姓分布于陕西、福建、江苏、湖北等地；隋唐战乱之际，景姓迁居到各地。如今，景姓主要分布在我国的四川、山东、河北、安徽、江苏、浙江等地。

【姓氏名人】

景差：战国时楚国人，被称为景姓第一代。他是楚辞作者之一，当时与屈原齐名，辞赋家，著有《大招》传世。

景丹：字孙卿，冯翊栎阳（今陕西西安市临潼区）人，东汉著名将领，名列汉光武中兴时“云台二十八将”之一。

景旸：字伯时，扬州府仪真（今江苏仪征）人，明代诗人。他与乡人蒋山卿、赵鹤、朱应登并工诗文，称江北四子。著有《前溪集》。

景幼南：名炎昭，后改名昌极，字幼南，江苏泰州人，当代著名教育家。著有《哲学新论》《哲学论文集》《名理新探》。译有《柏拉图对话集选篇》《温楷斯德文学评论之原理》等。

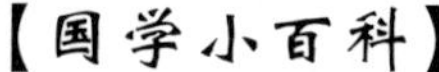

景氏谱牒

谱牒是一个家庭或宗族的世系表谱。相传，景氏源自芈姓和姜姓，是一个较为古老的姓氏。景氏也承继中华民族传统，有自己的家族文化，这包括修家谱在内。后来，因天灾人祸，很多谱牒均以失传，目前仅看到的是收藏于上海图书馆和河北大学图书馆的浙江《余姚周行景氏宗谱》，一共有6卷，景怀燕传辑，民国28年，念祖堂木刻本6册，还有清光绪二十三年吉林四平景姓一支景文玺修的《景氏族谱》。

【相关链接】

景鲤智斗秦王

景鲤是楚怀王时的相国，此人很有谋略又很会说话，是一位出色的军事家、外交家。

有一次，楚王派景鲤出使秦国。秦国有大臣对秦王说：“景鲤是楚王最宠爱的人，大王不如把他抓起来，借此换取楚国的土地。楚王如果答应了，那么我们就不费吹灰之力就可以得到大面积的土地；楚王如果不答应，那就杀掉景鲤，换一个不如景鲤的人来，这可是一举两得的计谋。”于是秦王就将景鲤抓了起来。

面对此情此景，景鲤毫无惧色，并对秦王说：“大王这样做，将会失势于天下，什么土地也不得到。我刚要出使的时候，听说齐魏两国都准备割地侍奉秦王。之所以这样，就是因为秦、楚是兄弟之邦。如今大王把我抓起来，是向天下诸侯昭示秦、楚国两国失去了邦交。当楚国知道秦国处在孤立中，就不会割地，而且还要结交诸侯来攻打秦国，这样一来秦的处境就危险了。”秦王听了景鲤的这番话后，深感有理。于是他释放了景鲤，并热情招待了他。

叶

【姓氏来历】

战国时期，楚平王的儿子建因做晋军袭郑国的内应而被杀，后来建的儿子胜便逃到吴国。到了楚惠王时，执掌军政大权的子西听说胜比较贤明，就把他召回国，封在白邑，人称白公胜。

当时，任大夫的沈诸梁极力反对把白公胜召回国，认为这样会引起内乱，但楚惠王不听。后来，白公胜以自己父亲是王储为由发动叛乱，企图恢复王位。叛乱发生后，子西被杀，惠王被囚，楚国形势非常危险。

这时沈诸梁正屯兵北边，闻讯后率兵连夜赶回京城平定了白公胜的叛乱。沈诸梁因功被封于叶（今河南省叶县南），人称叶公。于是他的后代便以封地为姓，即为叶氏，沈诸梁则被奉为叶姓始祖。

【姓氏分布】

叶姓虽然发源于叶县，而叶姓族人并不多，河南一带的叶姓，多为后来南迁重返故乡留下来的。西晋末年，由于各少数民族问鼎中原，流徙到陕西、河北的叶姓后裔一部分向南迁徙，一部分重返中原；唐宋时期是叶姓迁徙最频繁时期，这次因支系较多，迁徙往返不定；明清之际，叶姓纷纷到海外发展。如今，叶姓主要分布在广东、福建、江苏、江西等地。

【姓氏名人】

叶适：字正则，号水心，瑞安（今浙江温州）人，南宋哲学家、文学家。著有《习学记言》《水心先生文集》等。

叶挺：原名为询，字希夷，广东省惠阳人，中国无产阶级军事家、中国人民解放军的创建者之一。曾组织参加过广州起义和“八一”南昌起义，后因飞机失事而遇难身亡。

叶圣陶：原名叶绍钧，笔名叶圣陶，江苏苏州人，著名的作家、教育家。曾任教育部副部长、人民出版社总编辑等职。著有小说《线下》《隔膜》《倪焕之》，散文集《西川集》《脚步集》，童话集《古代英雄的石像》《稻草人》等。

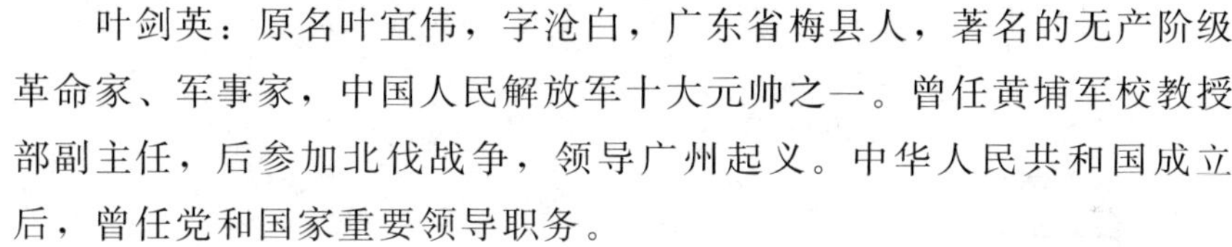

叶剑英：原名叶宜伟，字沧白，广东省梅县人，著名的无产阶级革命家、军事家，中国人民解放军十大元帅之一。曾任黄埔军校教授部副主任，后参加北伐战争，领导广州起义。中华人民共和国成立后，曾任党和国家重要领导职务。

【国学小百科】

叶姓家谱

叶姓家谱的编修具体开始于哪个年代，至今已无从考证。根据现有史料记载，汉代就已经有了叶姓家谱。据《梅州叶氏源流》记载：叶姓家族 53 世祖望，“字世贤，汉光禄大夫，灵帝时弃官隐居。建安二年渡江徙丹阳，宗谱源流自望创修”。

魏晋南北朝时期，在政治、社会、婚姻等各个方面上都注重出身门第，强调血缘关系的尊卑，修谱之风日益盛行，但真正保存下来的族谱多在清代以后。以叶姓族谱为例，《中国家谱目录》收录现存全国各地图书、档案部门的 180 种叶姓家谱和《上海图书馆藏家谱提要》中收录的 92 种叶氏族谱中，清代以前编修的仅有 8 部，其余均为清代和民国时期所编修。

【相关链接】

叶公好龙

据说，春秋时期楚国一个叫叶公的人，他非常喜欢龙。叶公衣服上的带钩刻着龙，酒壶、酒杯上也刻着龙，就连房檐屋栋上都雕刻着龙的花纹图案。后来，天上的龙神听说叶公如此喜欢龙，就打算前去拜访叶公。

有一天，龙神从天而降，前来拜访叶公。它的头刚凑近叶公住房的窗子时，龙尾伸进了正厅。叶公一看是真龙，吓得脸都白了，他拔腿就跑。龙神这才知道，叶公并非真的喜欢龙，他所喜欢的只不过是那些似龙非龙的东西罢了！

后来，人们用“叶公好龙”来比喻一个人喜欢空谈而不敢面对实际，有时也指名义上爱好某种事物，其实并非如此。

【姓氏来历】

白姓是以祖辈名字为姓，源出于炎帝的大臣白阜。相传上古炎帝神农有个大臣叫白阜，专管治水，被后代传说为水神之祖，他的子孙以他的名为姓，奉白阜为白姓始祖。这可能是最早的白氏。

另外，周太王 5 世孙虞仲的后人百里奚，生有一个儿子孟明视。他又有二子，一个是西乞术，另一个是白乙丙。白乙丙是秦国著名将领，立下不少军功。白乙丙后来升任秦国大夫，其后人以此为荣，就以他的名为姓，称白姓，并尊白乙丙为白姓得姓始祖，这是另一支白氏。

【姓氏分布】

白姓最早发源于陕西、河南一带。战国时期，河南白姓迁入陕西等地；魏晋南北朝之际，迁徙到了陕西、湖北等地；隋唐五代时，白姓在很多地区已发展成望族；宋元时期，有白姓族人为避金人及蒙古军队南下，纷纷徙迁南方；明朝，白姓作为山西大槐树移民姓氏之一，分迁于山东、河北、陕西、北京等地；到了清代，居住在福建及广东地区的白姓有陆续入居台湾及海外者。今日，白姓主要分布于我国的四川、陕西、山西、河南等省。

【姓氏名人】

白起：陕西眉县人，战国时秦国大将，被封武安君。他很善于用兵，屡战屡胜，长平一役，坑杀赵军40多万，后遭他人妒忌自杀。

白居易：字乐天，号香山居士，唐下邽（今陕西渭南县附近）人，唐代杰出的诗人，贞元进士，历任秘书省校书郎、左拾遗及左赞善大夫。在文学上他积极倡导现实主义和朴素文风。著有《与元九书》《白氏长庆集》等。

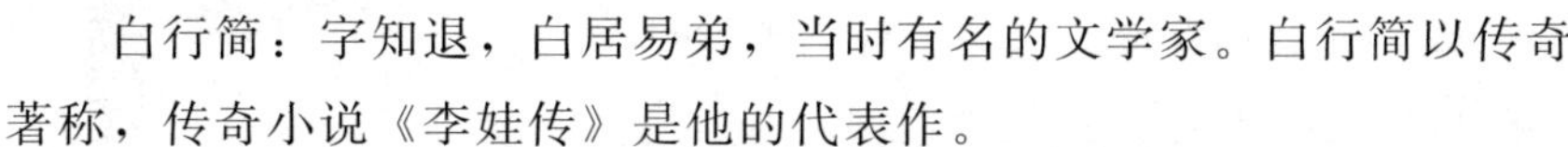

白行简：字知退，白居易弟，当时有名的文学家。白行简以传奇著称，传奇小说《李娃传》是他的代表作。

白朴：原名恒，字仁甫，后改名朴，字太素，号兰谷，今山西河曲县人，元代著名的文学家、杂剧家。所作杂剧现存《梧桐雨》《墙头马上》《东墙记》3种。

白英：字节之，山东汶上颜珠村人，后迁居汶上彩山，明代杰出的水利专家。曾为当时礼部尚书疏通河道出谋献策，特别为大运河畅通做出了贡献。

【国学小百科】

回族中的白姓

回族中的白姓现居广西桂林，谱系称始祖为伯笃鲁丁。相传，伯笃鲁丁是元朝的进士，在南京做官。后因“伯”与“白”对音，其后裔先取“伯”为姓，后改为白姓。据《新元史·氏族表》记载，元仁宗为西域回回伯德那的儿子察罕赐白姓。

明朝时期，哈密回回哈只阿力，在英宗北狩有翊戴之功。天顺元年，明英宗复辟，哈只阿力举家跟随，后任锦衣卫指挥佥事。哈只阿力死后，其子阿讨刺袭职，赐姓白名瑜。白瑜之子白镔，白镔之子白澜、白赢，五世白镛，六世白廷圭，七世白三捷，均沿用白姓并世袭锦衣卫指挥使。后来，白姓回族在中国分布越来越广。

【相关链接】

顾况助居易

相传，白居易16岁时到长安应试，向当时的名士也是著名诗人顾况求助，希望对方能推荐自己。

当时，白居易还没有什么名气，地位已经很高的顾况自然瞧不起他。一看见他姓名中的“居易”二字，顾况就嘲笑他：“长安米贵，居大不易。”言下之意是说我为什么要帮助你这个无名小辈呢？帮助你在长安成名又有什么意义呢？

白居易并没有气馁，将自己的诗作呈给顾况。顾况翻阅到其中《赋得古原草送别》一首，不由得大喜。诗中写道：“离离原上草，一岁一枯荣。野火烧不尽，春风吹又生。远芳侵古道，晴翠接芳城。又送王孙去，凄凄满别情。”

白居易

这首诗写得极有气势，把自然界的草木荣枯与人生的离合悲欢联系起来，特别是“野火烧不尽，春风吹又生”两句，闪射出一种饱受摧残而仍然不屈不挠的奋发豪迈精神。

顾况看完此诗后大为赞叹，说：“有才如此，居亦易矣！”他的意思是说：能写出这样的好诗，有这样的才华，在长安住下来也容易呀！后来，顾况认为白居易是个值得自己帮助的人，答应了白居易的求助，并帮助白居易取得了成功。

池

【姓氏来历】

中国姓氏中很大一部分是由于地名而产生的，池姓就是其中之一。在古代，城郭的周围都挖有护城河，护城河叫围池，设专人管理，称池人。久而久之，那些居住在护城河边的人以“池”为姓，世代沿袭，称为池姓。

又据《姓氏考略》载，池姓出自嬴姓，始成于战国时候的秦国王族后代，以祖字为姓。战国时，秦国有个王族名叫公子池，是秦国的大司马。他的子孙后代就以他的名字为姓，称为池姓。

【姓氏分布】

据考证，池姓发源于距今2000多年前的秦汉之际河南陈留一带。当今池姓是一个大分散、小聚居、人口不多的族姓。在我国的广东、江西、安徽、河北、陕西、湖北、云南、台湾等省，以及在朝鲜、美国和东南亚等国家和地区，都有大小不等的池姓氏族。

【姓氏名人】

池圣夫：浙江平阳人，宋朝著名大臣。宋嘉定四年中文科进士。宋宝庆绍定年间历正字校书郎、秘书郎、著作佐郎等职。

池显方：字直夫，福建省同安人。明天启年间举人，明嘉靖进士池浴德的儿子，工诗文，以诗词、文章出名。著有《南参集》《晃岩集》等。

池生春：字籥庭，号剑之，楚雄人，清朝著名学者。他文章和书法都好，举为进士，以不欺人为本，慷慨大方，言行举止悉合礼仪。所著的《直庐记》《入秦日记》《诗文剩稿》等流传于世。

【国学小百科】

凤凰图腾

据史料记载，池姓的远祖是以凤凰为图腾的氏族部落，所以各地池氏宗祠屋脊上的凤鸟图腾是有历史渊源的。

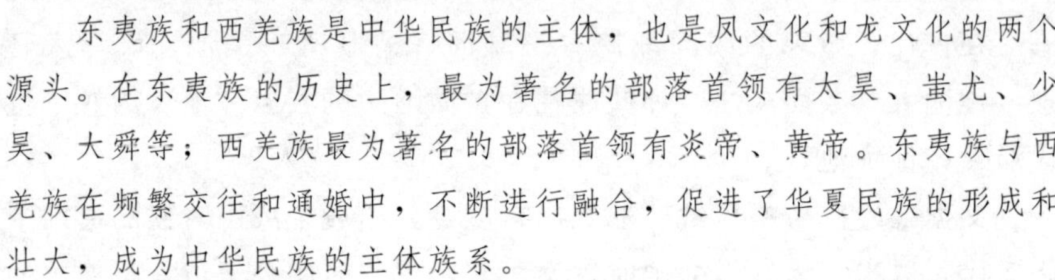

东夷族和西羌族是中华民族的主体，也是凤文化和龙文化的两个源头。在东夷族的历史上，最为著名的部落首领有太昊、蚩尤、少昊、大舜等；西羌族最为著名的部落首领有炎帝、黄帝。东夷族与西羌族在频繁交往和通婚中，不断进行融合，促进了华夏民族的形成和壮大，成为中华民族的主体族系。

在不断的迁徙过程中，东夷族分成人夷、鸟夷、郁夷三大支脉，其中鸟夷便是池姓的先祖氏族。因此，我们经常会看到浙闽等省的池氏宗祠屋脊上有凤凰的图腾，并由此发展到以鸟为图腾崇拜。

【相关链接】

城门失火，殃及池鱼

“城门失火，殃及池鱼”源于《全北齐文·为东魏檄梁文》。

南北朝时，东魏有一个大将名叫侯景，他坐镇河南，拥有数万人马。因为与大丞相高澄不和，在东魏武定五年背叛东魏，投降了西魏。高澄派韩轨讨伐侯景，侯景担心与西魏的联系被切断，又投降了南方的梁朝。

侯景投降到梁朝后，梁武帝萧衍封侯景为河南王、大将军。后来，梁武帝派萧渊明率领军队讨伐东魏。结果，萧渊明的军队被东魏高澄派去的慕容绍宗和杜弼给生擒活捉了。

大胜之后，杜弼写了一篇给梁朝的檄文。文中说：“东魏皇帝和大丞相有心平息战争，所以多年和南朝通和。现在侯景生了叛逆之心，先投靠西魏，后又投靠梁朝，企图容身。而梁朝君臣竟然忘了道义，勾结奸人，断绝了与邻邦的友好关系。像侯景这样反复无常的小人，他一去，说不定哪天也会背叛你的。怕只怕楚国的猴子逃亡，灾祸殃及林中树木；宋国城门失火，使池中鱼儿遭殃，将来也会无辜地使长江淮河流域、荆州扬州一带的百姓遭受战争之苦……”果然不出杜弼所料，后来侯景真的发动了叛乱，造成梁朝多年政局动荡，使人民遭受战乱之灾。

“城门失火，殃及池鱼”意思是说，城门着了火，人们用护城河里的水救火，水干了，鱼受连累而死，后比喻无辜受到连累。

谭

【姓氏来历】

谭姓以国为姓。周初大封诸侯时，禹的后代被封于谭国（今山东章丘西），爵位为子。谭国只是周朝时的诸侯国，后来由于国势的衰微，很快就沦为齐国的附庸。春秋时，齐桓公称霸诸侯，吞并了谭国。谭国国君之子逃亡到莒国（今山东莒县）。其后留在故国的子孙就以国为姓，成为谭氏。

【姓氏分布】

谭姓早期主要在山东省境内繁衍发展，后向全国各地迁徙。汉代时，谭氏已分布于河南、山西等地；南北朝时谭氏开始迁入广东；唐末时迁入江西；宋代，谭姓集中于江苏、浙江、安徽、湖北、四川等地；清代，居住在广东及福建地区的谭姓迁徙到了东南亚及新加坡等地。如今，谭姓主要集中于浙江、江苏、安徽、湖南、四川等省。

【姓氏名人】

谭纶：字子理，号二华，江西宜黄人，明代杰出的军事家、抗倭名将、嘉靖进士。他官至兵部尚书，太子太保，主持兵事 30 余年，与戚继光共事齐名，号称“谭戚”。

谭元春：字友夏，湖广竟陵（今湖北天门）人，明代文学家。曾与钟惺共同创立了文学流派称“竟陵派”。论文强调性灵，提倡幽深孤峭的风格。著有《谭有夏合集》。

谭嗣同：字复生，号壮飞，湖南长沙浏阳人，清末巡抚谭继洵之子。善文章，维新变法的主要人物之一。1898 年参加戊戌变法，变法失败后英勇就义。

谭震林：湖南省攸县人，杰出的无产阶级革命家。曾组织领导过许多重要战役，中华人民共和国成立后任国务院副总理、人大常委会副委员长、中央政治局委员等职。1983 年 9 月 30 日病逝于北京。

【国学小百科】

莽苍苍斋

莽苍苍斋在今北京市西城区菜市口南半截胡同 41 号，在清朝末年时的“浏阳会馆”里面。会馆主房北套间，是谭嗣同曾经居住和从事改革活动之处，他自题这屋名为“莽苍苍斋”，并自作门联。上联是“家无儋石”，下联是“气雄万夫”。他的宽阔胸怀和决心干番大事业的雄心由此约略可见。

康有为见到后，认为谭嗣同锋芒太露，劝他修改。他便改为：“视尔梦梦，天胡此醉？于时处处，人亦有言。”其实，还是锋芒未减。现在，联已无存，老屋尚在，只是西墙已塌，是后砌的，有关石碑也抹在墙内保护起来。

【相关链接】

戊戌政变

1895 年春天，大清十八省举人聚集北京，参加科举会试，当他们翘首企盼金榜题名时，却迎来了中国有史以来最大的耻辱。甲午战争失败，北洋水师全军覆没。清政府于 1895 年 4 月 17 日，被迫签订了丧权辱国的《马关条约》。听到此消息后，来自十八省的 1300 名举人义愤填膺，热血沸腾，推荐康有为向光绪皇帝上书。要求效法日本明治天皇，变法维新。

1898 年 6 月 11 日，光绪帝颁布《定国是诏》，开始推行新政。但朝中以慈禧为首的守旧派势力相当强大，他们处处阻挠变法的推行。

1898年9月初，直隶总督荣禄调兵聚集天津、长辛店。光绪帝想开懋勤殿并设顾问官，命谭嗣同拟旨，决定自己在9月13日这一天亲自去颐和园请示慈禧。可到了13日这一天，众臣都在等待皇帝的诏书，可诏书却迟迟没有消息。

1898年9月14日，光绪帝召见杨锐，并赐予他衣带诏，内容是“朕位几不保，命康与四卿及同志速设法筹救”。康有为与谭嗣同等见到密诏后抱头痛哭，可是光绪只是个傀儡皇帝，手里没有一点权力，所以康有为这些人也是无计可施。当时朝中将领只有袁世凯曾长期驻兵朝鲜，知道国内外的形势，也主张变法，于是谭嗣同说服光绪拉拢袁世凯。但袁世凯却向荣禄告发谭嗣同等人，荣禄马上密报慈禧。

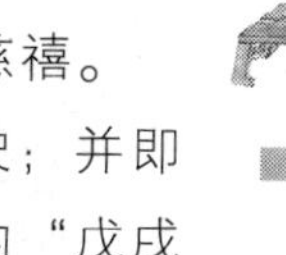

1898年9月21日，慈禧太后临朝，宣布戒严，火车停驶；并即幽禁光绪帝，废除新政，搜捕维新党人。这就是历史上著名的“戊戌政变”。

维新党人中，康有为、梁启超先后逃脱。“戊戌六君子”谭嗣同、杨锐、林旭、刘光第、杨深秀、康广仁被斩于菜市口。当时的所有新政，除京师大学堂（即现在的北京大学）外，一律被废止。

戊戌变法是中国近代史上具有重大意义的事件，是一次爱国救亡运动，是一次思想启蒙运动。它为西方科学技术和资产阶级思想的传播奠定了基础。

姬

【姓氏来历】

姬姓是黄帝的姓氏。传说中华民族的共同始祖黄帝，本姓公孙，因生于寿丘、长于姬水的缘故，所以改姓姬。

黄帝的子孙众多，被分别赐以12个姓氏，姬姓为第一个。上古五帝少昊、颛顼、尧、舜、禹都是黄帝的后裔。这些后裔继承了姬姓，周朝就是黄帝的后代所建。

周朝建立后，姬姓为国姓。周武王大封诸侯，其中姬姓国就封了55个，后来这些姬姓诸侯国又演化出上百个姓氏。

【姓氏分布】

姬姓是中国最古老、最伟大的姓氏之一，它发源于山东曲阜和陕西岐山两地，人口较多，是一个典型的北方姓氏。如今，姬姓在全国分布较少，主要在山东、河南等省。

【姓氏名人】

姬昌：即周文王，商朝末年周族人的领袖。他仁政爱民，招贤纳士，深受周族人民的拥戴。同时，在他的领导下，周族人强大起来，终于在他的儿子姬发（即周武王）时，打败了殷纣王，建立了大一统的周王朝。

姬发：即周武王，周文王姬昌的次子。他继承父亲遗志，于公元前11世纪消灭殷商王朝，夺取全国政权，建立了西周王朝。周武王具有卓越的军事才能和政治才能，是中国历史上一代名君。

姬昌

姬澹：字世雅，南北朝时候后魏的信义将军，事桓、穆二帝，征战有功，为朝廷征战南北，战功显赫，后被封为楼烦侯。

姬敏：字号学，孟津人。明朝西安知府、律学家、数学家。知识十分渊博，对四书五经和天文地理都有钻研，并涉及历算等，在当时很受人尊重。

【国学小百科】

姬姓的演化

姬姓原来是上古大姓，后来周武王建立了周朝，周武王自己就姓姬，叫做姬发。姬发后来分封天下，将自己的很多同姓亲族分到天下各地为诸侯，这些诸侯国的王族后来大多改以其所在国的国名为姓。周朝灭亡之后，周朝王族后代也改姓周而不再以姬为姓。到了唐玄宗时，为了避皇帝李隆基的名讳（姬与基同音），残留的姬姓也改为周姓。

据粗略统计，现在的汉民族中一半以上的姓氏是从姬姓中演化而来的。如周、吴、王、杨、魏、赵、韩、孙、郑、冯、张、谢、华、于、康、卫、何、孟、戴、庞、汪、毛、熊、项、贾、郭、樊、霍、管、石、文等。所以这样一来，虽然姬姓曾是很大的姓，但今天却已经不多见了。

【相关链接】

武王伐纣

商纣王是中国历史上有名的暴君。他兴建华丽的琼楼瑶台，整日与爱妃妲己及贵族们宴饮酒池。纣王还加重百姓赋税，对反抗的百姓动用重刑镇压，使社会矛盾越来越尖锐。纣王的残暴统治激起了人们的反抗，动荡不安的社会像烧开了的水那样沸腾。

此时活动在渭河流域的姬姓周部落逐渐强大起来，首领周武王姬发正在积极策划灭商。他继承父亲周文王的遗志，重用姜子牙等人，不断扩充国力。当时纣王的统治已经到了丧心病狂的地步，他杀死了比干，关押了箕子，逼走了微子，很多大臣也纷纷逃往国外。此时商的军队主力还远在东方作战，国内军事力量十分空虚。武王感到讨伐纣的时机成熟了，就向诸侯们宣告："纣王罪孽深重，消灭他的时候到了。"

于是，周武王联合各个部落，率领兵车 300 辆，卫军 3000 人，士兵 4.5 万人，进军距商纣王所居的朝歌 70 里的牧野（今河南淇县西南），举行了誓师大会，列数纣王罪状，鼓励军队同纣王决战。

纣王听到武王起兵攻打自己，慌忙调兵前去应战。但他的精锐部队一时根本调不上来，只好将大批的奴隶和战俘武装起来，总共有几万人，就这样狼狈地开赴牧野。本来这些兵士都是临时凑起来的，又由于平时纣王作恶多端，奴隶们早已恨其入骨，于是帮助武王反过来攻打商朝部队。就这样，纣王的几万大军瞬间土崩瓦解。

纣王一看大事不妙，匆忙逃回城内，登上鹿台，穿上锦绣之衣，将鹿台的财宝一起聚集起来，然后命令手下架上干柴，一把大火把他连同他从人民那里搜刮来的无数财宝一起送上了天。至此，商朝覆亡。

牛

【姓氏来历】

商朝末年，商纣王无道，其兄微子屡次劝谏，纣王不听，于是微子就出走了。周武王灭商后，找到微子，向他请教安邦治国的道理。周成王时，又封微子于宋国，让他继承殷商宗祧，管理殷商遗民。微子的后代以国为姓，即为宋氏。

到了西周后期，微子后裔中有个人叫牛父，在宋国担任指挥、管理军队的司寇之职。宋武公时，西戎狄人进攻宋国，牛父率军队抵抗，不幸阵亡。后来，他的子孙后代就以父名为姓，即为牛氏，奉牛父为牛姓始祖。

【姓氏分布】

牛姓在春秋时发源于今河南商丘，公元前 286 年，即战国后期，宋国被齐、楚、魏三国瓜分之后，子孙散亡各地。汉代，牛姓发展至甘肃临洮一带，并很快形成望族；隋唐时，牛姓分布于全国许多地方。如今，牛姓在全国分布甚广，尤以河南、山西多此姓。

【姓氏名人】

牛邯：陕西狄道人，东汉名将。才气勇力俱全，雄威边陲，官护羌校尉，后为大中大夫。

牛弘：字里仁，安定鹑觚（今甘肃省灵台）人，隋朝大臣。他为人性宽厚仁慈，好学博闻，隋文帝时任礼部尚书、吏部侍郎，致力贯彻各级地方官吏皆由中央任免的政策。他还擅长文学，精通律令。他曾修撰《五礼》百卷，著有《牛奇章集》。

牛僧孺：字思黯，安定鹑觚（今甘肃灵台）人，唐朝大臣。他是唐末牛李党争中牛党的代表人物之一。在穆宗、文宗时两度为相，又屡次遭贬。著有传奇集《玄怪录》。

牛峤：字松卿，一字延峰，陇西（今甘肃陇西）人，唐相僧孺之后，我国最早写咏物词的词人之一，对后世咏物词的发展具有较大影响。其代表作有《菩萨蛮·舞裙香暖金泥凤》《梦江南·衔泥燕》等。

【国学小百科】

十八打锅牛

元末明初，河南荥阳汜水镇十里村有一牛姓大户人家。据说是元末从山西洪洞迁来此处的，他们的祖先叫牛川。

牛川原来是元朝泰定乙丑年的进士，任过洪洞县令。牛川有 3 个儿子：牛洪、牛裨、牛超。后来，牛川的 3 个儿子又各生了 6 个儿子，堂兄弟共 18 人。

元朝末期，朝廷腐败，政局动荡。由于种种原因，兄弟 18 人离开了洪洞，迁至河南汜水县十里堡，本想在此安居乐业，却又遇贼人作乱。相传，弟兄 18 人与贼人打了三天三夜后，知难以再住在一起，被迫各自逃往他乡。

临行前，为日后团聚有所凭证，他们就将吃饭用的大锅打碎，18 个兄弟每人拿一锅片，洒泪而别。后来明朝建立，天下太平，18 兄弟互通音信后，又约定农历十月十九日，在十里亭山寨门前，筑一高台，举行了隆重的对锅认亲会。就这样，一家人重又团聚，将各自住地，汇在一起，编成了有名的《十八祖居址歌》。弟兄 18 人，分居五省十八县，其后代都知道自己是“十八打锅牛”后代，一直代代相传。

【相关链接】

马敝斗牛弘

隋朝吏部侍郎牛弘，专门主持官吏选拔。他平常总喜欢用别人的姓名来开玩笑。有一次，他正躺在那里吃东西，有一个名字叫马敞的人前来拜访。

牛弘见马敞虽然出身名门，但相貌却十分丑陋，就对他有所轻视，拿他的家族出身开玩笑说：“尝闻扶风马，谓言天上下。今见扶风马，得驴也不假。”他的意思是说：我曾经听说扶风的马姓人，像天上下来的天马一样出类拔萃；今天见了以后，怎么跟地上的毛驴差不多。

马敞是一位才思敏捷、富有才华的人，听了以后也不示弱，反过来讥讽地说：“尝闻陇西牛，千石不用佝。今见陇西牛，卧地打草头。”意思是说：我听说陇西的牛可不一般，能够像老黄牛一样，即使负载千斤重的东西也不怕。可我今天见到的陇西牛，原来是头只会吃草、不会干活的饭桶。

牛弘一听，知道马敞是个人才，于是授给他官职。

庄

【姓氏来历】

庄姓源于芈姓，以谥号为姓。春秋末期，楚王继位，伸张王权，并采取果断措施，平定了若敖氏的叛乱。楚王不仅有超人的气量，而且有识人之明，楚国名相孙叔敖就是他从云梦泽发现并重用的。楚庄王知人、信人、善用人，很快使楚国成为春秋五霸之一。楚王死后谥号为“庄”，带有严肃、敬重之意，因此称楚庄王。他的后代中，有的是以他谥号为姓，即为庄氏，奉楚庄王为庄姓始祖。

【姓氏分布】

庄姓发源于河南的民权县。秦汉之际，庄姓依旧以湖北、河南为其繁衍中心；魏晋以后，庄姓子孙纷纷从今湖北、河南分散各地，先后迁居甘肃、浙江、山东等地；唐末，河南光州固始人庄森（王潮外甥）随王潮、王审知入闽；明初，山西庄姓作为明朝洪洞大槐树迁民姓氏之一，被分迁于甘肃、湖南、河南、北京等地；明末至清，庄姓人渡海到台湾地区、新加坡等地。如今，庄姓在全国分布比较广泛，主要以浙江、广东、江苏、台湾等省为多。

【姓氏名人】

庄子：名周，字子休，蒙城县人，战国时期著名思想家、文学家。他以其代表作《庄子》阐发了道家思想的精髓，发展了道家学说，使之成为对后世产生深远影响的哲学流派。

庄子

庄绰：字季裕，泉州惠安人，宋代官吏、学者。最高职任鄂州、筠州知府。其学有渊源，多识轶闻旧事。著有《鸡肋篇》《灸膏肓法》《杜集援证》《筮法新仪》等。

庄培因：清代官吏、学者。乾隆十九年状元，授修撰，历官侍讲学士。以诗文名，而恭和御制诗居大半。著有《虚一斋集》。

庄有恭：字容可，号滋圃，广东省番禺（今广州市）人，清代大臣。乾隆四年状元，授修撰、历任巡抚、刑部尚书，官至协办大学士。曾主持浙江海塘工程，又疏清大修三江水利，著有《三江水利纪略》。

【国学小百科】

《庄子》

战国时期的思想家、文学家庄子编著了《庄子》一书，此书也称《南华真经》，是道家学派的言论著作总汇，具有极高的文学价值。《庄子》无情地揭露了当时的虚伪行为，在似乎矛盾的言论中有着深邃的智慧，当然也有对人生的悲哀态度和对社会的失望，只好寄希望于心灵的纯净，追求逍遥的内心境界。

《庄子》全书共 52 篇，但留下来的只有 33 篇。全书分为内篇、外篇、杂篇 3 个部分。《庄子》内篇思想比较系统，文字风格也很一致，而外篇、杂篇内容则很丰富，但风格有一些差别。因此，很多人认为，内篇是庄子所作，外篇和杂篇出自庄子后学之手。书中名篇有《齐物论》《逍遥游》《养生主》，其中《养生主》中的“庖丁解牛”尤为后世传诵。

【相关链接】

庄子巧喻拒威王

相传，有一天，庄子正在濮水河边钓鱼，当时的楚威王派了两位大夫去见他。两位大夫转告了楚威王的话说：“我们大王希望把国政交给先生。”

庄子仍然握着钓竿，头也不回地说：“我听说楚国有只神龟，死去已经三千年，楚王用巾帕包好用竹盒装了，藏到祖庙的殿堂上。请问两位，这只龟它是愿意死去留下躯壳受人尊敬，还是愿意活着拖着尾巴在泥里爬?”

两位大夫齐声说：“当然宁可活着拖着尾巴在泥里爬呀。”于是庄子一笑说：“那你们走吧，我要活着拖着尾巴在泥里爬。”

晏

【姓氏来历】

春秋时期，齐国和楚国为争夺霸权，经常发生战争。这一年，楚灵王听说齐景公派上大夫晏婴出使楚国，为了给齐国一个下马威，他存心要羞辱晏婴。

当晏婴来到楚国后，楚灵王看到身材不高的晏婴时，故作不解状，问道：“难道齐国没有人吗？怎么派个小人出使我国？”晏婴说：“我们齐国有个规矩，贤人出使贤国，不肖者出使不肖国，大人出使大国，小人出使小国。我是小人，又最不肖，所以派我出使楚国。”楚灵王听了晏婴所说的一席话，就再不敢小看晏婴了。又因为有晏婴这样的人为相，再也不敢轻视齐国了。

晏婴不辱使命，他以他的智慧，为齐国解决了不少难题，使齐国国势一度强盛。品德高尚的晏婴，被后世赞颂，称为春秋名相。晏婴死后，他的后代就以其名为姓，即为晏氏，奉晏婴为晏姓始祖。

【姓氏分布】

晏姓是当今较少有的姓氏，但分布颇广。晏姓早期活动在山东、河南一带，并在齐郡形成名门望族；宋朝以来在江西形成晏氏名门。现如今，主要分布在湖北、江西、四川等省。这三省晏姓占全国汉族晏姓人口绝大部分。

【姓氏名人】

晏子：名婴，字平仲，山东高密人，任上大夫。历任齐灵公、庄公、景公三朝，是春秋后期一位重要的政治家、思想家、外交家。

晏殊：字同叔，抚州临川（今南昌进贤）人，北宋前期著名词人。他以词著于文坛，尤擅小令，其代表作为《破阵子》《鹊踏枝》《浣溪沙》等。其《浣溪沙》中有“无可奈何花落去，似曾相识燕归来”之句，为千古传诵的名句。

晏几道：字叔原，号小山，北宋抚州临川（今属南昌进贤）人，北宋有名的词人，他的词多感伤情调。代表作有《小山词》。

晏铎：字振之，自贡富顺县人，明朝永乐十六年进士、翰林院庶吉士，历任福建道御史。他学问渊博，才华出众，为官清正，政绩斐然，受到人民爱戴，是明英宗时期的“景泰十才子”之一。著有《青云集》。

【国学小百科】

晏姓宗祠四言通用联

晏氏宗祠有一个很有名的四言通用联：临川名士，齐国贤卿。

这个通用联的上联“临川名士”，是指北宋词人晏殊，他曾在景德年间中进士，庆历年间官至集贤殿大学士、同中书门下平章事（宰相）兼枢密使。他擅长小令，其诗词多表现诗酒生活和悠闲情致。

通用联的下联“齐国贤卿”，说的是春秋时齐国大夫晏婴，他虽然身居要职，却严格要求自己，力行节俭，很少吃肉，他的妾也不穿帛，他的一件狐裘穿了30年。孔子对他的品行很赞赏。后人采集他的言行，编成《晏子春秋》。

【相关链接】

忠厚宰相晏殊

北宋时期的文学家晏殊是一个老实忠厚之人。他在十几岁的时候，因为文采出众，被推荐到朝廷。宋真宗为了验证他的学问，就拿一个当时考进士的试题给他做。晏殊接过试题看了看，对宋真宗说：“臣前不久刚好做过这个题了，请陛下换一道题吧！”

宋真宗非常欣赏晏殊的诚实态度。晏殊后来做了负责文书方面的官。有一次，皇帝当着满朝文武说：“现在大臣几乎没有不游宴嬉戏的，只有晏殊还知道读书做学问。”晏殊赶忙解释说：“陛下，不是臣不愿意游宴，只是我还没有那么多钱用来开销，如果有钱，我也会与众人一起游宴嬉戏的，并不是我廉洁、高明。”

宋真宗听完后，更加欣赏晏殊的忠厚，就任命他为东宫太子师傅，后来又升到宰相的位置。

柴

【姓氏来历】

柴姓可以追溯到春秋时代的孔子弟子高柴。据《元和姓纂》记载，春秋时期，孔子有个弟子叫高柴，是齐公子高傒的第十代孙。虽说他貌丑身矮，但却满腹学问，而且品行也很好，因而被卫国请去任大夫之职。后来，高柴的后代就以他的名为姓，即为柴氏，奉高柴为柴姓始祖。

【姓氏分布】

柴姓发源于春秋时齐国的高邑（今河南禹州市），历战国至魏晋，柴姓逐渐在今河北、河南、山东、山西、陕西等省散居开来。如今，柴姓在全国分布较广，尤以湖北、山东等省多此姓，

【姓氏名人】

柴绍：字嗣昌，晋州临汾（今山西临汾）人，唐朝大将之一。柴绍出身于将门，以抑强扶弱而闻名。后来，唐国公李渊将三女儿（即后来的平阳公主）嫁给了柴绍。

柴望：字仲山，号秋堂，又号归田，浙江江山人。宋嘉熙年间与从弟隋亨、元彪、元享吟咏于田园，屡征不出，人称“柴氏四隐”。著有《咏史诗》《道州台衣集》《西凉鼓吹》等。

柴世荣：原名兆升，山东胶县人，著名无产阶级革命烈士。“九·一八”事变后，号召群众奋起抗日，后加入中国共产党并率所创建的抗日同盟军。1943年夏秋之际，在执行任务时牺牲。

【国学小百科】

柴卢氏的由来

浙江省磐安县新瓯镇上岗村的卢氏大宗祠，是浙江中部山区遗留下来的众多卢氏宗祠中的一个。上岗村的卢氏大宗祠与其他地区的卢氏宗祠不同的是，它被人们称作“九支卢”。

五代后周时，周世宗柴荣封其幼子柴熙诲为蕲王。后来柴荣病死，后周大将赵匡胤陈桥兵变，黄袍加身，做了皇帝。后周尚书卢琰为保护柴荣之子柴熙诲，避祸南下到浙江隐居。

据缙云《卢氏家谱》记载：卢琰避祸浙江时共有八个儿子、一个女儿。女儿卢锦长大后嫁给了蕲王柴熙诲。这时的柴熙诲为了避祸已改称为卢璇。卢琰让卢璇“从公女次”，正式排为第三子，与其八子并位。

由于卢璇的子孙为卢琰女儿的后代，又是隐“柴”入“卢”的柴熙诲的后代，于是人们专称此支卢姓为“柴卢氏”。

【相关链接】

君子高柴

哀公十五年，卫国政变，高柴出逃。可是当他逃到城门时，城门已经关闭。高柴要看守城门吏打开城门，没想到那个城门吏却让他从城墙的缺口上爬过去。高柴却说："君子不做翻墙之事。"城门吏又让他从城墙下面的洞钻过去。高柴说："君子岂能钻洞。"

后来城门吏告诉他旁边有个空屋，让他进去躲一躲，高柴就躲了进去。叛军追过来，听说这情况后，叹息说："这才是君子，不要杀他了。"说完就走了。

廖

【姓氏来历】

廖姓为上古时期廖叔安之后裔，以国名为姓。相传帝颛顼有个后裔叫叔安，夏时，因封于廖国（今河南省唐河县南），故称廖叔安，其后代就以国名为氏，称廖氏。

另据《姓氏考略》所记载，出自姬姓，为周文王之子伯廖的后裔，以封邑名为氏。周初，文王有个儿子叫伯廖，因受封于廖邑，其子孙后代就以邑名廖为氏，称廖氏。

【姓氏分布】

廖姓最早发源于河南省境。廖姓历史上最大郡望汝南郡（今河南上蔡）早期即出此地，廖姓在当时的河南也是十分昌荣；唐初有廖姓随陈元光父子开漳入闽，唐末有廖姓随王潮、王审知入闽；宋代，廖姓已是福建大姓，名士辈出；明代，山西大槐树廖姓分迁于河北、河南、江苏、北京等地。今日廖姓以四川、江西、广东、湖南、广西等地居多。

【姓氏名人】

廖刚：号高峰，顺昌（今属福建省）人，北宋时期杰出的文学家、政治家、思想家、军事家。他有四个儿子，都是将帅；父子五人年俸皆两千石谷以上，号称“万石廖氏”。

廖燕：初名燕生，字柴舟，曲江（今属广东省省）人，清代文学家。善草书，如古木寒石，能戏曲。著有《二十七松堂集》等。

廖云锦：清代华亭人，清代著名女诗人。所著《咏秋燕诗》中的“伤心春雨香泥尽，羡尔先归到故乡”流传至今。

廖仲恺：原名恩煦，又名夷白，字仲恺，广东归善（今惠阳区）人，近代著名的国民党左派领袖、我国民主主义革命的先驱。曾任国民党中央常委、农民部长、黄埔军校党代表、财政部长等职。1925年被右派暗杀于广州。

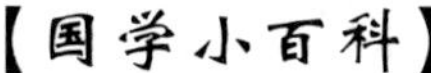

武威堂

唐贞观年间，祖籍为浙江松阳县的廖崇德担任虔化（今江西省宁都）的县令。在任期间，他的政绩非常突出，深受百姓欢迎。廖崇德的父辈曾任武威太守，其后裔从唐代起几百年间声势显赫，都是以“武威”为堂号。武威堂也为当时流传最广、人口最多的廖氏堂号。

现如今，江西、福建、广东、广西、台湾等省区及马来西亚、新加坡、越南、泰国、印度尼西亚、菲律宾等地的廖姓人，也多是武威堂的后裔。

【相关链接】

廖司南除陋俗

明朝时期，湖南耒阳人廖司南考中举人，被朝廷派往四川仁寿县当知县。

廖司南到任后不久，就发现当地有一种陋俗：很多人家将刚生下的女孩放到马桶尿盆中淹死，做法很残忍。后来，廖司南实在看不下去了，于是严令禁止。对于那些家里很穷、没有能力抚养的人家，廖司南拿出自己的俸禄给以周济。

廖司南以他的仁惠和恩德，深为当地百姓所敬仰。后来他死后，当地百姓痛哭哀悼，七日不绝。

曾

【姓氏来历】

曾姓来源比较纯正，源自大禹的后裔，以国名为氏。据《世本》所载，相传大禹的第五世孙少康中兴了夏室后，曾把自己最小的儿子曲烈封于鄫国（今山东省苍山县）。少康子孙所建的鄫国历经夏、商、周三代，后被莒国灭掉。鄫太子巫逃到鲁国，后任鲁国大夫。其后代用原国名“鄫”为氏，去邑旁，表示离开故城，称曾氏。

【姓氏分布】

曾姓最初发源于今山东省苍山县西北一带。先秦时期，曾姓族人遍布于山东、河北等地；魏晋南北朝时期，连年战乱频仍，社会始终处于动荡之中，曾大举南迁；宋末，由于战乱，外族入侵，曾姓又几度迁移；元明清时期，曾姓已播迁于各地，且有远播台湾与海外各地者。当今曾姓在我国人口众多，尤以江西、四川、湖南、广东等省多此姓。

【姓氏名人】

曾参：字子舆，春秋末期鲁南武城（今山东费县）人，孔子的弟子，以孝著称。相传《大学》为他所著。

曾巩：字子固，南丰（今属江西省）人，北宋文学家，世称南丰先生，唐宋八大家之一。曾巩的文章多为议论文和记叙文。散文以议论见长，立论精策。著有《墨池记》《曾巩传》《元丰类稿》等。

曾瑞：字瑞卿，自号褐夫，大兴（今属北京）人，元代散曲家。能隐语小曲，善山水画。编有散曲集《诗酒余音》，杂剧《全元散曲》。

曾国藩：初名子城，字伯函，号涤生，谥文正，湖南长沙府湘乡（今湖南省双峰县）人。清末军事家、理学家、政治家。道光进士，曾任内阁学士、两江总督等职，后病死于南京。

【国学小百科】

三令五申

常听人说“三令五申”，“三令”与“五申”的具体内容是什么呢？

宋代曾公亮所撰的《武经总要》，对“三令”“五申”解释说：古人所谓“三令”，即一令观敌人之谋，视道路之便，知生死之地；二令听金鼓，视旌旗，以齐耳目；三令举斧钺，以宣其刑赏。所谓“五申”，即一申赏罚，以一其心；二申视分合，以一其途；三申画战阵旗；四申夜战听大鼓；五申听令不恭，视之以斧钺。

显然，这“三令”与“五申”都是用来教育将士在战阵中和军事行动中明确的作战守则。后来，人们就用“三令五申”来表示“再三告诫或命令”。

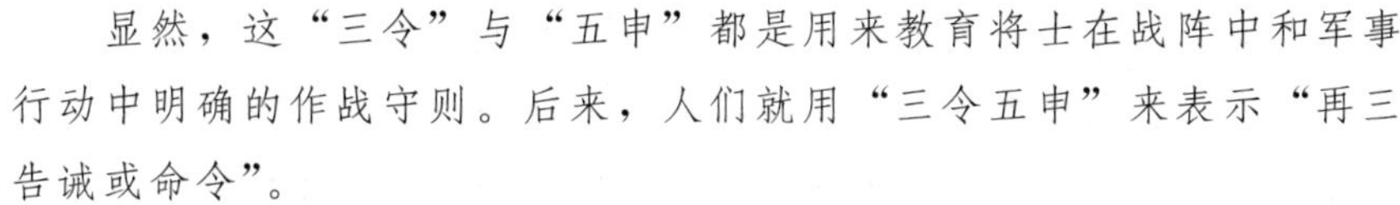

【相关链接】

真让人不忍欺的曾国藩

清代大臣曾国藩曾在28岁时考中了进士，自那时起，他便一步一阶地踏上仕途之路。他任两江总督期间，礼贤下士，因此很受人们的推崇。

关于曾国藩还有这样一个小故事：有一天，有一个客人来拜见曾国藩。只见这个人衣冠古朴，谈吐不凡，很有见地，曾国藩很欣赏他。谈到当时人物，客人说：“胡林翼办事精明，欺骗不了他；左宗棠执法如山，不敢欺骗他；而您虚怀若谷，爱才如命，以诚待人，以德感人，不是他们二人可比的，真让人不忍心欺骗。”

曾国藩听了他的话很是受用，于是他就挽留客人在军营中住了下来，并待他如上宾。不久，曾国藩又给他一笔巨款，委托他代购军火。没想到，这个人收了钱之后一去不复返。曾国藩不禁后悔得顿足连声说："真让人不忍欺，真让人不忍欺。"

岳

【姓氏来历】

据《元和姓纂》所载，上古时，有一种官事叫"四岳"，是专管祭祀三山五岳的官。因为这四人精通天文地理，所以帝尧就让他们分管东南西北四方的星相和山川变化，以决定一年四季的划分，史称四岳，即后人神话传说中的四岳帝君。他们的后人即以岳为姓，即为岳氏。

【姓氏分布】

岳姓发源于今山东济宁。魏晋南北朝时期，岳姓除继续繁衍于山阳一带；明初，山西岳姓作为明朝洪洞大槐树迁民姓氏之一，被分迁于山东、河南、江苏、陕西等地；清代以后，岳姓分布地更广，并有河南、山东、河北一带的岳姓闯关东进入东三省。如今，岳姓在全国分布较广，尤以山东、河南、四川、河南等省多此姓。

【姓氏名人】

岳飞：字鹏举，谥忠武，相州汤阴（今属河南省）人，南宋军事家、抗金英雄。绍兴十一年，以"莫须有"罪名被杀害。孝宗时追谥武穆，宁宗时追封鄂王。

岳云：字应祥，号会卿，岳飞的长子，中国历史上少有的少年英雄。年十二即随父征战，数立奇功，后与其父一同被冤杀。

岳珂：字肃之，号亦斋，又号倦翁，相州汤阴（今属河南）人，南宋文学家，岳飞的孙子。著有《金陀粹编》《玉楮集》《木呈史》《愧郯录》等。

岳元声：字之初，号石帆，浙江嘉兴人，明代大臣。万历年间进士，最高职位为南京兵部右侍郎。因直言敢谏和不畏权臣魏忠贤而被革职。后潜心讲学，以“毋自欺”为主。著有《潜初子集》《潜初杂集》等。

【国学小百科】

《武穆遗书》

岳飞一生共有两部著作，一文一武。我们见到的多是其慷慨激昂的诗词歌赋和散文，后被辑成《岳武穆遗文》；另一本就是威猛无比的岳家拳谱，即后来被辑成的《武穆遗书》。

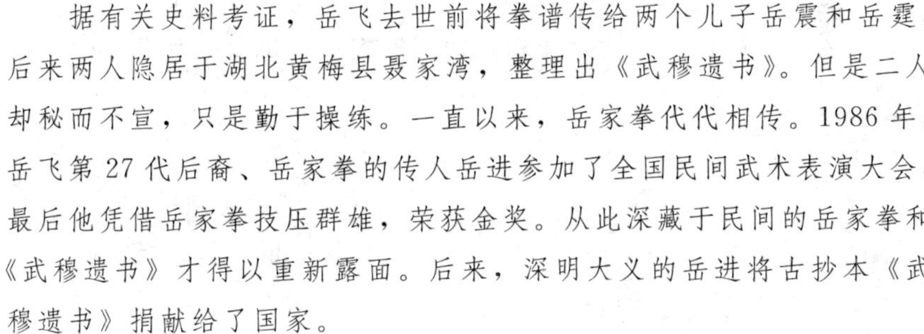

据有关史料考证，岳飞去世前将拳谱传给两个儿子岳震和岳霆，后来两人隐居于湖北黄梅县聂家湾，整理出《武穆遗书》。但是二人却秘而不宣，只是勤于操练。一直以来，岳家拳代代相传。1986 年，岳飞第 27 代后裔、岳家拳的传人岳进参加了全国民间武术表演大会，最后他凭借岳家拳技压群雄，荣获金奖。从此深藏于民间的岳家拳和《武穆遗书》才得以重新露面。后来，深明大义的岳进将古抄本《武穆遗书》捐献给了国家。

【相关链接】

“荷叶粉蒸肉”的由来

绍兴十一年，岳飞被宋高宗和秦桧以“莫须有”的罪名杀害。岳飞遇害后，当地的老百姓就用老酒和荤素菜肴到岳飞坟上祭祀。

有一次，有一人在为岳飞上坟的途中，不小心将用纸包着的熟肉纸包弄破了，于是他就顺手在西湖里摘了张新鲜荷叶，将肉包裹起来。祭祀回家后，此人就将剩下的肉连同荷叶包在一起蒸后食用。这个人吃完后发现用荷叶包着的肉，味道更加清香可口。

后来，当地老百姓传来传去都用此法将荷叶包肉供奉岳飞。当地的一些饭馆酒楼知道后，就用新鲜荷叶包肉，再加上各种各样的佐料，制成了荷叶粉蒸肉。自此，荷叶粉蒸肉流传下来。

游

【姓氏来历】

游姓溯源主要是以祖辈名字为姓氏。春秋时期，郑国国君郑穆公有个儿子叫偃，字子游，他的孙子以祖父字命氏，人称游皈。后来，游皈的弟弟游吉继郑国名相子产执掌国政，为郑国著名家族，奉子游为游姓始祖。

另据《左传》所记载，晋国桓庄二族有游姓。五代十国之一的闽国灭亡后，原闽国王室为避免新统治者的迫害，也有改为游姓的。

【姓氏分布】

游姓主要在其发源地河南境内发展繁衍。从唐朝末期五代开始，游姓在今我国南方的福建地区，兴盛起来。福建的游姓，大多是由河南而江西，再浙江，然后逐步播迁到南方的。当今游姓分布分散，以贵州、四川、湖北多此姓。

【姓氏名人】

游恭：五代时期的吴国人，学问广博，文章很好。游恭的儿子叫游简言，后来在南唐朝中当丞相。

游酢：字定夫，建州（福建省）建阳人，北宋学者、哲学家。他拜理学家程颐为师，刻苦读书，学问渊博，是“程门四大弟子”之一。他的主要成就，在于学术方面，被后世学者尊称为“若山先生”。其代表作有《易说》《中庸义》《论语孟子杂解》等。

游日章：明代著名大臣、嘉靖进士，在临川任了五年知县。他为官清正廉洁，爱民如子，后任廉州知府。著有《骈语雕龙》。

游寿：别号寿昌。他参加过镇南关起义、钦廉起义，素为孙中山所赏识。宣统三年广州起义时，年仅 17 岁的游寿，随黄兴攻两广督署牺牲，葬于广州黄花岗，为七十二烈士之一。

【国学小百科】

立雪堂

“立雪堂”源于典故“程门立雪”。作为家教祖训，教育后代，同时也为了弘扬“程门立雪”精神，游氏后裔创建了“立雪堂”。“立雪堂”又名“萃群学校”，并作为各地宗亲前来寻根谒祖之处。

“立雪堂”位于福建省上杭县，于元末在塘背山建成，当时占地300多平方米。1996年，在海内外游氏裔孙的响应下，原址开始重建，于1997年举行了“立雪堂”竣工庆典。新建的游氏“立雪堂”，总占地390多平方米，仍按初建时式样分上、下厅。

新建的“立雪堂”比原貌更加宏伟壮丽。大门上方矗立着“程门立雪”四个大字，大门门额上写有“游氏家庙”四个大字。上厅前檐和外墙挂有台湾裔孙游月清撰写的“慎终追远”牌匾。下厅内设有书橱，摆放着《宋·游酢文集》《游酢评传》等研究游酢的书刊，以供后人前来欣赏。

【相关链接】

游宗谦求字

明朝时期，有一个名叫游宗谦的人去探望当时的著名书法家王穉登。当时王穉登正在写字，没来得及与游宗谦寒暄。游宗谦感觉受到了冷落，心生怒气，便指着王穉登的字大骂道：“你以为你的字写得很好吗？要知道，在我们莆中一带都把它看得如粪土一样。”王穉登不气反而一笑。

游宗谦转身离开王家，走到半路上，他一想自己是找人来求字的，如今这样空手回去了，不是没有达成目的吗？他还想求王穉登写一幅字，但是自己骂了人家，怎么好意思再回去呢？于是他让侍儿范鹿去求。范鹿来到王家后，说明了来意。王穉登也没有说话，只是提笔便写。写完，对范鹿说：“把字拿好了，见了你家相公，对他说：又担了几石粪便回家了。”

司马

【姓氏来历】

司马源于西周，是古代的官名，为最高军事长官。据说周宣王时，重黎之后程伯休父，掌管朝中军队。在古代战争中，用马驾驶的战车是最先进的武器。在征伐徐夷的战斗中，程伯休父驾着战车，冲锋陷阵，所向披靡，大胜而归。后来周宣王就任命他为司马，后一直以这作为官名沿用下去。后来程伯休父的子孙，就以他的官名为姓，成为复姓司马，奉程伯休父为司马氏的始祖。

【姓氏分布】

司马姓主要发源于今天的河南地区。司马氏望族居河内郡（今河南省西部、黄河以北地区武陟县西南一带）。如今，司马姓已遍布全国，尤以北京、天津、河北、湖北、江西、山西、贵州、福建等地为多。

【姓氏名人】

司马迁：字子长，左冯翊夏阳（今陕西韩城西南靠近龙门附近）人，西汉史学家、文学家、思想家。他所编撰的《史记》是中国第一部纪传体通史，对后世史学影响深远。

司马懿：字仲达，河内温县（今河南温县）人，三国时期魏国杰出的政治家、军事家。多次率军对抗诸葛亮，以其功著，封为宣王。其孙司马炎即位后，追谥司马懿为宣帝。

司马昭：字子上，河内温县（今河南温县）人，司马懿次子，西晋奠基者之一。司马昭有卓越的军事才能，屡立战功。他死后，其子司马炎代魏称帝，建立晋朝，追尊为文帝，庙号太祖。

司马相如：字长卿，四川南充蓬安人，西汉文学家辞赋家。著有《子虚赋》《上林赋》《大人赋》《美人赋》《长门赋》等。

【国学小百科】

《史记》

《史记》为西汉司马迁所著。司马迁从10岁就开始学习古代典籍，20岁开始到祖国各地作长途旅游，观察社会，了解民情风俗，探究历史遗迹，这为他后来写《史记》打下了良好的基础。

司马迁在38岁时继承了父亲太史公的职位，42岁时准备写作《史记》。在这一年，司马迁因为替投降匈奴的李陵辩护，触怒了汉武帝，被处以宫刑。这使得司马迁十分悲愤。他想到过死，但他又想到自己所肩负的使命，因此忍辱负重，发愤著书。到了55岁的时候，司马迁终于实现了他的宏愿，完成了中国历史上第一部纪传体通史和传记文学巨著《史记》。

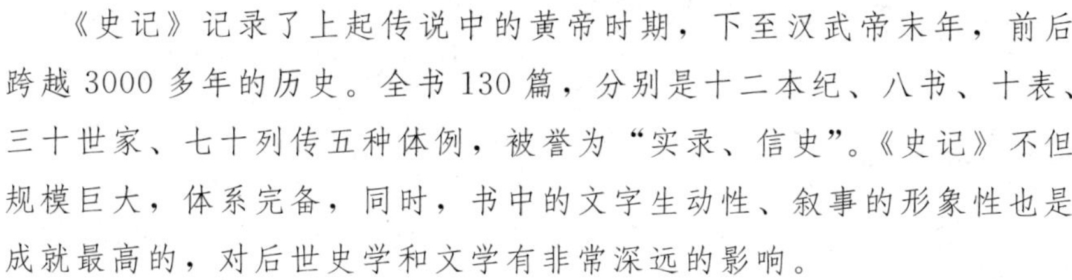

《史记》记录了上起传说中的黄帝时期，下至汉武帝末年，前后跨越3000多年的历史。全书130篇，分别是十二本纪、八书、十表、三十世家、七十列传五种体例，被誉为“实录、信史”。《史记》不但规模巨大，体系完备，同时，书中的文字生动性、叙事的形象性也是成就最高的，对后世史学和文学有非常深远的影响。

【相关链接】

“冯”“同”一家

司马迁故里位于陕西韩城嵬东乡龙门寨徐村。当初，司马迁因受“李陵案”牵连，被汉武帝处以宫刑。后来他的两个儿子为保全家族，被迫先后改了姓。

长子司马临将“马”字左边加两个点，改姓冯；次子司马观将“司”字左边加一竖，改姓同。所以，徐村尽管没有了司马姓，但在村子里居住的冯姓、同姓其实都是司马迁的后代。

几千年来，很多冯、同二姓的人一直保持着同祭一祖、互不通婚的习俗，正是因为他们本来就是一家。

上官

【姓氏来历】

复姓上官与楚宗室同宗。春秋时期，楚庄王任用贤臣孙叔敖为宰相，从此楚国变得国富民强，很快成为春秋五霸之一。庄王之子公子兰，是朝中的上官大夫，并以贤闻名于世。后来公子兰的后代子孙就以他的官名为姓，成为复姓上官，奉公子兰为复姓上官之始祖。

【姓氏分布】

上官姓发源于今河南省滑县东南一带。唐初，上官氏已出现于中原的河南地区；唐末，由于战乱，中原民众大举南迁。如今，上官姓主要分布在江苏武进、湖南湘潭、山东临沂、浙江遂昌等地。

【姓氏名人】

上官桀：上邽（今甘肃天水）人，西汉大臣，汉武帝时任太仆。武帝临终时，任上官桀为左将军，与霍光同受遗诏辅佐少主，封为安阳侯。后来上官桀密谋欲废昭帝，因事情败露而被杀。

上官婉儿：又称上官昭容，陕州陕县（今属河南）人，唐代女诗人。上官仪父子因反对武则天执政被杀，上官仪的孙女婉儿与母亲被配入宫廷。她 14 岁起就为武则天草拟诏令。中宗李显即位后，她被立为昭容，曾建议扩大书馆，增设学士。其诗作对仗工整，遣词华丽，成为当时文人学习的范文。

上官融：字仲川，华阳（今四川成都）人，北宋大臣。幼专词学，秀出流辈。天圣二年秋，广文馆举进士。著有《友人会谈录》3 卷。

上官周：字文佐，号竹庄，后改名周，今福建省长汀人，清代民间名画家。他一生不求闻达，不附权贵，终生布衣。他善画人物，代表作有《晚笑堂画传》。

【国学小百科】

上 官 体

所谓“上官体”，是指初唐前期以上官仪为代表的宫廷诗人所创作的“绮错婉媚”的宫体诗。上官体的题材多以奉和、应制、咏物为主，内容比较空泛，重视诗的形式技巧，追求诗的声辞之美。

上官仪因从小生长在南方的寺院，深受南朝文化的熏陶和宫体诗的影响。他非常擅长五言，且格律工整，所作内容多为应制奉命之作，歌功颂德，粉饰升平，形式上追求程式化。辞藻华丽，绮错婉媚。因为他当时位高权重，很多人纷纷效仿，世称“上官体”。

后来，南朝遗老虞世南对宫体诗的流弊有所察觉。他谏阻唐太宗创作宫体诗，是因为他早已从自己的人生沧桑中觉悟出：“此风不可长也。”但后来，他不仅没有能使唐太宗改变态度，而且最终连他自己也趋向于宫体诗。

【相关链接】

上官婉儿论诗

有一年，唐中宗李显心情高兴，便去游宫中昆明池。唐中宗在昆明池边赋诗一首，群臣纷纷奉命和诗，大约有百余篇。唐中宗下令在帐殿前搭上彩楼，命上官婉儿在楼上选一首最好的诗作为御制歌的歌词。

群臣都集结于楼下。不一会儿的工夫，纸落如飞，都是落选之诗。群臣各自离开了，只有宋之问、沈佺期的诗篇没有丢下。又过一会儿，一张纸片飞落。大家竞相取来观看，乃是沈佺期的诗。

沈佺期很是不服，便问上官婉儿自己落选的原因。上官婉儿这样说：“两诗旗鼓相当，但沈佺期的诗结尾是‘微臣雕朽质，羞睹豫章材’，词气已经枯竭。宋诗结尾是‘不愁明月尽，自有夜珠来’，结尾仍然高昂有力。”一席话让沈佺期对上官婉儿佩服之至，便不再与之争辩。

欧阳

【姓氏来历】

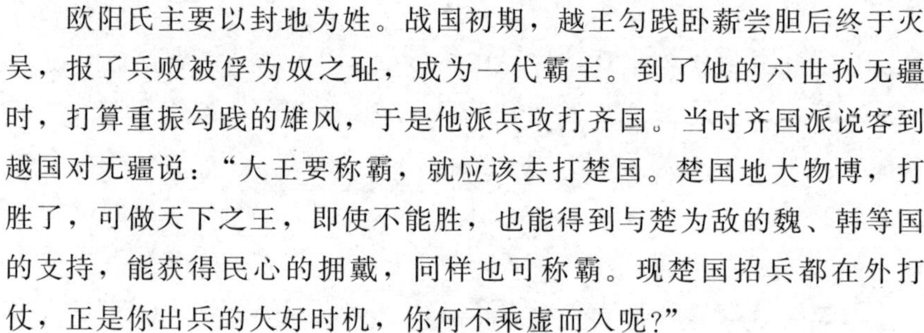

欧阳氏主要以封地为姓。战国初期，越王勾践卧薪尝胆后终于灭吴，报了兵败被俘为奴之耻，成为一代霸主。到了他的六世孙无疆时，打算重振勾践的雄风，于是他派兵攻打齐国。当时齐国派说客到越国对无疆说：“大王要称霸，就应该去打楚国。楚国地大物博，打胜了，可做天下之王，即使不能胜，也能得到与楚为敌的魏、韩等国的支持，能获得民心的拥戴，同样也可称霸。现楚国招兵都在外打仗，正是你出兵的大好时机，你何不乘虚而入呢？”

无疆听后认为很有道理，他就掉过头去攻打楚国。不料自己却被楚国打得大败，无疆自己也被打死了。无疆死前未来得及立太子，因此在谁继位的问题上他的几个儿子各不相让，最后各人占了一块地盘，越国就此四分五裂，国力渐渐衰落。其中无疆的二儿子蹄，占据了的乌程欧余山南部（今浙江省吴兴县南），因山之南为阳，所以蹄就自封为欧阳侯。其后他的子孙便以地为姓，复姓欧阳。

【姓氏分布】

欧阳氏发源于今浙江湖州。当今，欧阳姓主要分布在江西、湖北、广东、河南、四川、安徽、湖南、贵州及广西藤县等地。

【姓氏名人】

欧阳生：名容，字和伯，千乘郡（今山东广饶）人，西汉经学家。著有《欧阳章句》41 卷、《欧阳说义》2 篇，成为西汉今文《尚书》欧阳学说的开创者。

欧阳修：字永叔，自号醉翁、六一居士，吉州吉水（今属江西）人，北宋政治家、文学家、史学家。天圣八年进士，官至参知政事。他博学多才，以文章闻于世。著有《新唐书》《集古录》《新五代史》等，他又喜收集金石文字，编为《集古录》，对宋代金石学有很大的影响。

欧阳询：字信本，潭州临湘（今湖南长沙）人，唐代书法家。擅楷书、行书、隶书等体，他流传至今的墨迹有《张翰帖》《梦奠帖》，行书《千字文》，碑刻有《九成宫醴泉铭》《化度寺邕禅师塔铭》《宗圣观记碑》等。

欧阳予倩：名立袁，湖南浏阳人，演员、戏剧家，是中国戏剧运动倡导者和话剧的开拓者之一。曾任中央戏剧学院院长、中国文学艺术研究会副主席、中国戏剧家协会副主席等职。著有论文集《一得余抄》，回忆录《自我演剧以来》。

【国学小百科】

三姓同宗

在中华民族千千万万个姓氏当中，很多姓氏都是源自同一个祖宗。其中区、欧、欧阳三姓便是同宗，他们都是春秋越王勾践的后人。在这三个姓当中，欧氏和欧阳氏较早出现，而区氏是在汉朝才有的。

据《姓氏考略》记载："越王无疆之次子封于乌程欧余山之阳，后有欧氏、欧阳氏、欧侯氏，望出平阳。"从中我们可以看出，欧氏和欧阳氏都是越王无疆的第二房子孙，而越王无疆又是越王勾践的六世孙。

追本溯源，欧氏和欧阳氏可以追溯到夏朝。越王勾践的祖先出自姬姓，他是夏少康的后代。"区"又是源自哪一位祖先？根据《区渭泉祖家谱》记载，夏少康封少子无余于会稽，伺奉大禹的宗祠，食粟于欧山，因而以"欧"为姓。到了汉朝时，这一欧姓又改姓为"区"了。由此可见，区、欧、欧阳三姓本是同根生。

【相关链接】

欧阳修荐三贤

北宋中期，晚年的欧阳修曾任枢密副使、参知政事等重要职务。宋神宗时，欧阳修上书推荐三个人为宰相候选人——司马光、王安石、吕公着。其实这三个人，都曾与欧阳修有过很大矛盾。

司马光在公元 1065 年的“议濮”事件中与欧阳修势不两立。相传，濮王赵允让是英宗的亲生父亲，因为英宗是仁宗的养子，便产生了如何尊奉其生父濮王的问题。欧阳修主张大力尊崇英宗生父濮王，而司马光等人不同意，还上书要求罢欧阳修的官。这样两方矛盾便形成了。

欧阳修

吕公着是宋朝的名相吕夷简之子。在范仲淹当权搞庆历新政失败后，吕公着攻击欧阳修是范党，把欧阳修贬到了滁州。那首《醉翁亭记》便是欧阳修在那里写成的。

王安石起初并不认识欧阳修，曾子固建议王安石去见欧阳修，但王安石不肯。后来在一次见面时，王安石对欧阳修说：“它日倘能窥孟子，此身安敢望韩公?”诗中自比孟子，将欧阳修比作韩愈，这是大大的不敬。

尽管欧阳修与这三人都有矛盾，但欧阳修爱三人之才，不以为嫌。后人也赞赏欧阳修有知人爱贤的宽阔胸怀。

诸葛

【姓氏来历】

传说大禹临死时，曾想让伯益继位，但伯益不想继位，就跑到箕山之南隐居起来。于是大禹的儿子启才得以继位并建立了我国第一个奴隶制国家夏朝。启登位后第一个封侯的就是伯益之子，以报答伯益让国之恩，被封之国叫葛国，爵位为伯爵，人称葛伯。

后来，成汤发兵灭了夏朝而建立了商朝。葛伯的子孙就逃到诸城（今山东诸城西南）居住。因诸城原为葛氏居处，为了区别，葛伯子孙就把住地名诸加上国名葛，作为自己的姓氏，这就是复姓诸葛的来历。

另外，秦末陈胜起义，手下大将葛婴多次立有战功，可陈胜却听信小人谗言，冤杀了葛婴。到汉文帝时，文帝念葛婴之冤，找到他的孙子葛丰，封于诸城为侯，葛丰就在自己姓前加上地名，成为诸葛氏的另一个由来。

【姓氏分布】

诸葛姓早期主要发源地在今天山东省诸城市、临沂市、胶南市一带。如今，诸葛姓在浙江上虞、金华、兰溪等地较多。

【姓氏名人】

诸葛亮：字孔明，号卧龙居士，琅琊阳都（今山东沂南）人，三国时期蜀汉杰出的丞相以及政治家、军事家、战略家、散文家。东汉末随叔父诸葛玄往依荆州刘表，隐居南阳隆中（今湖北襄樊西），躬耕陇亩，后辅佐刘备。建兴十二年在一次北伐中，病逝于五丈原军中，谥忠武侯。

诸葛亮

诸葛瑾：字子瑜，琅琊阳都（今山东沂南）人，三国时吴国将领。东汉末避乱江东，后来深得孙权信任，初为孙权长史。吴立国后，官至大将军、左都护、领豫州牧。

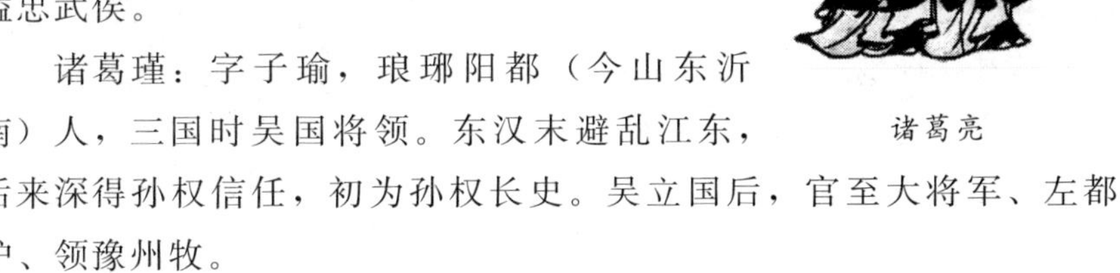

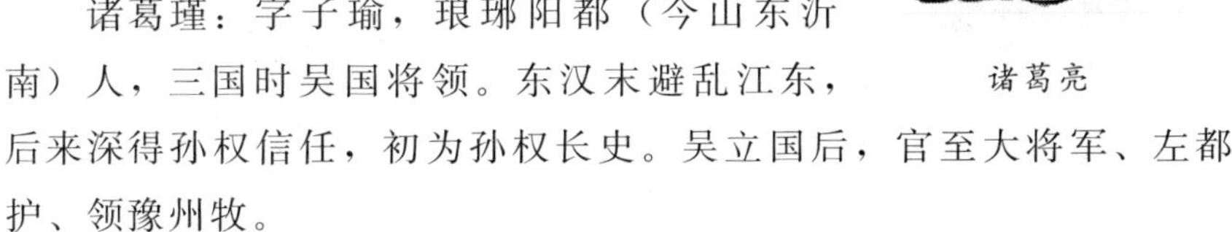

【国学小百科】

诸葛八卦村

诸葛八卦村位于浙江省中西部兰溪市境内，此处是诸葛亮后代最大的聚居地。三国时，蜀汉丞相诸葛亮受三顾之恩，辅佐刘备治蜀归复汉室，鞠躬尽瘁，终因积劳成疾病逝于五丈原。到了五代十国时，中原处在朝代更迭、战乱频起之中，为了躲避战乱，诸葛亮的后裔迁徙到现在的浙江省兰溪市诸葛村。现在，村中有诸葛亮的后裔将近4000多人，故名诸葛村。整个村落是一组富有“阴阳八卦”特色的、明清风格的古建筑群，故又称“诸葛八卦村”。

“诸葛八卦村”处于8座连成弧形的小山包围之中，地势隐蔽。主要以一个池塘为中心，村道呈放射状，八条弄堂向四周辐射，组成了一个宏伟机巧的“九宫八卦”图形的迷宫式建筑群，这样就构成了天然的“八阵图”。

当今，诸葛村保存较完好的明清古建筑有200多座。1996年11月，诸葛村已被国务院公布为国家一级文物保护单位。

【相关链接】

诸葛恪语挫费祎

诸葛恪是诸葛瑾的长子，曾任丹杨太守，为吴国征得大量兵源。诸葛恪从小就以才思敏捷、善于应对著称。

有一次，蜀国派使臣费祎来东吴求见孙权，孙权借机在费祎面前抖威风。孙权在宴请前，对群臣说：“一会儿蜀国使臣来后，你们只管低头吃喝，不要起身迎接。”费祎如期来到宴席上，只见大臣们又吃又喝，很是热闹，却没人理他，只有孙权一人放下杯筷接待他。

费祎见此情景很是不悦，便用调侃的口气说：“我给各位讲这样一个传说，当凤凰飞来的时候，连麒麟都恭恭敬敬地迎接它，嘴里正吃的食物也要吐出来；只有驴、骡蠢笨无知，只顾自己低头吃草，而没有任何表示。”

费祎说完后，在座众人面面相觑，不知如何是好。这时，诸葛恪站起身来，用讥讽的话语回敬道：“我们种下梧桐树，就是等着凤凰的到来。现在，不知从哪里飞来这么一只小燕雀，自称凤凰来到？为何不用弹弓射之，把它打发回老家去呢？”

费祎听罢，向人要来笔砚，当即作了一篇《小麦赋》。诸葛恪也不示弱，作了一篇《石磨赋》。其意是指，小麦还须用石磨磨碎才能食用。就这样，诸葛恪用自己的机智和幽默挫败了费祎的傲慢之气，在场众人也齐声喝彩。

附录1　百家姓

赵钱孙李　周吴郑王　冯陈褚卫　蒋沈韩杨　朱秦尤许　何吕施张
孔曹严华　金魏陶姜　戚谢邹喻　柏水窦章　云苏潘葛　奚范彭郎
鲁韦昌马　苗凤花方　俞任袁柳　酆鲍史唐　费廉岑薛　雷贺倪汤
滕殷罗毕　郝邬安常　乐于时傅　皮卞齐康　伍余元卜　顾孟平黄
和穆萧尹　姚邵湛汪　祁毛禹狄　米贝明臧　计伏成戴　谈宋茅庞
熊纪舒屈　项祝董梁　杜阮蓝闵　席季麻强　贾路娄危　江童颜郭
梅盛林刁　钟徐丘骆　高夏蔡田　樊胡凌霍　虞万支柯　昝管卢莫
经房裘缪　干解应宗　宣丁贲邓　郁单杭洪　包诸左石　崔吉钮龚
程嵇邢滑　裴陆荣翁　荀羊于惠　甄魏加封　芮羿储靳　汲邴糜松
井段富巫　乌焦巴弓　牧隗山谷　车侯宓蓬　全郗班仰　秋仲伊宫
宁仇栾暴　甘钭厉戎　祖武符刘　景詹束龙　叶幸司韶　郜黎蓟薄
印宿白怀　蒲邰从鄂　索咸籍赖　卓蔺屠蒙　池乔阴郁　胥能苍双
闻莘党翟　谭贡劳逄　姬申扶堵　冉宰郦雍　郤璩桑桂　濮牛寿通
边扈燕冀　郏浦尚农　温别庄晏　柴瞿阎充　慕连茹习　宦艾鱼容
向古易慎　戈廖瘐终　暨居衡步　都耿满弘　匡国文寇　广禄阙东
殴殳沃利　蔚越夔隆　师巩厍聂　晁勾敖融　冷訾辛阚　那简饶空
曾毋沙乜　养鞠须丰　巢关蒯相　查后荆红　游竺权逯　盖益桓公
万俟司马　上官欧阳　夏侯诸葛　闻人东方　赫连皇甫　尉迟公羊
澹台公冶　宗政濮阳　淳于单于　太叔申屠　公孙仲孙　轩辕令狐
钟离宇文　长孙慕容　鲜于闾丘　司徒司空　亓官司寇　仉督子车
颛孙端木　巫马公西　漆雕乐正　壤驷公良　拓拔夹谷　宰父谷梁
晋楚阎法　汝鄢涂钦　段干百里　东郭南门　呼延归海　羊舌微生
岳帅缑亢　况后有琴　梁丘左丘　东门西门　商牟佘佴　伯赏南宫
墨哈谯笪　年爱阳佟　第五言福　百家姓终

附录 2　新百家姓

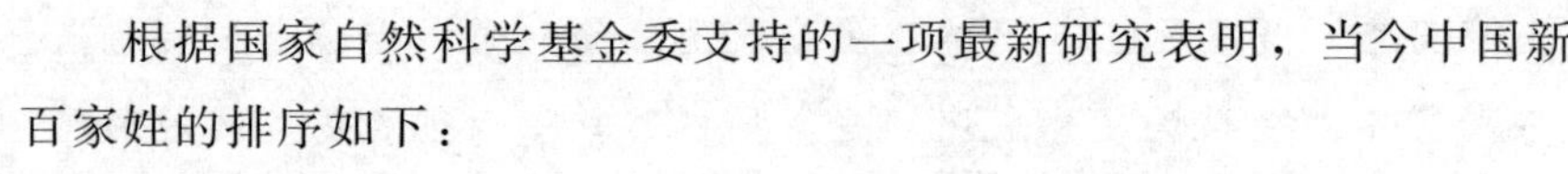

根据国家自然科学基金委支持的一项最新研究表明，当今中国新百家姓的排序如下：

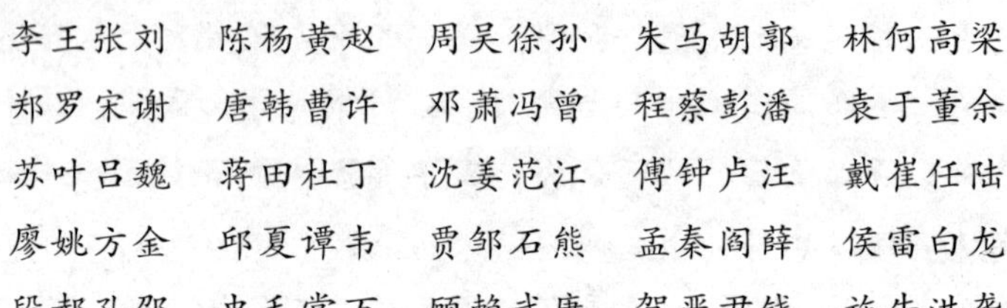

李王张刘　陈杨黄赵　周吴徐孙　朱马胡郭　林何高梁
郑罗宋谢　唐韩曹许　邓萧冯曾　程蔡彭潘　袁于董余
苏叶吕魏　蒋田杜丁　沈姜范江　傅钟卢汪　戴崔任陆
廖姚方金　邱夏谭韦　贾邹石熊　孟秦阎薛　侯雷白龙
段郝孔邵　史毛常万　顾赖武康　贺严尹钱　施牛洪龚